द मैजिक ऑफ बिग आइडिया

प्रमोशन, सफलता और दौलत
पाने का शार्टकट

तरूण इंजीनियर

डायमंड बुक्स

www.diamondbook.in

Special thanks for support to

बी.के. बुक्स
222-225, सेकेंड फ्लोर
R-22, खनेजा काम्पलेक्स
विकास मार्ग, शकरपुर
दिल्ली - 110092
फोन : 011-22443951
ई-मेल : bkbooksindia@gmail.com
वेबसाइट : www.bkbooksindia.com

प्रकाशक : डायमंड पॉकेट बुक्स (प्रा.) लि.
X-30, ओखला इंडस्ट्रियल एरिया, फेज-II
नई दिल्ली-110020
फोन : 011-40712200
ई-मेल : sales@dpb.in
वेबसाइट : www.dikaMondbook.in
संस्करण : 2017

मुद्रक : रेप्रो (इंडिया)

The Magic of Big Idea
*By : **Tarun Engineer***

विषय-सूची

आइडिया कहीं से भी आ सकता है

दुनिया के 90 प्रतिशत लोग मानते हैं कि कमाल का आइडिया सिर्फ अच्छी किस्मत वालों के मस्तिष्क में ही आता है!

यह बात सच नहीं है, क्योंकि आइडिया का किस्मत से कोई कनेक्शन नहीं है। अच्छा आइडिया आपके मस्तिष्क में भी आ सकता है। इसके लिए जरूरत होती है मेहनत की, लगन की, जुनून की और अभ्यास की, क्योंकि यह एक हुनर है। इसे सीखा जा सकता है, विकसित किया जा सकता है और प्रयोग में लाया जा सकता है।

आपको नए तरीके से सोचने की आदत डालनी होगी, क्योंकि आपके मस्तिष्क में बहुत सारे नए आइडिया छिपे हुए हैं, जो बाहर आने की प्रतीक्षा कर रहे हैं। ठीक वैसे ही, जैसे धरती की सतह के नीचे लावा छिपा हुआ है, परन्तु धरती पर चलते हुए आपको उसका अहसास नहीं होता। लेकिन जब परतें कमजोर हो जाती हैं, तब धरती पर दरारें पड़ जाती हैं। फिर दबाव बढ़ने पर उन्हीं दरारों में से लावा फव्वारे की तरह बाहर निकलता है।

इसलिए अपने मस्तिष्क पर जोर डालिए और अंदर छिपी क्रिएटिविटी को बाहर निकालिए। क्रिएटिविटी का ज्वालामुखी आपके अंदर भी विद्यमान है। उस पर नए विचारों से प्रहार कीजिए। जब वह फटेगा, तब एक नया आइडिया निकलकर बाहर आएगा। जो कहेगा, **'मुझे आजमा कर देख, मैं तेरी किस्मत बदल दूंगा।'**

यदि आप उस आइडिया की बात मान लेंगे, तो **'रेज पावर एक्सपर्ट्स लिमिटेड'** की मालिक निधि गुप्ता की तरह कुछ ही समय में अमीर बन सकते

हैं, क्योंकि उन्होंने 2011 में सिर्फ 1,37,000 रुपयों के साथ अपने बिजनेस की शुरुआत की थी, जो अब 500 करोड़ रुपयों के टर्नओवर वाली कम्पनी बन चुकी है। आप सोच रहे होंगे कि यह चमत्कार कैसे हुआ?

इसके पीछे एक आइडिया काम कर रहा था, जिसके बारे में खुद निधि बताती हैं, 'हमारा पहला प्रोजेक्ट बीकानेर में 4 बीघा जमीन पर लगा 250 किलोवाट का सौर ऊर्जा प्रोजेक्ट था, जो सफल रहा। उसके बाद हमने उन लोगों को ढूंढना शुरू किया, जो रकम निवेश करना चाहते हैं और कर में छूट भी चाहते हैं। जब हमारे पास नए प्रोजेक्ट के लिए 10 निवेशक हो जाते हैं, तो हम उनकी ओर से जमीन खरीदते हैं और निवेशकों के बीच उसका बराबर बंटवारा कर देते हैं।

मान लीजिए कि कोई ग्राहक 6 करोड़ रुपए के एक मेगावाट के प्रोजेक्ट में निवेश कर रहा है, तो चार साल के भीतर उसे अपने निवेश की रकम वापस मिल जाएगी। साथ ही हम उसे अगले 25 सालों तक बिजली उत्पादन से होने वाली आय में हिस्सा भी देते हैं। वो मुनाफा है और उसे टैक्स में भी शत-प्रतिशत लाभ मिलता है।'

अब बात करते हैं बिजनेस के नेपोलियन बोनापार्ट जैक मा की। अलीबाबा दुनिया की सबसे बड़ी ई-कॉमर्स कम्पनी है। 7.2 लाख करोड़ रुपये प्रॉफिट मार्जिन इंटरनेट से जुड़ी किसी भी कम्पनी की नहीं है, जबकि दूसरी बड़ी ई-कॉमर्स कम्पनी अमेजन का रिवेन्यू 4.98 लाख करोड़ रुपये है। इसका कारण यह है कि कम्पनी को कोई कॉस्ट नहीं आ रही है। कम्पनी के संस्थापक जैक मा का कहना है, **'न तो मैं सेल करता हूं और न ही स्टॉक रखता हूं। मैं तो बस खरीदार और बेचने वाले के बीच एक प्लेटफॉर्म हूं।'**

इसलिए भारत में वेबसाइट का कारोबार अब युवाओं की पहली पसन्द बनता जा रहा है। जो तकनीकी ज्ञान से संपन्न हैं, वे तो इस कारोबार में कूद ही रहे हैं, लेकिन जिसका बैकग्राउंड नॉन टैक्नीकल है, वे भी इसमें हाथ आजमा रहे हैं।

पिछले दिनों उत्तर प्रदेश के फैजाबाद जिले के रहने वाले अभिषेक तिवारी ने '**जेनसेट मार्ट डॉट कॉम**' नाम से एक वेबसाइट लांच की और सिर्फ कुछ हजार रुपए लगाकर पूरी दुनिया में लोकप्रिय हो गए।

यह शुरुआत ठीक वैसी ही है, जैसे अमेरिका के कॉलेज में पढ़ने वाले 19 साल के छात्र मार्क जुकेरबर्ग की। उसने अपने चार दोस्तों के साथ मिलकर एक

वेबसाइट डिजाइन की और एक कॉन्सेप्ट को साकार रूप देते हुए 4 फरवरी, 2004 को **फेसबुक डॉट कॉम** नाम से एक सोशल नेटवर्किंग वेबसाइट लॉन्च की। आज वही वेबसाइट दुनिया की सबसे बड़ी सोशल नेटवर्किंग साइट बन चुकी है, क्योंकि इंटरनेट ने दुनिया को न सिर्फ सूचना को वैश्विक गांव में तब्दील कर दिया है, बल्कि पैसा कमाने का जादुई चिराग भी बना दिया है।

कैसे बना दिया? जानने के लिए मैं आपको कोच्चि के इंडस्ट्रियल एरिया किन्फ्रा हाईटेक पार्क में ले चलता हूं। वहां एक पांच मंजिला इमारत है, जिसका नाम '**स्टार्टअप विलेज**' है। वह इमारत दुनियाभर का ध्यान अपनी ओर खींच रही है, क्योंकि 24 घंटे उसकी चार मंजिलों पर 200 से ज्यादा युवा अपने लैपटॉप पर व्यस्त रहते हैं। वे सभी उन 720 कम्पनियों के लिए काम कर रहे हैं, जो उन्होंने खुद बनाई है।

220 कम्पनियां तो उन युवाओं की हैं, जो अभी पढ़ रहे हैं और उनकी औसत उम्र 22 साल है। '**स्टार्टअप विलेज**' से जुड़े युवा अपनी कम्पनियों के जरिए कम्प्यूटर और मोबाइल फोन के लिए नए-नए एप और गेम डिजाइन कर रहे हैं। उनके उत्पाद अंतर्राष्ट्रीय जगत में भी धूम मचा रहे हैं।

वहां के असिस्टेंट वाइस प्रेसिडेंट जैकब जोसफ बताते हैं, 'इस साल हम सेन फ्रांसिस्को में 'स्टार्टअप विलेज' का सेंटर शुरू करने जा रहे हैं। उस सिलिकॉन वैली में, जो गूगल, एपल, फेसबुक और अमेजन जैसी नामी कम्पनियों का गढ़ है। वे संसार के उस कोने से कुछ कर सकते हैं, तो हम केरल में वैसा ही कुछ कर रहे हैं। यहां काम करने वाले हर इंजीनियर की कमाई एक लाख रुपए रोज की है।'

इसलिए आप भी इस आइडिया को आजमा सकते हैं और कम पूंजी से अपना व्यापार शुरू कर सकते हैं। अगर आपका बिजनेस आइडिया बड़ा है, तो आप उसे इकोफ्रेंडली बिजनेसमैन के तौर पर भी स्थापित कर सकते हैं।

अब जरा ऐसा कोई एप या गेम या ऐसी नेटवर्किंग साइट का नाम सोचिए, जिसने दुनिया में तहलका मचा दिया हो!

बहुत सोचने के बाद यदि आपका जनरल नॉलेज ठीक है, तो आप कहेंगे '**स्लाइडशेयर**' परन्तु वह तो सिलिकॉन वैली में है।

अब मैं आपको बताता हूं कि दुनिया में तहलका मचाने वाली कम्पनी का नाम है '**वॉट्सएप**'। पांच साल पुरानी, शून्य आमदनी वाली कम्पनी वॉट्सएप

का 19 अरब डॉलर में अधिग्रहण हुआ है। हर्ले डेविडसन या जेरॉक्स जैसी 100 साल पुरानी कम्पनियों के वेल्यूएशन से भी ज्यादा। **'वॉट्सएप'** ने बता दिया है कि विज्ञापनों के चक्कर में न पड़कर पूरी तरह यूजर की सुविधाओं का ध्यान दो, तब तेजी से वैल्यू बढ़ती है।

परन्तु ऑनलाइन शॉपिंग भी पीछे नहीं है। ऑनलाइन शॉपिंग भारत में बड़ी तेजी से बढ़ रही है। खासकर छोटे शहर, इसमें महत्त्वपूर्ण भूमिका निभा रहे हैं। ये छोटे शहर खिलौनों से लेकर टू-व्हीलर तक खरीद रहे हैं।

भारत के शुरुआती ऑनलाइन रिटेलरों में से एक **'फ्लिपकार्ट'** ने किताबों के साथ बिजनेस शुरू किया था। अब वह सन ग्लासेस से होम फर्निशिंग तक का कारोबार करती है। खबर है कि 6 अक्टूबर, 2014 को **'फ्लिपकार्ट'** ने सिर्फ 10 घंटों में 600 करोड़ का कारोबार किया था, जिसकी वजह से रजिस्टर्ड यूजर्स की संख्या एक अरब तक पहुंच चुकी है।

इसलिए मैं दावे के साथ कह सकता हूं कि आप भी सफल हो सकते हैं। जरूरत है सिर्फ उस आइडिया की, जो लोगों की जरूरत बन सके और दौलत को अपनी ओर आकर्षित कर सके। इतिहास उन लोगों की कहानियों से भरा पड़ा है, जिन्होंने कम पूंजी से अपने बिजनेस की शुरूआत की और करोड़ों की संपदा के मालिक बने। उनमें से कुछ लोगों के बारे में आप जानते भी होंगे:-

☞ **एडी डैसलर किसी जमाने में 20 वर्ग मीटर के बाथरूम में हाथ से जूते बनाते थे, लेकिन एक आइडिया ने उन्हें 'एडिडास' का मालिक बना दिया।**

☞ **स्टीव जॉब्स के पास पैसा नहीं था, सिर्फ एक आइडिया था। उसके बाद भी उन्होंने 'एप्पल' कम्पनी की स्थापना की और करोड़ों की दौलत के मालिक बने।**

☞ **एम.पी. रामचंद्रन पहले मुम्बई की एक केमिकल कम्पनी में अकाउंटेंट थे। वहीं उनके दिमाग में लिक्विड व्हाइटनर बनाने का आइडिया आया। उन्होंने नौकरी छोड़कर 'ज्योति लैबोरेट्रीज' की स्थापना की। अब उनका 'उजाला' ब्रांड नोट छापने की मशीन बन चुका है।**

और भी बहुत से लोग हैं, जो फर्श से अर्श पर पहुंचे। रे क्रॉक का आइडिया **'हैमबर्गर'** फ्रैंचाइजी चेन खोलने का था, जिलेट का आइडिया ब्लेड बनाने

का था, डीटिच मैटेशिट्स का आइडिया **रेड बुल** एनर्जी ड्रिंक बनाने का था।

इसलिए सोचें कि जब एक आइडिया इन सब लोगों को अमीर बना सकता है, तो आपकी किस्मत क्यों नहीं बदल सकता? बदल सकता है, क्योंकि अमर्त्य सेन ने अपनी पुस्तक **'द आइडिया ऑफ जस्टिस'** में लिखा है, 'आइडिया की वजह से ही गूगल, माइक्रोसॉफ्ट, फेसबुक, रिलायंस जैसी कम्पनियों का जन्म हुआ है। आज ये कम्पनियां अरबों रुपयों का व्यापार करती हैं और हजारों लोगों को रोजगार देती हैं।'

तभी तो **कैलोरी केयर** के मालिक साइरस ड्राइवर कहते हैं, **'दिल की आवाज सुनो, नए आइडिया पर काम करो और असम्भव को सम्भव करने की सोचो। फिर पैसा हाथों का मैल बन जाएगा।'**

2004 में शिल्पा शेट्टी के पति राज कुंद्रा को एक मैगजीन ने सबसे अमीर ब्रिटिश एशियन की लिस्ट में 198 पोजिशन पर रखा। कुंद्रा इस समय ट्रेडिंग, कंस्ट्रक्शन, रियल एस्टेट, एनर्जी, स्टील, शेयर्स, मीडिया, ऑनलाइन शॉपिंग वेबसाइट, स्पोर्ट्स और गोल्ड ट्रेडिंग से जुड़ी करीब 10 कम्पनियों पर मालिकाना हक रखते हैं। जब कुंद्रा ने अपना व्यावसायिक सफर यूके में पशमीना शॉलों को कश्मीर से इम्पोर्ट करके शुरू की थी, तब उनकी उम्र 18 साल थी।

कुंद्रा की कहानी से पता चलता है कि सफलता पाने के लिए उम्र कोई मायने नहीं रखती। 101 साल की उम्र में सरदार फौजा सिंह 42 मील लंबे मैराथन रेस में दौड़ सकते हैं और 19 साल की उम्र में एंटो फिलिप **'द बिग बैंड थ्योरी** नाम' से कम्पनी स्थापित कर सकते हैं, तब आपके लिए सफलता पाना कठिन कैसे हो सकता है? शर्त यह है कि आपको तेजी से बदलती दुनिया को ध्यान में रखना होगा और बाजार में चल रही लहर को भांपना होगा। बिल्कुल वैसे ही, जैसे कि एलेक्जेंडर ग्रिलेटा ने भांपा था।

कुछ साल पहले **'किल मित्तल'** ऑन लाइन गेम चर्चा में आया था, जो आर्सलर मित्तल का वर्कर बनकर उसके मालिक लक्ष्मी निवास मित्तल के रोबोट वर्जन को मारने का मौका देता था। उस गेम में रोबोट फैक्ट्री बंद करना चाहता है, जबकि वर्कर उसे खुला रखवाने की कोशिश करते हैं।

क्योंकि फ्लोरेंस के स्टील प्लांट के बंद होने से फ्रांस में काफी लोग बेरोजगार हो गए और इसे देश के इंडस्ट्रियल सेक्टर के लिए एक धक्के की तरह माना गया था। लेकिन उस वीडियो गेम के फाउंडर एलेक्जेंडर ग्रिलेटा कहते

हैं, **'यह एक आइडिया है, गेम को लोकप्रिय बनाने का और दुनिया के लोगों तक पहुंचाने का। लेकिन गेम किसी तरह की हिंसा को उकसावा नहीं देता और न ही बिग बॉस को मारने की बात करता है।'**

जबकि गेम को बनाने के पीछे गहरा राज छिपा है और वो है लक्ष्मी मित्तल की लोकप्रियता को कैश करना, जिसमें ग्रिलेटा कामयाब रहे।

अब बात करते हैं चेन्नई की। वहां एक रेस्टोरेंट खुला है, जिसका नाम है **पॉप अप।** कमाल की बात यह है, उसमें **'होम शेफ गिल्ड'** नाम की संस्था के सदस्य व्यंजन तैयार करते हैं और उस संस्था की सभी सदस्य गृहणियां हैं।

इस संस्था को बनाने का आइडिया पहली बार के.पी. बालाकुमार के दिमाग में आया। वे केपी फूड ब्लॉगर हैं। आइडिया ये था कि घरेलू महिलाओं को एक कॉमन प्लेटफॉर्म मिले। जहां वे अपनी पसंदीदा व्यंजनों की रेसिपी एक-दूसरे के साथ शेयर कर सकें। धीरे-धीरे यह प्लेटफॉर्म एक यूनिट की तरह काम करने लगा। यहां से बेकरी के उत्पाद तैयार किए जाने लगे। बिकने भी लगे। सभी महिला सदस्य एक-दूसरे के लिए छोटी-मोटी इवेंट का आयोजन करने लगीं। यह सिलसिला दो साल चला, फिर **'पॉप अप फूड आउटलेट'** के रूप में उभर कर सामने आया।

इस आउटलेट में **'होम शेफ गिल्ड'** की करीब 30 सदस्य पार्टनर हैं और हर पार्टनर महीने में एक लाख रुपए तक कमाती हैं।

इसलिए आपको ऐसा ही कोई आइडिया मस्तिष्क में लाना होगा, क्योंकि आइडिया आपके सोचने की प्रक्रिया को प्रभावित करता है। फिर सोचने की प्रक्रिया और जीवन के अनुभव आपकी स्मृति का निर्माण करते हैं, जो मानव सॉफ्टवेयर की तरह काम करते हैं।

कुछ साल पहले जब **आशिकी-2** रिलीज हुई थी, तब शगुफ्ता रफीक का नाम अचानक चर्चा में आया। फिल्म की कहानी उन्होंने ही लिखी थी, जबकि वे किसी जमाने में दुबई के एक बार में डांस करती थीं।

लेकिन कुछ नया करने का शौक था, जो उन्हें मुम्बई खींच लाया। पहले महेश भट्ट के साथ असिस्टेंट बनकर काम किया, फिर उनके दिमाग में फिल्मों की कहानी लिखने का आइडिया आया। लेकिन कोई भी डायरेक्टर किसी नए लेखक को फिल्म लिखने का चांस नहीं देता, ऐसे में शगुफ्ता ने दूरदर्शन के लिए नाटक लिखकर अपनी प्रतिभा को निखारा।

उसके बाद महेश भट्ट ने ही उन्हें फिल्म **'कलयुग'** में जय दीक्षित के साथ बतौर को-राइटर मौका दिया। फिल्म हिट रही, फिर महेश भट्ट ने उन्हें अपनी निजी जिंदगी की सबसे संजीदा और ट्रैजिक कहानी लिखने का जिम्मा सौंपा। वह कहानी महेश भट्ट और एक्ट्रेस परवीन बॉबी के रिश्तों पर आध ारित थी। शगुफ्ता ने जो कहानी लिखी, उस पर फिल्म **'वो लम्हे'** बनी। जिसे लोगों ने पसंद किया और शगुफ्ता रफीक बार डांसर से फिल्म राइटर बन गईं।

उनकी सफलता इस बात को साबित करती है कि प्रतिभा को दुनिया में कोई भी दबा नहीं सकता। लेकिन यह आपके ऊपर है कि आपने खुद अपनी प्रतिभा को पहचाना है या नहीं? उसे विकसित करने की कोशिश की है या नहीं? क्योंकि प्रतिभा चमत्कार करती है।

इसलिए आपको भी कुछ नया सोचना होगा और कोई नया आइडिया दिमाग में लाना होगा, लेकिन कैसे लाना है और कैसे उसे अमल में लाना है? यही सब बताने के लिए पुस्तक में लिखा गया है ताकि आप भी इन लोगों की तरह अमीर बन सकें। इसलिए पुस्तक को एक बार जरूर पढ़ें।

आपका अपना

-तरूण इंजीनियर

Mobile: (0) 9899153952

E-mail: **tarunengineer2003@yahoo.com**

लेखक के बारे में

तरूण इंजीनियर रचनात्मक और सकारात्मक सोच विकसित करने वाले अग्रणी विशेषज्ञ हैं, क्योंकि इन्होंने मानव मस्तिष्क के लिए सॉफ्टवेयर विकसित कर लिए हैं। ये **'सीक्रेट ऑफ सक्सेस'**, **'पावर ऑफ पॉजिटिव थिंकिंग'**, **'बड़ा लक्ष्य बड़ी जीत'**, **'क्या आप अमीर बनना चाहते हैं'**, **'बुलंद इरादों से सपने सच करें'**, **'जितना बड़ा जोखिम उतनी बड़ी सफलता'**, **'विचारों में छिपी सफलता'**, **'प्रभावशाली लोगों की 12 आदतें और उनके सफल होने के रहस्य'**, **'सितारों की दृष्टि में गुप्तिसागर'**, **'चमत्कार की उम्मीद करो चमत्कार हो जाएगा'** और **'बड़ी सफलता पाने का बिजनेस स्कूल'** के भी लेखक हैं, जिनका अब तक कई भाषा में अनुवाद हो चुका है।

मानव मस्तिष्क कैसे सूचना एकत्रित करता है और कैसे उसका इस्तेमाल करता है? इस सम्बंध में तरूण इंजीनियर ने **'थिंक बिग बिकम बिग'** पुस्तक लिखी है, जिसे मस्तिष्क का सॉफ्टवेयर भी कहते हैं। इस पुस्तक का इस्तेमाल अब शिक्षा के क्षेत्र में और व्यवसाय में बराबर हो रहा है।

विश्व की कई अग्रणी कम्पनियां पुस्तक में लिखे निर्देशों का पालन कर रही हैं। उनमें **'सीमेंस'**, **'लफार्ज'**, **'बी.एच.ई.एल.'**, **'मारुति उद्योग'**, **'रिलायंस इन्डस्ट्रीज'**, **'बी.ई.एल.'**, **'गुजरात अम्बुजा'** और **'कैलट्रॉन'** के नाम प्रमुख हैं। तरूण इंजीनियर पेशे से बिजनेसमैन हैं और 25 सालों से अपना इंपोर्ट-एक्सपोर्ट का बिजनेस चला रहे हैं।

2008 में देश का प्रिंट मीडिया इन्हें **'बिजनेस गुरु'** की उपाधि से भी सम्मानित कर चुका है, लेकिन लिखने का हौसला बरकरार है। अब तक इनकी **डायमंड पॉकेट बुक्स** से अनेक पुस्तकें प्रकाशित हो चुकी हैं, उनमें से कई पुस्तकें ऐसी हैं, जो बेस्टसेलर की श्रेणी में सबसे आगे हैं।

मेहनत से नहीं आइडिया से मिलती है बेशुमार दौलत

'हमारे देश में दौलत की कमी नहीं है, सिर्फ विचारों और इच्छाशक्ति की कमी है। क्योंकि आंकड़े बताते हैं कि भारत में हर 30 मिनट में एक व्यक्ति करोड़पति बनता है और जो बनता है, वह दिन-रात अपने आइडिया का पीछा करता है।'

-सुभाष चंद्रा (जी टीवी)

आपने **'दीवार'** फिल्म जरूर देखी होगी? उसमें एक गज़ब का दृश्य है। बांद्रा स्टेशन पर जूता पॉलिश करने वाले लड़के को एक अमीर आदमी उसका मेहनताने का सिक्का फेंक कर देता है। लड़का उसे नहीं उठाता और अमीर आदमी की आंखों में आंखें डालकर कहता है- **'मैं फेंके हुए सिक्के नहीं उठाता।'**

इस डायलॉग से स्पष्ट हो जाता है कि लड़का बड़ा होकर कोई चमत्कार जरूर करेगा! उसके बाद एंग्री यंगमैन अमिताभ बच्चन का जन्म होता है।

डिटर्जेंट पाउडर के एक विज्ञापन में कार में बैठा एक व्यक्ति साइकिल पर सवार एक स्कूल के लड़के को तिरस्कार की नजरों से देखता है। तब लड़का अपनी सफेद शर्ट के कॉलर को ठीक करते हुए कहता है- **'सिर्फ दो पहियों का फर्क है अंकल। यह अंतर भी जल्दी खत्म हो जाएगा।'**

ऐसे बहुत से किस्से हैं, जो दर्शाते हैं कि दिल में यदि कुछ कर गुजरने का जज्बा हो, तो चमत्कार हो ही जाता है। एक सूफी कहावत है- **'जब आप खुद को बेहतर बनाने का निर्णय लेते हैं, तब दुनिया बदली-बदली सी नजर आती है।'**

क्योंकि निर्णय से जोश पैदा होता है, जोश से हिम्मत पैदा होती है। हिम्मत से जुनून पैदा होता है और जुनून से असम्भव लगने वाला काम सम्भव हो जाता है। इसलिए अपने मस्तिष्क से असम्भव नाम के शब्द को पूरी तरह से मिटा दें।

यह एक निषेधार्थक शब्द है, जो सम्भव में **'अ'** जोड़ने से बना है। लेकिन जब आप 'आई एम पॉसिबल' बोलते हैं, तब सब कुछ सम्भव हो जाता है।

नेपोलियन हिल को तो आप जानते होंगे? वे कम पढ़े-लिखे और गरीब व्यक्ति थे, लेकिन लेखक बनने का सपना संजोए हुए थे। उनके परिचित और मित्र हमेशा उन्हें हतोत्साहित करते थे। वे ऐसा हो पाना असम्भव समझते थे?

परन्तु नेपोलियन हार मानने वालों में नहीं थे। शब्द-सामर्थ्य बढ़ाने के लिए उन्होंने सबसे बड़ा और सुंदर शब्दकोश खरीदा। फिर पहले उन्होंने वह पेज फाड़कर निकाला, जहां असम्भव यानी **इंपॉसिबल** शब्द छपा था। वे जानते थे कि दुनिया में कोई राह इतनी लंबी नहीं है, जिसे तय न किया जा सके और कोई ऐसा सागर नहीं है, जिसको लांघा न जा सके।

हर स्थिति में कहें आई एम पॉसिबलः

सोचिए! राम के पास कौन था? कुछ वनवासी थे, कुछ बंदर-भालू थे। उसके बाद भी उन्होंने रावण जैसे शक्तिशाली योद्धा को युद्ध के मैदान में धराशाई कर दिया था। सावित्री और सत्यवान की कहानी भी कुछ ऐसी ही थी। सावित्री ने संकल्प लिया था सत्यवान को बचाने का। वह अपने संकल्प से डगमगाई नहीं, फिर उसने अपने पति के प्राण मृत्यु के हाथों से छीन लिए थे।

आकर्षण का नियम कहता है कि जैसा आप सोचते हैं, वैसा ही जीवन में घटित होने लगता है। यह उसी तरह काम करता है, जिस तरह लोहा चुंबक की ओर खिंचा चला आता है। यहां पर लोहा आपका आइडिया है और चुंबक उस आइडिया को पसन्द करने वाले लोग हैं। इसलिए यह मानकर चलें कि राम के पास भी एक आइडिया था, जिसकी बदौलत उन्होंने महाबलशाली रावण को पराजित किया था। सावित्री के पास भी एक आइडिया था, जिसकी वजह से यमराज ने सत्यवान को जीवन दान दिया।

महाभारत में एक दृश्य है- जलप्रपात के निकट एक पहाड़ी पर एक व्यक्ति प्रार्थना करता है कि उसके अनेक प्रयास असफल हो गए, इस बार उसे सफलता देना। वह व्यक्ति जलप्रपात में कूद पड़ता है, चट्टानों से रक्तरंजित उसका शरीर नदी के तल में एक नुकीले पत्थर से टकराता है। जब खून की लाली हटती है, तो वह व्यक्ति पूरी तरह चंगा होकर किनारे पर आता है और एक चिता का निर्माण करके स्वयं को जलाने का असफल प्रयास करता है। तब वेदव्यास कहते हैं कि अश्वत्थामा! तुम्हें द्रौपदी का श्राप है कि तुम मौत को तरसोगे और वह तुम्हें अनंत

काल तक नहीं मिलेगी।

उसके बाद वेदव्यास कुरुक्षेत्र जाकर देखते हैं कि रक्त रंजित मिट्टी अभी भी लाल है और मोटापे से गिद्ध उड़ने के प्रयास में विफल हो रहे हैं। एक किसान हल चलाता है, तो धरती से केवल टूटे हथियार, टूटी हड्डियां निकलती हैं। कुरुक्षेत्र पर बादल वर्षों से छाए हैं, परन्तु बरसते नहीं।

फिर वेदव्यास गंगा तट पर जाकर मां गंगा से प्रार्थना करते हैं कि उसकी गोद में अस्थियां विसर्जित हैं, उन सभी व्यक्तियों को मात्र कुछ समय के लिए सशरीर गंगा तट पर भेज दें ताकि युद्ध के इतने वर्षों पश्चात् सम्भवत: वे अपने अहंकार, अंधकार और पूर्वग्रह से मुक्त होकर गंगा तट पर विचार करें कि कहां चूक हुई? और क्या यह युद्ध टाला जा सकता था?

गंगा के तल से उभरकर सारे महत्त्वपूर्ण पात्र तट पर आते हैं। कुछ आम आदमी, साधारण सिपाही और वे व्यापारी; जिन्होंने युद्ध सामग्री से ढेरों कमाया था, भी तट पर आते हैं। फिर पांडव-कौरव मित्रों और प्यार करने वाले भाइयों की तरह प्रकट होते हैं, मानो कुंती और गांधारी का आदर्श मृत्यु के बाद जीवित हो उठा है।

अगले दृश्य में कुंती कहती है, 'युद्ध का एकमात्र कारण गांधारी द्वारा अंधत्व ओढ़ना था। जिसके कारण जन्मांध पिता और अंधत्व ओढ़ी माता अपने बच्चों को गुमराह होते देख ही नहीं पाए।'

गांधारी अंधत्व ओढ़ने को पति भक्ति का नाम देती है और कहती है कि अगर कुंती समय रहते कर्ण को उसके जन्म का रहस्य प्रकट कर देती, तो दुर्योधन पांडवों से युद्ध नहीं करता।

यह वार्तालाप आगे बढ़ती है। पहले विचार टकराते हैं, फिर पात्र टकराते हैं। तब वेदव्यास को महसूस होता है कि अहंकार, अंधकार और स्वार्थ से मरकर भी लोग मुक्त नहीं होते।

गंगातट पर छिड़े नए महाभारत से व्यथित वेदव्यास गंगा से प्रार्थना करते हैं, 'इन्हें वापस बुला लो। अब इन सबका भारत की पृथ्वी पर कोई काम नहीं है, क्योंकि नरेंद्र मोदी आ चुके हैं और अच्छे दिन भी आने वाले हैं।'

आप सोच रहे होंगे कि मैं किसी शास्त्र या ग्रंथ में लिखी कहानी सुना रहा हूं? लेकिन यह मेरी कल्पना है, जिस पर फिल्म भी बनाई जा सकती है।

महाभारत का जिक्र आते ही आपके मन में प्रश्न उभर रहा होगा, 'इतने बुद्धिमान लोगों ने खुद को दांव पर कैसे लगाया? इतने आदरणीय लोगों के लिए प्रतिज्ञा द्रौपदी के प्रति हो रहे अन्याय को रोकने से अधिक महत्त्वपूर्ण कैसे हो गई?'

इसका उत्तर है, 'महाभारत एक सर्वकालिक ग्रंथ है। इसके पात्र आज भी प्रासंगिक हैं। जरूरत बस उनमें छिपे प्रतीकों को समझने की है।'

शास्त्रों में लिखा है कि राम कथा गायक तुलसीदास ने एक मंदिर में मुरलीधर

कृष्ण के दर्शन किए। मन में तो धनुषधारी राम अंकित थे, इसलिए प्रार्थना की, 'तुम पीतांबर वेश में, अधरों पर मुरली धरे बहुत भले लग रहे हो। परन्तु मेरा मस्तक तो तभी झुकेगा, जब धनुषधारी बनोगे।'

कहते हैं भक्त की इच्छा की नाजुक डोर से बंधे विष्णु ने उसकी भावना के अनुरूप आकार ले लिया था। यह बात सच है या झूठ, इसका तो पता नहीं, लेकिन यह सच है कि आप जो बोते हैं, वही काटते हैं। जो देते हैं, वही पाते हैं। यह नियम सृष्टि के उस सिद्धांत की ओर इशारा करता है, जिसे आइजैक न्यूटन ने खोजा था। उनका मानना था कि जो भी जाता है, लौटकर वापस आता है और समान चीजें ही समान चीजों को आकर्षित करती हैं।

भावनाओं को आइडिया में बदलना सीखें:

आप ऊर्जा हैं। इसलिए आप जैसा सोचते हैं, वैसा ही महसूस करते हैं और जैसा महसूस करते हैं, वैसा ही अपनी ओर आकर्षित करते हैं। आप जब सोचते हैं कि मेरी नौकरी अच्छी है, तो आपको खुशी महसूस होती है। लेकिन जब आप सोचते हैं कि नौकरी बेकार है, तो आपको दु:ख का अहसास होने लगता है।

इसलिए जब किसी ने न्यूटन से पूछा कि आपने इतनी सारी वैज्ञानिक खोजें कैसे कीं? तब न्यूटन ने कहा था, 'आइडिया की वजह से।' आइडिया ही महानता की पहली सीढ़ी है। यह वैज्ञानिक बनाता है, दार्शनिक बनाता है, आविष्कारक बनाता है, नेता बनाता है, अभिनेता बनाता है, सिंगर बनाता है, डांसर बनाता है, खिलाड़ी बनाता है, लेखक बनाता है। इसलिए सब लोग आइडिया को ही पसंद करते हैं।

आपने वह किस्सा सुना होगा- एक दिन किसी महिला ने अपने घर के बाहर तीन संतों को देखा। भीतर जाकर उसने यह बात अपने पति को बताई। पति ने कहा, 'उन्हें आदर के साथ अंदर ले आओ और भोजन कराओ।'

महिला ने बाहर आकर उन संतों को अंदर आने का आग्रह किया। संत बोले, 'हम किसी भी घर में एक साथ नहीं जाते।'

'क्यों नहीं जाते?' महिला ने प्रश्न किया।

उनमें से एक संत बोला, 'मेरा नाम धन है तथा इन दोनों के नाम सफलता और आइडिया है। हममें से कोई भी एक भीतर जा सकता है। इसलिए पहले यह सुनिश्चित करें कि किसको आप अंदर ले जाना चाहती हैं?'

महिला असमंजस में पड़ गई, फिर भीतर जाकर सारी बात अपने पति को बताई। पति ने खुश होकर कहा, 'तुम धन को अंदर बुलाओ। हमारा घर खुशियों से भर जाएगा।'

पत्नी ने कहा, 'मेरी राय है कि सफलता को अंदर बुलाना चाहिए। क्योंकि सफलता के साथ धन जुड़ा होता है।'

उनका बेटा दूसरे कमरे में लेटा हुआ सब सुन रहा था। वह मां के पास आकर बोला, 'आइडिया को अंदर बुलाओ, क्योंकि एक आइडिया हम सबकी किस्मत बदल सकता है।'

उसकी मां ने बाहर आकर कहा, 'आपमें से जिसका नाम आइडिया है, वह अंदर आकर भोजन ग्रहण करे।'

आइडिया अंदर घर में प्रवेश करने लगा। तब बाकी के दो संत भी उसके पीछे-पीछे चल पड़े। महिला ने आश्चर्य व्यक्त करते हुए कहा, 'पहले तो आप कह रहे थे कि हममें से कोई एक घर के अंदर जा सकता है, लेकिन अब तो आप तीनों अंदर आ रहे हो?'

उनमें से एक बोला, 'यदि आप धन और सफलता में से किसी एक को चुनतीं, तो सिर्फ एक ही अंदर जाता। लेकिन आपने आइडिया को आमंत्रित किया है और आइडिया कभी अकेला नहीं जाता। उसके साथ हम दोनों भी पीछे-पीछे चलते हैं।'

इसलिए सोचें कि आप क्या बनना चाहते हैं, क्या पाना चाहते हैं? उसके बाद अपने आइडिया की सूची बनाएं। फिर उनमें से एक ऐसे आइडिया को बाहर निकालें, जो जादू कर सके। इस बात से फर्क नहीं पड़ता कि आप कौन हैं, कहां हैं और किस स्थिति में हैं? आइडिया हर हाल में जादू करता है।

अच्छे काम हमेशा अच्छे नतीजे देते हैं:

जब हॉलीवुड की मशहूर हीरोइन एंजेलिना जोली ने ब्रेस्ट कैंसर की प्रिवेंटिव सर्जरी कराई थी, तब 'न्यूयॉर्क टाइम्स' में उनका एक लेख 'माई मेडिकल चॉयस' छपा था, जिसमें उन्होंने अपनी बीमारी और इलाज के बारे में बताया था। एंजेलिना की मां की मौत ब्रेस्ट कैंसर से हुई थी। जब डॉक्टरों ने जोली को बताया कि उन्हें भी ब्रेस्ट और ओवेरियन कैंसर का खतरा है, तो उन्होंने सावधानी बरतते हुए ऑपरेशन करवा लिया।

डॉक्टरों का कहना था कि बीआरसीए एक जीन है, जिसकी वजह से किसी भी शख्स को कैंसर हो सकता है। एंजेलिना को भी ब्रेस्ट कैंसर होने का 87 पर्सेंट खतरा है, इसलिए उनको अपने दोनों ब्रेस्ट निकलवा देने चाहिए।

इस सर्जरी को 'डबल मास्टैक्ट्रॉमी' कहा जाता है। ब्रेस्ट कैंसर के ऑपरेशन के बाद एंजेलिना ने ओवेरियन कैंसर के लिए भी प्रिवेंटिव सर्जरी करवाई। उनकी सर्जरी ने **'मायरायड जेनेटिक्स'** नाम की कम्पनी को सफलता के शिखर पर पहुंचा दिया, क्योंकि बीआरसीए 1 टेस्ट का अधिकार पूरे विश्व में केवल इसी कम्पनी के पास है।

अमेरिका में इसका लगातार विरोध हो रहा है। सोशल एक्टिविस्टों के मुताबिक मानव जीन पर किसी कॉरपोरेट कम्पनी का एकाधिकार नहीं होना चाहिए। यह ऐसा

क्लासिकल प्रॉडक्ट है, जो प्रकृति हमें देती है। ऐसे में एंजेलिना का लेख संदेह पैदा करता है। कई लोग मानते हैं कि यह लेख और कुछ नहीं, बल्कि एक ऐसा कॉरपोरेट पीआर कैंपेन है, जिसकी तैयारी महीनों पहले की गई थी। कम्पनी एंजेलिना के जरिए अपने लिए जन समर्थन जुटा रही है। उनका लेख पढ़कर लोग प्रेरित हो रहे हैं और अपना ब्लड टेस्ट करवा रहे हैं, जिसका फायदा कम्पनी को हुआ।

जबकि जानकारों का मानना है कि ब्रेस्ट कैंसर से मरने वाली 90 प्रतिशत औरतों का बीआरसीए 1 से कुछ भी लेना-देना नहीं होता। क्योंकि बीआरसीए 1 के टेस्ट से यह पता नहीं चल सकता कि कैंसर का खतरा है। न ही डबल मास्टैक्ट्रॉमी करवाने से इसका खतरा कम होता है। लेकिन कम्पनी अपने मिशन में सफल हो गई। क्योंकि कम्पनी के प्रबंधकों का आइडिया था कि एंजेलिना जोली यदि कुछ जानकारी अपने लेख में दें, तो बिजनेस में उछाल आ सकता है। फिर योजना के मुताबिक वैसा ही हुआ। अब 'मायरायड जेनेटिक्स' के शेयर आसमान छू रहे हैं।

इसलिए यह मानकर चलें कि कामयाब बिजनेसमैन बनने में सबसे बड़ी भूमिका एक अच्छे आइडिया की होती है। अगर उस आइडिया की गहराई में जाया जाए, उसे पॉलिश कर लिया जाए, उसे लोगों की आवश्यकताओं के अनुरूप बना दिया जाए और उस पर खुलकर होमवर्क कर लिया जाए, तो कामयाबी का पिटारा खुलता चला जाता है। अच्छा आइडिया हमेशा नई संभावनाओं को जन्म देता है।

विचारों के ट्रैफिक से बाहर निकलें:

एप्पल जैसी बड़ी कम्पनी, फेसबुक जैसी प्रसिद्ध सोशल नेटवर्किंग साइट और रिलायंस इंडस्ट्रीज में एक बात कॉमन है और वह है कि इन सबकी शुरुआत एक अच्छे आइडिया से हुई है।

इसलिए विचारों के ट्रैफिक से बाहर निकलें और नीचे लिखे गुरुमंत्रों पर ध्यान दें:-

- ☞ बिजनेस का सम्बंध सिर्फ अक्ल से है। यदि आपमें अक्ल है, तो आप सफल बिजनेसमैन बन सकते हैं। वर्ना दुनिया की कोई भी ताकत आपको सफल बिजनेसमैन नहीं बना सकती।
- ☞ सिर्फ बिजनेस के बारे में सोचते रहना ही काफी नहीं है। यदि बिजनेस प्लान बनाया है, तो मौका मिलते ही उसे पूरा कर डालो। अगर सोचते रह गए, तो मौका हाथ से निकल जाएगा।
- ☞ यदि आपके अंदर आत्मविश्वास नहीं है, तो आप निराश और परेशान रहेंगे। इसलिए आपको कार्य शुरू करने की क्षमता का ज्ञान होना चाहिए।
- ☞ बिजनेस में नया, बड़ा और अलग करना जरूरी है। इसलिए एकैडमिक जानकारी तक ही सीमित न रहें, बल्कि उससे भी आगे की सोचें।

- ☞ नेता वही कामयाब होता है, जो झुग्गी-झोपड़ियों तक पहुंचे और उत्पाद वही, जो मजदूर से लेकर रिक्शा वाला भी प्रयोग करे।
- ☞ सिर्फ पैसे के लिए बिजनेस किया जाएगा, तो उसे पूरी सफलता नहीं मिल सकती। लेकिन जब आप सामाजिक सरोकारों से जुड़ जाएंगे और समाज के हर ग्रुप का ख्याल रखेंगे, तो बड़ी सफलता मिलेगी।
- ☞ बिजनेस असफल भी हो जाते हैं, इसलिए असफल होने पर निराश न हों, बल्कि असफल होने का कारण ढूंढें।

क्योंकि पता नहीं होता कि पैदल चलते वक्त गुरुत्वाकर्षण की शक्ति आपको कैसे टिकाए रखेगी? लेकिन आप विश्वास करते हैं कि मैं हवा में नहीं उडूंगा। कुछ ऐसा ही आपको नए आइडिया पर काम शुरू करने से पहले सोचना होगा। क्योंकि आप अपने जीवन के निर्माता खुद हैं और आइडिया यदि नया होगा, तो वह जादू करेगा। ठीक वैसे ही जैसे कि तंबाकू से तौबा करने वालों पर इलेक्ट्रॉनिक सिगरेट जादू कर रही है।

आपको शायद पता हो कि लगभग साढ़े चार करोड़ अमेरिकियों में से कई लोग सिगरेट से पीछा छुड़ाने की कोशिश में जुटे हैं और बढ़ती इलेक्ट्रॉनिक सिगरेट इंडस्ट्री इससे फायदा उठाने के लिए तैयार है। ई-सिगरेट के एक तिहाई बाजार पर कब्जा करने वाली कम्पनी एन्जॉय (Niov) के मालिक जोश सेनबर्न कहते हैं कि उन्होंने इलेक्ट्रॉनिक सिगरेट यानी ई-सिगरेट को असली सिगरेट जैसा बनाया है। इसमें तंबाकू के बिना निकोटिन की भाप उड़ती है और पिछले साल इसका बाजार 55 अरब रुपए का था, जो अगले साल 300 अरब रुपए तक पहुंच जाएगा।

जोश सेनबर्न इसकी तुलना एनर्जी ड्रिंक से करते हैं। दरअसल सिगरेट पीने वाला जैसे ही कश खींचता है, एक सेंसर बैटरी और हीटर को कार्ट्रिज के निकोटिन द्रव से जोड़ता है। फिर द्रव के गर्म होने से भाप निकलती है और कश लेने पर एलईडी किसी लौ के समान रोशन होती है।

आजकल एक ई-सिगरेट का मूल्य करीब 400 रुपए है, लेकिन यह किंग साइज सिगरेट के दो पैकेट के बराबर चलती है। यानी कीमत भी कम है और डिमांड ज्यादा है। है ना कमाल का आइडिया!

अब किसी पक्षी को अपना घोंसला बनाते हुए देखें। वह एक-एक कोने पर दृष्टि रखता है। एक-एक संभावनाओं पर विचार करता है ताकि उसके अंडे सही-सलामत रहें और चूजे सुरक्षित रूप से बाहर आ सकें। उस समय उसका पूरा ध्यान बनाए जा रहे घोंसले पर होता है। ठीक ऐसे ही जरूरत बिजनेस आइडिया को लोगों तक पहुंचाने में होती है, तभी वह आइडिया धमाल मचाता है।

ऐसा आइडिया कैसे सोचें? कैसे उस पर काम करें? कैसे उसे दौलत में बदलें?

आगे के पन्नों में यही सब बताया गया है। इसलिए तैयार हो जाइए किस्मत को बदलने के लिए और ढ़ेर सारी दौलत पैदा करने के लिए। लेकिन आगे बढ़ने से पहले नीचे लिखी बातों को मस्तिष्क में उतार लें:-

☞ ईश्वर का कोई ऐसा इरादा नहीं है कि आप गरीब रहें।
☞ अमीर बनना आपका अधिकार है, इसलिए दौलत के बारे में सोचें।
☞ आप जिस आइडिया को खोज रहे हैं, वह आपको खोज रहा है।
☞ अपने विचारों पर नजर रखें, ये आपको भटकाने का प्रयत्न करेंगे।
☞ दौलत कमाने के लिए प्रतिस्पर्धा से बचें, बल्कि दौलत का सृजन करने के बारे में सोचें।
☞ मौलिक सोच की कला का अभ्यास करें।
☞ धधकती इच्छा की उष्मा में अपना सबकुछ झोंक दें।
☞ टालमटोल में न जिएं, क्योंकि इस पर गरीबों का अधिकार है।
☞ अपने निर्णय जल्दी लें, पुनर्विचार करने की क्रिया धीमी रखें।
☞ अपने आंतरिक खजाने की रक्षा करें, वर्ना नकारात्मक शक्तियां वहां पहुंच जाएंगी।

यह वो सिद्धांत हैं, जो आपकी किस्मत का ताला खोलेंगे। अब सोचो मत, अपने अंदर के ज्ञान को महसूस करो, शारीरिक ऊर्जा को जागृत करो और पुस्तक के आगे के पन्नों को पढ़ने में जुट जाओ।

किसी शायर ने कहा है:-

दुनिया तो आनी-जानी है, आखिर तक किसको रहना है।
यह जीवन भी कुछ पल का है, हर पल मस्ती में जीना है।।
क्यों व्यर्थ गंवाते हो जीवन, कर लो अच्छे कुछ काम यहां।
बस याद यही रह जाएगा, बाकी सब है बकवास यहां।

■■■

पहला अध्याय

आइडिया आपका इन्तजार कर रहा है

> *'अमीर बनना आपका अधिकार है, क्योंकि आप इस दुनिया में सम्पन्न और सुखी जीवन जीने के लिए पैदा हुए हैं। इसलिए रोजी-रोटी लायक पैसे कमाकर संतुष्ट न हों। कुछ नया सोचो, बड़ा सोचो और अमीर बनो।'*
>
> **-अनिल अम्बानी (उद्योगपति)**

सोचो! एक लाइन लिखकर दुनिया में प्रसिद्धि कैसे पाई जा सकती है और कैसे करोड़ों रुपए कमाए जा सकते हैं? इस रहस्य को जानने के लिए आपको **'नथिंग ऑफिशियल अबाउट इट'**, **'ओए बबली'** और **'डर के आगे जीत है'** जैसी पंच लाइन लिखने वाली क्रिएटिव राइटर अनुजा चौहान के जीवन में झांकना पड़ेगा।

1994 में अनुजा ने जेडब्ल्यूटी इंडिया एडवर्टाइजिंग कम्पनी ज्वॉइन की थी और पेप्सी के लिए **'नथिंग ऑफिशियल अबाउट इट'** जैसी पंच लाइन गढ़कर करोड़ों रुपए कमा लिए।

अब अनुजा फिल्मों की स्क्रिप्ट लिखने की प्लानिंग कर रही हैं, क्योंकि आज की तारीख में केवल तीन देशों में बड़े पैमाने पर फिल्में बनाई जा रही हैं- भारत, अमेरिका और चीन। इंग्लैंड, यूरोप और जापान में बहुत सीमित संख्या में फिल्में बनती हैं। भारतीय फिल्में उन देशों में भी पसन्द की जाने लगीं, जहां लोग फ्री सेक्स को अहमियत देते थे। भारतीय फिल्मों में इश्क, प्रेम, मोहब्बत होती है। साथ ही तड़प, कशिश और रिश्तों की गरिमा होती है। यहां अर्जुन केवल योद्धा

ही नहीं हैं, प्रेमी भी हैं। कृष्ण केवल चक्र धारण नहीं करते, बल्कि प्रेम की बांसुरी भी बजाते हैं।

यहां परंपराएं मरती नहीं। जेट आकाश में उड़ता है तो पुल के ऊपर तेजी से गुजरती रेलगाड़ी के नीचे बैलगाड़ी भी नजर आती है। आधुनिकता के साथ परंपरा का सामंजस्य भारत की ताकत रही है। भारतीय फिल्मकार इन सब बातों को ध्यान में रखकर ही फिल्में बनाते हैं और दर्शकों को दीवानगी के समुद्र में डुबो देते हैं। वे इस बात को हमेशा याद रखते हैं कि सिनेमा महंगा माध्यम है।

यह उपन्यास या कविता लिखने से अलग है। इसमें पूंजी का वापस आना जरूरी है और लाभ कमाने का भी महत्त्व है। कला के प्रति अपनी आस्था से बंधे और सामाजिक रिश्तों से प्रेरित फिल्मकार हमेशा इस फिराक में रहे हैं कि पूंजी पर लाभ कमाने के साथ ही वे अपनी बात भी कह सकें। इस तरह का रास्ता उन्होंने खोजा और वे सफल भी हुए।

उन्हीं के प्रयासों से भारत दुनिया में सबसे अधिक फिल्में बनाने वाला देश बन गया है और हजारों-लाखों लोगों को रोजगार दे रहा है।

वैसे तो फिल्म उद्योग बॉक्स ऑफिस के नियमों पर चलता है, लेकिन नई प्रतिभाओं को भी बढ़ावा देता है। नई प्रतिभाओं में नई सोच होती है, नई कल्पना होती है और नए इरादे होते हैं, जो फिल्म को कम कीमत में अधिक मुनाफा दिला देते हैं। इसलिए यह मानकर चलें कि अच्छा दिमाग होना जरूरी नहीं, बल्कि दिमाग का अच्छा इस्तेमाल होना जरूरी है।

जापान के लोग इस बात से पूरी तरह सहमत हैं कि दिमाग का साइज छोटा होने के बाद भी बड़े-बड़े आविष्कार होते हैं। 2013 में जापान ने एक ऐसी रेलगाड़ी का परीक्षण किया था, जिसकी रफ्तार 500 किलोमीटर प्रति घंटे होगी। यह रेलगाड़ी लोहे की पटरियों पर नहीं दौड़ेगी, बल्कि पटरी से ऊपर हवा में अदृश्य चुंबकीय ट्रैक पर दौड़ेगी। उसे जापान ने 'मैगलेव' नाम दिया है।

इसके लिए लोहे की परंपरागत पटरियों की बजाए नई तरह की चुंबकजड़ित पटरियां बिछाई जाती हैं। चुंबक के विपरीत ध्रुव एक-दूसरे की ओर आकर्षित होते हैं। यह विज्ञान का नियम है। जब लोहे की छड़ के चारों ओर प्लास्टिक चढ़े तार की कुंडली लपेट कर उसके दोनों सिरों को बैटरी से जोड़ दिया जाता है, तो स्विच ऑन करते ही तार की कुंडली में बिजली दौड़ने लगती है और कुंडली के भीतर की लोहे की छड़ शक्तिशाली चुंबक बन जाती है। लेकिन स्विच ऑफ करते ही छड़ का चुंबकत्व समाप्त हो जाता है।

चुंबकीय शक्ति से चलने वाली 'मैगलेव' रेलगाड़ियों का भी यही रहस्य है। पटरी पर लगे इलेक्ट्रोमैगनेटों के तीव्र चुंबकीय बल के कारण वे हवा में कुछ सेंटीमीटर ऊपर उठ जाती हैं और चुंबकों के कारण ही हवा में सरपट भागती हैं।

पटरी और रेलगाड़ी पर लगे चुंबकों से 'आकर्षण' और 'विकर्षण' बल पैदा होता है, जिसकी वजह से रेलगाड़ी हवा में सरकती चली जाती है।

उन रेलगाड़ियों के चलने के बाद जापान का इतिहास पूरी तरह से बदल जाएगा, लेकिन वह भारत से आगे कभी नहीं निकल पाएगा। इंटरनेशनल रिस्क रेटिंग कम्पनी ने ग्लोबल इन्वेस्टर्स की कॉन्फिडेंशियल रिपोर्ट में लिखा है कि भारत दुनिया में सबसे बेहतर ग्रोथ वाला मार्केट साबित हो सकता है।

ब्रिटेन की रेटिंग कम्पनी मैपलक्राफ्ट का तो यह भी मानना है कि जिस गवर्नेंस के हिमायती नरेंद्र मोदी हैं, उससे इन्वेस्टर्स बहुत प्रभावित हैं और वे अपना पैसा भारत में लगाना चाहते हैं।

भारत की ग्रोथ को देखकर अमेरिका के अर्थशास्त्रियों ने अपनी सरकार को सलाह दी कि पूरे विश्व में आर्थिक उदारवाद और भौगोलीकरण की प्रक्रिया को लागू करें, ताकि भारत को आगे बढ़ने से रोका जा सके।

विदेशी धन वापस आने पर क्या हो सकता है:

दुनिया में दौलत की कमी नहीं है। यदि धरती पर मौजूद सोने को पिघला दिया जाए, तो उससे 20 मीटर ऊंची, 20 मीटर लंबी और 20 मीटर चौड़ी बिल्डिंग बनाई जा सकती है। यह अनुमान सोने के सर्वे का रिकॉर्ड रखने वाले थॉम्पसन राइटर्स का है। उनके अनुसार दुनिया में 1,71,300 टन सोना मौजूद है। यदि इसे विम्बलडन के कोर्ट में रखा जाए, तो 9.8 मीटर ऊंची मीनार बन जाएगी।

माना जाता है कि जब कोलम्बस अमेरिका की यात्रा पर निकला था, तब 12,700 टन सोना ब्रिटेन में मौजूद था। उस समय भारत को 'सोने की चिड़िया' कहा जाता था। इसे पाने के लालच में विदेशी आक्रमणकारियों ने भारत पर आक्रमण किया और इसे खूब लूटा। वे दौलत को बोरों में भरकर अपने-अपने देशों में ले गए। 'कोहिनूर' नाम का हीरा आज भी ब्रिटेन के पास है।

इसके बाद भी लगभग 400 से 1400 अरब अमेरिकी डॉलर की धनराशि भारत से बाहर है। अब सोचो, यदि वह पैसा वापस आ जाए तो भारत फिर से सोने की चिड़िया बन सकता है। भारत का कुल विदेशी कर्ज 200 अरब डॉलर के आसपास है।

चीन में प्रवासी चीनियों ने हांगकांग, चीन तथा मकाऊ में सिर्फ 70 अरब डॉलर का निवेश किया था, जिससे तीन देशों की तकदीर बदल गई। अब यदि विदेशी धन वापस भारत आ जाता है, तो अनुमान लगाओ कि अपना देश कितना सम्पन्न हो जाएगा? अमेरिका को पीछे छोड़ देगा। स्विट्जरलैंड के दावोस में जब 'वर्ल्ड इकोनॉमी फोरम' की मीटिंग हुई थी, तब बराक ओबामा बहुत चिंतित थे। कारण था, एशिया डेवलपमैंट बैंक के चेयरमैन का बयान, जिसमें कहा गया था कि आने

वाले 5 सालों में भारत, चीन और इंडोनेशिया वर्ल्ड इकोनॉमी के पावरहाउस होंगे।

देश की किस्मत से जुड़ी है आपकी किस्मतः

'ऑल कार्गो लॉजिस्टिक लिमिटेड' के एक्जीक्यूटिव चेयरमैन शशि किरण शेट्टी, जिन्होंने बॉलीवुड के प्रथम सुपरस्टार राजेश खन्ना का 'आशीर्वाद' बंगला खरीदा है। किसी जमाने में वे मुम्बई की सड़कों पर खाक छानते थे।

शशि किरण तब एक छोटी सी शिपिंग कम्पनी में काम करते थे। एक दिन भटकते-भटकते डॉकयार्ड पहुंच गए। पहली बार बड़े-बड़े जहाज देखे, तो उनके मस्तिष्क में कार्गो कम्पनी खोलने का आइडिया आया। फिर शशि किरण ने 25 हजार रुपए जोड़े और नौकरी छोड़ दी। उसके बाद पी डिमेलो रोड स्थित व्यापार भवन में एक कमरे का ऑफिस खोला। तब चार लोगों का स्टाफ था। जान-पहचान के ट्रांसपोटर्स से कुछ ट्रक किराए पर लिए। उनसे जहाज तक माल पहुंचाने का काम शुरू किया।

शिपिंग कम्पनियों को उन्होंने इस बात के लिए मना लिया था कि वे महीने के बजाए रोज पेमेंट लेंगे। वहीं से उनकी कम्पनी **'ट्रांस इंडिया फ्राइट सर्विसेज'** की शुरुआत हुई। फिर वह जो भी कमाते, उसे उपकरण खरीदने में लगा देते। अब वह कम्पनी **'ऑल कार्गो लॉजिस्टिक लिमिटेड'** में परिवर्तित हो चुकी है। और आज की तारीख में उसका टर्नओवर 3000 करोड़ रुपए है।

किसी शायर ने कहा है:-

संघर्ष में आदमी अकेला होता है, सफलता में दुनिया साथ होती है।
जब कभी हंसता है कोई आप पर, तब जीत की शुरुआत होती है।।

इसी तरह लुधियाना के हरनवबीर सिंह, जिनकी उम्र 26 साल है और शौक है फोटोग्राफी का। उस शौक की खातिर उसने इंजीनियरिंग फाइनल इयर की परीक्षाएं भी नहीं दीं और पूरी तरह से फोटोग्राफी में डूब गया। देखकर कोई भी हरनवबीर को निहंगा कहेगा। वह नीला चोला पहनता है, नीली पगड़ी बांधता है और गले में कृपाण डालता है। उसकी आंखें हमेशा कैमरे के लैंस पर टिकी रहती हैं।

फिल्म 'थ्री इडियट्स' के फरहान की तरह वह प्रोफेशनल फोटोग्राफर बनना चाहता है। जब किसी पत्रकार ने उससे पूछा, 'आप इंजीनियरिंग की पढ़ाई अधूरी छोड़कर फोटोग्राफर क्यों बनें?'

तब हरनवबीर ने उत्तर दिया, 'परिवार के लोग चाहते थे कि मैं इंजीनियर बनूं, लेकिन मैं बचपन से ही फोटोग्राफर बनना चाहता था। वो उनकी सोच थी, लेकिन यह मेरा तरीका है जीने का। अब मैं प्रोफेशनल फोटोग्राफर हूं और ग्राफिक डिजाइनर का भी काम करता हूं। जैजी बी, गिप्पी गरेवाल और दिलजीत की नई एलबमों के कवर भी मैंने डिजाइन किए हैं।'

जानकी विश्वनाथन की कहानी भी कुछ ऐसी ही है। किसी जमाने में वे पत्रकार थीं और समाचार पत्र में काम करती थीं, लेकिन अब अवॉर्ड विनिंग फिल्म डायरेक्टर हैं। वे कहती हैं, 'मैंने अखबार में काम किया। इसके बाद टीवी चैनल में और फिर मैगजीन में भी रही। मीडिया के सभी विभागों में काम करने के बाद मैंने अपनी पहली तमिल फिल्म 'कुट्टी' बनाई, जिसका मतलब होता है लिटिल वन। वह फिल्म चाइल्ड लेबर पर आधारित थी, जिसे नेशनल अवॉर्ड मिला। अब मैं हिन्दी फिल्म 'बकरापुर' बनाने में व्यस्त हूं।'

दुबराज महतो का किस्सा भी फिल्मों की कहानियों से मिलता-जुलता सा लगता है। क्योंकि ग्रेजुएशन करने के बाद वह नौकरी की तलाश में कई साल भटका, लेकिन अब लोगों को रोजगार बांट रहा है। लहलहाती सब्जियों की फसल, उनकी सफलता की कहानी बयां करती है। जहां देशभर में किसान घाटे का सौदा मानकर खेती छोड़कर दूसरे काम अपना रहे हैं, वहीं दुबराज महतो ने कृषि को ही रोजी-रोटी का आधार बनाया। आज लगन और मेहनत के बल पर सफलता उसके कदम चूम रही है और वह किसानों के लिए मिसाल बन गया है। दुबराज बताता है, 'पढ़ाई पूरी करने के बाद मैंने कई दफ्तरों के चक्कर काटे, लेकिन नौकरी नहीं मिली। एलआईसी एजेंट बना, लेकिन खर्च भी नहीं निकाल सका। बत्तख फार्म खोला, बड़ा घाटा हो गया। मुर्गी फार्म शुरू किया, मेहनत के बावजूद अपेक्षित लाभ नहीं हुआ। परन्तु मुझे अपने आप पर भरोसा था, फिर मैंने बैंक से एक लाख रुपए का ऋण लिया और सब्जियों की खेती शुरू कर दी, जिसने मेरी जिंदगी पूरी तरह से बदल दी।'

इसलिए आप भी अपना इतिहास बदल सकते हैं। क्योंकि चौथी कोशिश में जब हरिता वी. कुमार यूपीएससी परीक्षा में ऑलओवर इंडिया टॉप कर सकती है, तो आप भी टॉप पर पहुंच सकते हैं।

आपने फैशन डिजाइनर ट्रॉय कॉस्टा का नाम जरूर सुना होगा! मुम्बई में पले-बढ़े ट्रॉय कॉस्टा ने सिलाई सीखने के लिए 17 साल की उम्र में घर छोड़ दिया था। बचपन में उन्हें क्रिकेट खेलने का बहुत शौक था। घर की माली हालत खराब थी, जिसकी वजह से क्रिकेटर नहीं बन पाए। परन्तु किस्मत ने उन्हें फैशन डिजाइनर बना दिया। ट्रॉय कॉस्टा बताते हैं, 'मैं 17 साल की उम्र में पैटर्न मेकिंग सीखने के लिए ब्रिटेन गया, लेकिन आर्थिक तंगी के चलते मुझे वापस मुम्बई लौटना पड़ा। उसके बाद मैंने एक छोटी सी वर्कशॉप में सिलाई का काम शुरू किया और रोज 15 घंटे काम करके अपना काम बढ़ाया।'

अब ट्रॉय कॉस्टा प्रधानमंत्री नरेंद्र मोदी के कपड़े डिजाइन करते हैं। वे अम्बानी परिवार, रितिक रोशन, सैफ अली खान, अनिल कपूर और फरहान अख्तर के कपड़े भी डिजाइन करते हैं। ट्रॉय कॉस्टा अपने डिजाइन का जलवा दुबई, मुम्बई

और दिल्ली के कई फैशन शो में दिखा चुके हैं। साउंड डिजाइनर रेसुल पोकुटी ने 2010 के एकेडमी अवॉर्ड समारोह में कॉस्टा की डिजाइन की हुई ड्रेस पहनी थी। इरफान खान भी पिछले साल टोरंटो अंतर्राष्ट्रीय फिल्म समारोह में कॉस्टा के डिजाइन किए हुए कपड़ों में नजर आए थे।

साधारण आइडिया भी कमाल करता है:

चीन में 2014 में पांच करोड़ एयरकंडीशनर बिके। भारत में भी इतने ही बिके, लेकिन दो साल में। अब उन एयरकंडीशनरों से लाखों टन कार्बन डाइऑक्साइड निकल रही है, जो वातावरण को प्रदूषित कर रही है।

कल्पना कीजिए कि आप कार से कहीं जा रहे हैं? तब क्या आप अपनी कार का शीशा खोलकर ड्राइविंग करेंगे? आपका उत्तर 'ना' में होगा, क्योंकि प्रदूषण आपको ऐसा करने से रोक देगा। अब सोचो कि आपकी कार के शीशे यदि स्मार्ट हो जाएं। वे ठंड के दिनों में सूरज की गर्मी को भीतर आने दें और गर्मियों में उसे रोकें, तो कैसा रहे? क्या आप उस तरह के शीशों के इस्तेमाल के लिए उत्सुक नहीं होंगे।

आपका उत्तर अब 'हां' में होगा, लेकिन इस सुविधा को पाने के लिए आपको थोड़ा इंतजार करना पड़ेगा। क्योंकि अमेरिका में रहने वाले सरबजीत बनर्जी ने खास किस्म के शीशे विकसित किए हैं, उनमें वेनेडियम ऑक्साइड का उपयोग किया गया है। वेनेडियम ऑक्साइड सिंथेटिक मटेरियल है। एक तयशुदा बिन्दु से ऊपर जाते ही इस मटेरियल की मदद से गर्मी को विपरीत दिशा में मोड़ा जा सकता है। सरबजीत का दावा है कि जब इस पदार्थ का व्यावसायिक इस्तेमाल होने लगेगा, तो इसकी कीमत सिर्फ 25 रुपए वर्गफुट होगी। उनकी उपलब्धि के लिए मैसाचुसेट्स यूनिवर्सिटी ऑफ टेक्नोलॉजी ने उन्हें 35 साल से कम उम्र वाले आविष्कारकों में शीर्ष स्थान दिया है।

इसे आप साधारण आइडिया मान सकते हैं, लेकिन कभी-कभी साधारण से दिखने वाले इरादे भी बड़े बिजनेस में बदल जाते हैं।

18 हजार करोड़ की टर्नओवर वाला 'अमूल को-ऑपरेटिव' संभालने वाले जेठाभाई ने 1980 में किराने की एक छोटी-सी दुकान खोली थी। दुकान थोड़ी चली, तो उसी में सब्जी बेचना भी शुरू कर दी। फिर उन्हें इतना मजा आने लगा कि हाईस्कूल के बाद कभी स्कूल का मुंह नहीं देखा। उसी दौरान उनके गांव जामणा में एक डेयरी खुल गई। वहां ग्रामीणों से सीधे दूध खरीदा जाता था। रोज जमा होने वाली भीड़ देखकर जेठाभाई के दिमाग में एक बिजनेस आइडिया कौंधा। वे भी एक दिन पहुंच गए। सीधे डेयरी मालिक से दूध खरीदी का भाव पूछा। हिसाब-किताब लगाने के बाद उन्हें यह फायदे का सौदा नजर आया। घर

में तब दो भैंसे थी। वे रोज 15 लीटर दूध डेयरी पहुंचाने जाते। बदले में तब 50 रुपए मिलते थे।

धीरे-धीरे दुकान का काम छोड़कर वे उसी में लग गए। पाई-पाई जोड़कर उन्होंने 7 भैंसे और खरीदीं, फिर ज्यादा-से-ज्यादा दूध डेयरी पहुंचाने लगे। एक दिन ऐसा आया, जब वे गांव के सबसे बड़े सप्लायर बन गए और दूध मंडी के चेयरमैन चुने गए। धीरे-धीरे ओहदा बढ़ा। 1998 में वे इलाके की सबसे बड़ी 'साबर डेयरी' के डायरेक्टर बने। 2003 में उसी डेयरी के चेयरमैन थे। कभी 50 रुपए का दूध सप्लाई करने वाले जेठाभाई आज 18 हजार करोड़ की टर्नओवर वाली कम्पनी 'अमूल' के चेयरमैन हैं।

दूसरा किस्सा 30 साल की सामंथा हेस का है। 'जादू की झप्पी' देने वाले फिल्म अभिनेता संजय दत्त ने कभी नहीं सोचा होगा कि यह झप्पी बिजनेस में बदल सकती है! आज वही जादू की झप्पी सामंथा हेस को हर घंटे 3600 रुपए कमाकर दे रही है। सामंथा बताती हैं, 'मुझे यह आइडिया संजय दत्त की फिल्म देखने के बाद आया था कि जादू की झप्पी देकर पैसा कमाया जा सकता है। मानव का संपर्क हमें उत्कृष्टता की अनुभूति कराता है। यह शारीरिक, मानसिक या भावनात्मक सुदृढ़ता के लिए सर्वोत्तम है। वैसे भी स्पर्श में वह ताकत है, जो आपको दु:ख से, बीमारी से, अकेलेपन से बाहर निकालता है। इससे आपको लगता है कि आपके आसपास कोई है। जो आपका अपना है।'

सामंथा अब किसी भी अंजान व्यक्ति के साथ बेधड़क लिपटकर लेट जाती हैं। परन्तु उस दौरान वे सतर्क रहती हैं, ताकि उनसे कोई सेक्स संपर्क स्थापित न कर सके। उन्होंने यह काम मई 2013 में शुरू किया था। एक अखबार 'बेस्ट ऑफ पोर्टलैंड' ने उनके बारे में लेख प्रकाशित किया। बस फिर क्या था, उनकी कम्पनी को रास्ता मिल गया आगे बढ़ने का। उनकी स्टोरी को 40 टीवी स्टेशन के जरिए पूरे देश में प्रसारित किया गया। उस प्रोग्राम को करीब 1.70 करोड़ लोगों ने देखा, फिर चल पड़ा झप्पी का बिजनेस।

वे हफ्ते भर में छह दिन यह काम करती हैं। पूरे दिन में सिर्फ पांच बार सेशन होते हैं। हर महीने करीब 4.32 लाख रुपए कमाती हैं। उनके 90 फीसदी कस्टमर किसी गंभीर मानसिक परेशानी या ट्रॉमा से गुजरने वाले होते हैं।

उन्हें तुरन्त आराम मिलता है। इसलिए सामंथा अपने काम को 'दिमाग की मालिश' कहती हैं। क्योंकि झप्पी से उनका कस्टमर खुद को ताजा महसूस करता है और दिमाग से लेकर पैरों तक एक अजीब तरह की झनझनाहट महसूस करता है। उनके द्वारा लिखी गई पुस्तक 'टच' को अब तक 90 लाख लोग पढ़ चुके हैं।

प्रधानमंत्री नरेंद्र मोदी ने भी ऐलान किया था, 'आइडिया दो, तरक्की पाओ।' डिपार्टमेंट ऑफ पर्सनल एंड ट्रेनिंग की नई गाइडलाइन के मुताबिक, अब सभी

अधिकारियों और कर्मचारियों को हुनर साबित करने का मौका मिलेगा और काम को सीधे उनके अप्रेजल से जोड़ा जाएगा। सभी मंत्रालयों और विभागों को भेजे गए निर्देश में कहा गया था कि वे बेहतर काम करने वालों को प्रोत्साहित करें। चाहे उनकी उम्र कितनी भी क्यों न हो। क्योंकि नया सोचने की कोई उम्र नहीं होती और बड़ी सफलता पाने का आइडिया कभी भी आ सकता है।

यह बात बिजनेस पर भी लागू होती है। दुनिया की कई बड़ी कम्पनियों के मालिकों ने काम की शुरुआत उस उम्र में की, जहां से कॅरियर बनाने की संभावना कम होती है। उन्होंने सफलतापूर्वक अपना बिजनेस स्थापित किया। कुछ लोगों के बारे में आप जानते भी होंगे:-

☞ 25 साल की उम्र में जेन क्रूम ने सोशल मीडिया कम्पनी 'व्हॉटसएप' शुरू की थी।

☞ 35 साल की उम्र में माइकल ररिंगटन ने आई.टी. कम्पनियों के लिए न्यूज वेबसाइट 'टैंक क्रंच' शुरू की और जिम्मी वेल्स ने 'इनसाइक्लोपीडिया-विकिपीडिया' शुरू की थी।

☞ 41 साल की उम्र में रॉबर्ट नॉयस ने सेमीकंडक्टर चिप बनाने वाली कम्पनी 'इंटेल' की स्थापना की।

☞ 52 साल की उम्र में रेक्रॉक ने फास्ट फूड रेस्त्रां 'मैक्डोनाल्ड्स' की स्थापना की।

☞ 55 साल की उम्र में जॉन पेंवरटन ने 'कोका-कोला' शुरू की थी।

☞ 65 साल की उम्र में हारलेंड सेंडर्स ने फास्ट फूड रेस्त्रां 'केएफसी' की शुरुआत की।

इनके अलावा और भी बहुत से लोग हैं, जिन्होंने उम्र को सफलता में बाधा नहीं बनने दिया। अमेरिका के पहले बिलियनेअर हेनरी फोर्ड 40 साल की उम्र में सिर्फ एक शेड ट्री मैकेनिक थे। जब कर्नल सैंडर्स ने 'केंटकी फ्राइड चिकन स्टोर्स' शुरू किया था, तो उनकी उम्र 60 से अधिक थी और जब राष्ट्रपति रीगन को पहली बार राष्ट्रपति पद की शपथ दिलाई तो वे 70 साल के थे। इसलिए जब आपके मन में उम्र का ख्याल आए, तब निराश मत होना। क्योंकि अपने इतिहास को बदलने की सही उम्र वही है, जो आपकी है। अगर आप नौकरी बदलना चाहते हैं, तो आपकी वर्तमान उम्र बिलकुल सही है।

रोजगार के अवसर हमेशा बदलते रहते हैं:

जब द्वितीय विश्वयुद्ध समाप्त हुआ, तब किसी ने कम्प्यूटरों की जबर्दस्त मांग की भविष्यवाणी नहीं की थी। टेलीविजन, सड़क निर्माण, जेट एयरक्राफ्ट और लॉजिंग भी छोटे उद्योग थे। डेक्कन एयरलाइंस और एच.सी.एल. जैसे उद्योग भी छोटे थे।

परन्तु इन बिजनेस को उन लोगों ने शुरू किया, जिनके पास नया आइडिया था।

आज आप जब किसी स्वनिर्मित मिलियनेअर को देखते हैं, तो सोचते हैं कि किस्मत से अमीर बने हैं। लेकिन आप यह नहीं देखते कि उसके पीछे कौन-सा आइडिया था, जिसने उन्हें अमीर बनाया।

32 वर्षीय जोसफ जेगन को कम्प्यूटर एप्लीकेशन में मास्टर डिग्री प्राप्त है। चेन्नई के कई मल्टीनेशनल कम्पनियों में काम कर चुके हैं। उनकी 28 साल की पत्नी सुजाता भी एमसीए ग्रेजुएट हैं, जो जोसेफ की तरह ही नौकरी कर चुकी हैं। पति-पत्नी के कामकाजी होने की वजह से उनके घर में रद्दी खूब जमा हो जाती थी। तब जोसेफ के पास समय की कमी थी, दूसरा उन्हें रद्दी बाहर ले जाकर बेचने में शर्मिंदगी महसूस होती थी। इसे देखते हुए एक दिन उन्होंने सोचा कि 'क्यों न रद्दी को खरीदने और बेचने का बिजनेस किया जाए?'

उसके बाद जोसेफ ने 'कुप्पाथोट्टी.कॉम' नाम की कम्पनी बनाई। दो वैन खरीदे, कुछ युवकों को नियुक्त किया और आस-पास के इलाकों में पैम्पलेट बांटकर 100 कस्टमर्स की लिस्ट तैयार कर ली। कुछ दिनों बाद उन्होंने चेन्नई के सबसे पॉश इलाकों अशोक नगर, कलइंगर करुणानिधि नगर तक कम्पनी का विस्तार किया। बाद में कम्पनी ने कस्टमर केयर फोन नंबर्स शुरू कर दिए और ऑनलाइन रजिस्ट्रेशन की शुरुआत की। यानी रजिस्ट्रेशन कराने के बाद हर 30 या 45 दिन में रद्दीवाला आपके घर या कॉलोनी में आएगा।

वैसे कम्पनी दूसरे रद्दीवालों की तुलना में 30 से 35 प्रतिशत तक ज्यादा कीमत का भुगतान भी करती है, क्योंकि वह सीधे रद्दी के फाइनल यूजर से डील करती है। इस प्रक्रिया में बिचौलियों के लिए कोई जगह नहीं है। यूनिफॉर्म पहने कम्पनी के प्रशिक्षित कर्मचारी रद्दी जमा करने के दौरान ही आइटम्स को अलग कर लेते हैं, जिससे गोदाम पर लाने के बाद उसके लिए एक अलग टीम की जरूरत भी नहीं होती।

अब कम्पनी की कलेक्शन टीम में 1000 सदस्य हैं, 100 लोग कॉल सेंटर को संभालते हैं। खुद जोसफ ग्राहकों की संख्या बढ़ाने तथा पिकअप वैंस और कलेक्शन ब्वॉयज के बीच तालमेल बिठाने में लगे रहते हैं। पिछले साल कम्पनी का सालाना टर्नओवर 130 करोड़ रुपए था और अगले छह महीनों में इसके दोगुना हो जाने की उम्मीद है। अब उनके पास विदेशी निवेशकों के प्रस्ताव भी आने शुरू हो गए हैं।

मुम्बई में भी कुछ ऐसा ही चल रहा है। वहां को-ऑपरेटिव सोसायटियों में प्लंबिंग और इलेक्ट्रिकल फॉल्ट के एएमसी होने लगे हैं। प्लंबर सालभर में किसी भी तरह के पाइपलाइन सम्बंधी कार्य के लिए सालाना 1200 रुपए शुल्क लेते हैं। उस कॉन्ट्रेक्ट पर वह साल में 12 बार बिना किसी सर्विस चार्ज के आते हैं और

100 रुपए से कम कीमत वाले पार्ट्स मुफ्त में डालते हैं।

यह भी बिजनेस का नया आइडिया है। इससे मुम्बई जैसे महानगर में फ्लैट मालिकों की कई समस्याएं हल हो गई, क्योंकि वहां इमरजेंसी में किसी प्लंबर या इलेक्ट्रिशियन की सेवाएं पाना पहाड़ चढ़ने जैसा है। भरोसेमंद प्लंबरों और इलेक्ट्रिशियनों की कमी ने इन दोनों क्षेत्रों से जुड़े प्रोफेशनल्स के लिए एएमसी को एक बिकने वाला उत्पाद बना दिया है।

यदि कोई ग्राहक एकमुश्त भुगतान करने में सक्षम नहीं है, तो उसे कम्पनी मासिक किश्तों (ईएमआई) में भुगतान करने का विकल्प दे देती है, क्योंकि आज के जमाने में किश्तों के द्वारा व्यापार को बढ़ाना आसान है। इसलिए दुनिया के जाने-माने प्रबंधन विशेषज्ञ पीटर ऊकर ने कहा था, 'यदि लोग मक्खन नहीं खरीद सकते, तो उसे टुकड़ों में बांट दो।'

लेकिन बांटने के लिए नीचे लिखी बातों का ध्यान रखना जरूरी है:-

- योजना (PLANNING)
- तैयारी (PREPARATION)
- खोज (SEARCH)
- प्रस्तुतिकरण (PRESENTATION)

उसके बाद AAA काम आता है। जिसमें पहला है AMBITION (महत्त्वाकांक्षा), दूसरा है ATTITUTE (नजरिया) और तीसरा है ACTION (तैयारी)। उसके बाद सीखने की चाहत का होना जरूरी है, क्योंकि सीखना एक सतत प्रक्रिया है। जीवन में अच्छा हो या बुरा, हर तरह की घटनाएं आपको कुछ-न-कुछ संदेश देती हैं। यह आपके ऊपर है कि आप उससे क्या सबक सीखते हैं।

क्रिएटिविटी के बारे में भी काफी कुछ कहा जाता है। लेकिन अधिक रचनात्मक बनाने के लिए पांच चीजों को व्यवस्थित करना जरूरी है:-

1. **स्पेसः** यदि आप सामान्य दबाव में काम करते हैं, तो आप अच्छा महसूस नहीं कर पाएंगे और रचनात्मक भी नहीं बन पाएंगे।

2. **टाइमः** सिर्फ स्पेस बनाना ही पर्याप्त नहीं है। आपको विशेष कामों के लिए अलग से समय निकालना होगा।

3. **थिंकः** कुछ अलग काम करने के लिए अपने दिमाग को अधिक-से-अधिक समय दें, तब आपके दिमाग में नए आइडिया आने शुरू हो जाएंगे।

4. **कॉन्फिडेंसः** गलती करने का डर जितने प्रभावी तरीके से आपको रचनात्मक बनने से रोकता है, उतना कोई और नहीं रोकेगा।

5. **ह्यूमरः** हास्य आपको बंद मोड से खुले मोड में दूसरी चीज की तुलना में जल्दी ले जाता है।

प्रकृति ने मनुष्य को एक विकसित दिमाग दिया है। इसके सही इस्तेमाल से

मनुष्य नए और क्रिएटिव आइडिया बाहर निकाल सकता है। ठीक वैसे ही, जैसे गुजरात के अमित शाह ने निकाला था। वह टीवी पर रोज वाटर प्यूरीफायर का विज्ञापन देखता था, जिसमें हेमा मालिनी कहती हैं, 'हम शपथ लेते हैं, शुद्ध पानी पिलाने की।'

लेकिन अमित सोचता था कि इतना महंगा वाटर प्यूरीफायर कौन खरीदता होगा? यदि सस्ता होता, तो हर कोई खरीद लेता। फिर उनके दिमाग में एक आइडिया आया। क्यों न ऐसा वाटर फिल्टर बनाया जाए, जो 20 परिवारों का पानी एक साथ फिल्टर कर दे। उसके बाद चमत्कार हुआ, क्योंकि अमित ने अल्ट्रावॉयलेट टेक्नोलॉजी और सोलर पावर का इस्तेमाल करके एक ऐसा वाटर प्यूरीफायर बना दिया, जो हर दिन 100 लोगों को शुद्ध पानी उपलब्ध करा सकता है।

रणनीति हमेशा अच्छे नतीजे देती है:

अमेरिका के रक्षा मंत्री चक हेगल जब अगस्त 2014 में भारत आए थे, तब उन्होंने कहा था, 'यह मात्र संयोग नहीं है कि एक चाय बेचने वाले का बेटा देश का प्रधानमंत्री बना, बल्कि यह सही लोकतंत्र की पहचान है।'

ब्रिटेन के पूर्व प्रधानमंत्री चर्चिल को लगता था कि आजादी के बाद भारत के लोग आपस में लड़-मरेंगे और विखंडित हो जाएंगे। इसके उलट हमने दुनिया को लोकतंत्र के प्रति अपनी दृढ़ आस्था से परिचित कराया है। 1951-52 के पहले लोकसभा चुनाव में करीब 17 करोड़, 30 लाख मतदाता थे, आज 81 करोड़ से अधिक हैं। वोटिंग प्रतिशत भी 66.4 पर पहुंच गया है। हमने पंचायतों में महिलाओं को 50 फीसदी आरक्षण दिया है। संसद और विधानमंडलों में एक तिहाई सीटें औरतों को देने का विधेयक राज्यसभा से पारित हो चुका है। कई पश्चिमी देश इस मामले में हमसे पीछे हैं।

कुछ लोग कहते हैं कि चीन विकास की दौड़ में हमसे बहुत आगे निकल गया है, लेकिन वे भूल जाते हैं कि वहां लोकतंत्र नहीं है और इस मुकाम को हासिल करने के लिए उन्होंने अपने लाखों लोगों का खून बहाया है। इसलिए दूसरे देशों के बारे में मत सोचो, बल्कि यह सोचो कि बीजेपी को 2014 के लोकसभा चुनावों में स्पष्ट बहुमत कैसे मिला? निश्चित तौर से उस सफलता के पीछे एक रणनीति थी, जिसे 'कारपेट बॉम्बिंग' कहा जाता है। इसमें प्रचार करने वाले को सलाह दी जाती है कि वह सामने वालों से बातचीत करे, न कि उनसे अपनी बात कहकर निकल जाए। ये आइडिया सुझाव देता है कि खुद को आगे करने की बजाय नई कहानियां सामने लाई जाएं और कहानी अगर इमोशनल हो तो बहुत अच्छा है।

प्रचार के दौरान सामने आई 'चाय वाला' की कहानी भी ऐसी ही थी। उससे बीजेपी को दो फायदे हुए। पहला यह कि नरेंद्र मोदी को लोगों की हमदर्दी मिली

और दूसरा यह कि चाय की दुकानें लोगों के वाद-विवाद का अड्डा बन गईं। टीम मोदी ने प्रचार के दौरान इसी आइडिया पर काम किया और 'चाय बेचने वाली' कहानी को जमकर भुनाया। नतीजा यह हुआ कि बीजेपी को 282 सीटें मिल गईं और नरेंद्र मोदी, किसी दल से समर्थन लिए बिना ही देश के प्रधानमंत्री बन गए।

1962 की लड़ाई में जब भारतीय सेना चीन की सेना से युद्ध हार गई थी, तब पूरे देश में गम और गुस्से का माहौल था। देशभक्ति के गीत लिखने वाले कवि और गीतकार प्रदीप भी बेचैन थे। वे इस पर कुछ लिखने को छटपटा रहे थे। बेचैनी में वे मुम्बई में समुद्र किनारे टहल रहे थे। सोचते-सोचते अचानक उनके दिमाग में एक आइडिया आया। तब पेन की तलाश में जेबें टटोलीं, मगर पेन नहीं मिला। तब उन्होंने वहीं टहल रहे एक आदमी से पेन मांगा। पेन तो मिल गया, मगर अब मुश्किल यह आई कि लिखें तो लिखें कहां?

तब कवि प्रदीप ने जेब से सिगरेट का पैकेट निकाला और उसमें से सिगरेट के चारों ओर लिपटा कागज फाड़ लिया। फिर उसी पर पहली 4 लाइनें लिखीं-

'ऐ मेरे वतन के लोगों... जरा आंख में भर लो पानी,
जो शहीद हुए हैं उनकी, जरा याद करो कुर्बानी।'

इसी के साथ एक ऐसे गीत का जन्म हुआ, जो भारतीय इतिहास में अमर हो गया। एक ऐसा गीत, जो 15 अगस्त, 26 जनवरी और ऐसे ही दूसरे मौकों पर सबसे ज्यादा बजाया जाता है। कहा जाता है कि इस गीत को सुनकर जवाहरलाल नेहरु की आंखों में आंसू आ गए थे।

पाकिस्तान के रिजवान अहमद की कहानी भी कवि प्रदीप से मिलती-जुलती सी है। उसने अमेरिकी कॉफी चेन 'स्टार बक्स' की तर्ज पर 'सत्तारबक्स' नाम से पाकिस्तान में 50 रेस्टोरेन्ट खोल दिए। इसमें डिश देशी हैं, लेकिन इसे परोसा विदेशी अंदाज में जाता है। रिजवान अहमद कहते हैं, 'अच्छे नतीजे पाने के लिए रणनीति बनानी पड़ती है, क्योंकि कामयाबी आवश्यकता की खोज है।'

इसलिए नीचे लिखी बातों पर ध्यान दें:-

कभी भाग्य के भरोसे न बैठें: भाग्य के भरोसे बैठकर अपने जीवन को नष्ट न करें, हौसला बुलंद रखें। भाग्य कोरी कल्पना है। कामयाबी हासिल करने के लिए धैर्य, ठोस योजना, सही साधन तथा एक आइडिया की जरूरत पड़ती है।

गॉडफादर खोजने में समय न गंवाएं: जीवन में ऐसा व्यक्ति मिलना बहुत मुश्किल है, जो आपको शिखर पर बिठा दे। ऐसे में गॉड-फादर के भरोसे बैठना ठीक नहीं। आपको अपनी जिंदगी की परिभाषा खुद लिखनी होगी और खुद ही अवसर खोजने होंगे।

लकीर का फकीर न बनें: जिंदगी में लकीर का फकीर बने रहना खुद को असफलता की गोद में धकेलने जैसा है। सफल वही होता है, जो वक्त के

अनुसार खुद को ढाल लेते हैं।

विश्वसनीयता कभी न खोएं: जीवन में साख बड़ी मुश्किल से बनती है। इसके सहारे बड़े-बड़े काम चुटकियों में हो जाते हैं। आपने यदि जरा-सी भी लापरवाही बरती, तो साख खत्म होने में देर नहीं लगेगी।

अपने बॉस खुद बनें: अगर कामयाबी की डगर पर चलना है, तो आपको अपना बॉस खुद बनना होगा। खुद ही जोखिम उठाने होंगे और दूसरों का मार्ग दर्शन भी करना होगा।

कभी सीखना बंद न करें: बुढ़ापे का उम्र से कोई सम्बंध नहीं है। इसका सम्बंध अनुभव से है। इसलिए वक्त के साथ खुद को बदलते रहें और हमेशा जवान रहें।

नए अवसर ढूंढते रहें: जिंदगी में जितने भी अवसर आते हैं, उन्हें आपकी आंखें नहीं देख सकती। लेकिन तेज दिमाग उन्हें देख लेता है और पहचान लेता है। जो दिमाग सोचता है, वही आइडिया भी देता है।

अमीर बनने का फॉर्मूला जानें: संसार में अमीर बनने का सिर्फ एक ही फॉर्मूला है और वह है नए आइडिया पर काम करना और उसे पूरी दुनिया के लोगों तक पहुंचाना। लेकिन 'पैशन जरूरी है।'

यह कहना है अपूर्वा का। फिक्शन रीडिंग की शौकीन इस टीन ऐक्ट्रेस को साउथ की फिल्मों में पहला ब्रेक मिला था 'बबलगम' में, उसके बाद 'सिनेमा हंगामा' और 'टीन एज' नाम की फिल्मों में लीड रोल मिले। फिर वे बॉलीवुड की ओर मुड़ीं और 'ओह माई गॉड' में अपनी एक्टिंग से लोगों को बता दिया कि मैं एक्टिंग की चलती-फिरती पाठशाला हूं।

अब वे कहती हैं, 'मुझे इंडस्ट्री के बड़े कलाकारों के साथ काम करने का मौका मिला। अब मैं उनसे वे गुर सीख चुकी हूं, जिनकी बदौलत उन्होंने अपना मुकाम हासिल किया।'

क्योंकि सफलता पाने का रास्ता सीधा नहीं होता, जिस पर आसानी से चढ़ा जा सके। लाइफस्टाइल आइकन मार्था स्टीवर्ट ने इसे खुद सीखा है। एक मॉडल के रूप में कॅरियर की शुरुआत करने वाले स्टीवर्ट ने अपनी सफलता और असफलता दोनों से सबक सीखे हैं। कैटरिंग बिजनेस सफल होने के बाद उन्होंने मनोरंजन करने वाली कई पुस्तकें लिखीं। मीडिया एंड मर्चेंडाइजिंग कम्पनी 'मार्था स्टीवर्ट लिविंग ओमनी मीडिया' शुरू की। आज उनके इंटरनेशनल ब्रांड में पुस्तकें, मैग्जीन और टीवी शो शामिल हैं।

बजेगा दुनिया में भारत का डंका:

आज बॉलीवुड की फिल्में यूरोप, यूके, फ्रांस, जर्मनी, के अलावा कुछ ऐसे

देशों में भी रिलीज होने लगी हैं, जहां पांच साल पहले बॉलीवुड फिल्मों का नामोनिशां तक नहीं था। फिल्म प्रोड्यूसर और डायरेक्टर विधु विनोद चोपड़ा कहते हैं, 'आज अगर हम फिल्म मेकिंग पर 100–200 करोड़ इन्वेस्ट करने लगे हैं, तो इसकी सबसे बड़ी वजह सात समंदर पार से होने वाली एक्स्ट्रा मोटी कलेक्शन है।'

कुछ साल पहले चीन और पाकिस्तान जैसे पड़ोसी देशों ने हमारी फिल्मों के लिए अपने दरवाजे बंद किए हुए थे। आज उन्हीं दोनों देशों में हमारी फिल्में ज्यादा कमाई कर रही हैं। अगर आने वाले दिनों में मोदी सरकार फिल्म इंडस्ट्री को करों में रियायत दे दे, तो बॉलीवुड फिल्में हॉलीवुड की फिल्मों को सीधी टक्कर दे सकती हैं।

आंकड़ों पर गौर किया जाए, तो आज भी रजनीकांत की फिल्में जापान और मलेशिया सहित एशिया के कई देशों में अपने देश से कहीं ज्यादा का बिजनेस करती हैं। करण जौहर की 'माई नेम इज खान' अगर बॉक्स ऑफिस पर अपनी लागत वसूलने के बाद 60 करोड़ का मुनाफा कमाने वाली फिल्मों में शामिल हुई, तो इसका क्रेडिट भी यूरोप और यूएई को जाता है।

सलमान की फिल्म 'किक' ने भी पहले 10 दिनों में ओवरसीज मार्केट में इतनी मोटी कमाई कर ली थी कि फिल्म देखते-ही-देखते 300 करोड़ क्लब में शामिल हो गई। यदि डॉलर में कमाई देखें तो बॉलीवुड की सबसे कामयाब फिल्म है–'3 इडियट्स'। 2009 में आई इस फिल्म ने 16 करोड़ डॉलर कमाए। आमिर खान की 'धूम-3' बॉलीवुड की दूसरी सबसे कामयाब फिल्म है, जिसकी कुल कमाई 15 करोड़ 60 लाख डॉलर है।

अब बात करते हैं बॉलीवुड डांस की। एना मोरकॉम लंदन की एक यूनिवर्सिटी में संगीत की प्रोफेसर हैं और सालों के शोध के बाद उन्होंने 'कोर्टीसनस, बार गर्ल्स एंड डांसिंग बॉयज' नाम की एक पुस्तक लिखी है। उसमें बताया गया है कि बॉलीवुड डांस आज पूरे विश्व में चर्चा का विषय बना हुआ है। इसने अब एक उद्योग की शक्ल ले ली है, क्योंकि हर देश में लोग यह डांस सीख रहे हैं।

प्रधानमंत्री नरेंद्र मोदी ने अपनी सरकार के 60 दिन पूरे होने पर कहा था, 'पूर्ण बहुमत पाने से भारत के प्रति दुनिया का नजरिया बदला है। अब दुनिया में भारत का डंका बजेगा, क्योंकि जनता ने अपना कर्त्तव्य पूरा किया है, अब हमें अपना काम करना है।'

नेपाल के अखबार 'द हिमालयन टाइम्स' ने एक सम्पादकीय में भारतीय प्रधानमंत्री नरेंद्र मोदी की नेपाल यात्रा को सफल बताते हुए कहा था, 'भारत-नेपाल के सम्बंध जिस ऊंचाई तक पहुंचे हैं, वहां राजनैतिक स्तर पर यह आज तक कभी नहीं पहुंचे थे।'

उसके बाद आसियान देशों के साथ अपने रिश्तों को नई ऊंचाइयों पर ले जाने के लिए विदेश मंत्री सुषमा स्वराज ने कहा था, 'विविध क्षेत्रों में संपर्क और सहयोग

बढ़ाने के लिए भारत 2016 से पांच साल के लिए एक कार्य योजना का मसौदा तैयार करेगा। जिसमें पांच टी-यानी परम्परा (ट्रेडीशन), पर्यटन (टूरिज्म), व्यापार (ट्रेड), प्रतिभा (टैलेंट) और प्रौद्योगिकी (टेक्नोलॉजी) पर ध्यान दिया जाएगा।'

अमेरिका के राष्ट्रपति बराक ओबामा भी भारत के रूख से सहमत हैं। उनका मानना है कि भारत अपनी अर्थव्यवस्था के विस्तार और क्षेत्रीय सुरक्षा के लिए जो रणनीति अपनाएगा, उससे एशिया का विकास होगा और भारत की उन्नति हिंद-प्रशांत क्षेत्र को अधिक स्थायित्वपूर्ण, समृद्ध और स्वतंत्र बनाने में सहायक होगी। इसलिए हम भारत को अपना भागीदार बनाना चाहते हैं और तीन क्षेत्रों पर फोकस करेंगे।

पहला है, बुनियादी ढांचा। जिसमें भारतीय इन्फ्रास्ट्रक्चर में अमेरिकी निजी क्षेत्र की भागीदारी बढ़ाने के लिए अनुकूल बिजनेस वातावरण हम अपने स्ट्रेटजिक डायलॉग में तैयार करेंगे।

दूसरा है, प्रतिभा विकास, जिसके द्वारा मैन्युफैक्चरिंग, ट्रेनिंग और एजुकेशन में अच्छी पद्धतियों का कुशलतापूर्वक साझा करके हम प्रतिभा विस्तार कर सकते हैं।

तीसरा है, बिजनेस का ऐसा माहौल बनाना, जो वैश्विक बिजनेस और निवेश के लिए खुला हो। यह भारत की आर्थिक संभावनाएं खोलने की कुंजी है।

आप सोच रहे होंगे कि अमेरिका भारत को अपना भागीदार क्यों बनाना चाहता है? इसके पीछे तर्क यह है कि अमेरिका का पाकिस्तान से विश्वास उठ चुका है। पिछले 68 सालों में अमेरिका ने कई धोखे खाए हैं, कई युद्ध लड़े हैं और मानवता को पाकिस्तान में नंगा होते देखा है।

गीता में लिखा है, 'सफलता पाने के तीन रास्ते हैं। पहला धोखा देकर आगे बढ़ना, दूसरा युद्ध करके आगे बढ़ना और तीसरा मानवता को ताक पर रखकर आगे बढ़ना। लेकिन तीनों में से कोई भी एक रास्ता मंजिल तक नहीं पहुंचता। जबकि ईमानदारी और नए इरादे से शिखर पर पहुंचा जा सकता है।'

इसलिए अपना सारा ध्यान इतिहास रचने में लगा दीजिए और पूरी तरह से कर्मयोगी बन जाइए। क्योंकि हर अमीर आदमी का एक गरीब इतिहास होता है और इतिहास के पन्नों पर लिखा होता है:-

- बिना पैसे लगाए भी बिजनेस किया जा सकता है।
- पैसा पेड़ों पर लगता है।
- पैसा मेहनत से नहीं, आइडिया से बढ़ता है।

इसलिए सोचो, कौन लोग आपके बिजनेस में पैसा लगा सकते हैं? किनसे लगवाया जा सकता है? कैसे लगवाया जा सकता है? क्योंकि आज आप जो कुछ भी हैं, अब तक की सोच का परिणाम हैं और जो आप कल होंगे, इस पुस्तक की वजह से होंगे।

■■■

दूसरा अध्याय

उस आइडिया के बारे में सोचें, जो आपकी किस्मत बदल सके

'यदि आप अमीर बनना चाहते हैं, तो सबसे पहले अपने अंदर अमीरी के विचार लाएं, क्योंकि आपके चलने, बोलने, पहनने का तरीका आपकी सोच को दर्शाता है। फिर जैसी आपकी सोच होगी, वैसे ही आपके मन में आइडिया आएंगे।'

–अजीम प्रेमजी (उद्योगपति)

पाकिस्तानी टेलीविजन पर कुछ समय पहले 'बुर्का एवेंजर' नाम का एक सीरियल चला था। वह एनीमेटेड सीरीज थी। उसमें जिया नाम की लड़की बुर्का पहनकर गुंडों और कट्टरपंथियों से लड़ती है। वह भी पाकिस्तान के शुमाली इलाके में। ये वही इलाका है, जहां लड़कियों के सैकड़ों स्कूल जलाए गए या बारूद से उड़ा दिए गए। मार्शल आर्ट में माहिर जिया ने कलम और पुस्तक को हथियार के रूप में इस्तेमाल किया है।

इस किरदार को रचने वाले शाहन बताते हैं कि मैं कुछ नया करना चाहता था। अचानक मेरे दिमाग में बुर्कानशीन का आइडिया आया और जिया का जन्म हो गया। सीरियल के डायरेक्टर हारून रशीद ने भी 6 इंटरनेशनल अवॉर्ड जीते और 'टाइम मैग्जीन' ने जिया को 2014 का सबसे बेहतरीन किरदार का खिताब दिया।

इस सीरियल की सफलता यह संदेश देती है कि जो काम आज के ताकतवर कम्प्यूटर नहीं कर पाते, उसे इंसानी दिमाग कुछ पलों में कर डालता है। मौलिक

सोच और नई रचना का सारा श्रेय भी इंसानी दिमाग को जाता है।

अब तो वैज्ञानिकों ने लाइट पल्स के जरिए दिमाग की न्यूरल एक्टिविटी को शटडाउन करने का तरीका भी खोज निकाला है। उसके जरिए आप जब चाहें दिमाग को 'स्विच ऑफ मोड' में डाल सकते हैं।

पिछले साल इंसानी दिमाग को पढ़ने के लिए अमेरिका ने 10 करोड़ डॉलर की लागत वाला जो ब्रेन मैपिंग प्रोजेक्ट लॉन्च किया था, उसका उद्देश्य भी कुछ ऐसा ही था। अमेरिका के ब्रेन रिसर्च थ्रू एडवांसिंग इनोवेटिव न्यूरोटेक्नोलॉजीज के जरिए यह जानने का प्रयास किया था कि भारत के लोगों में क्या अमेरिका के लोगों से ज्यादा दिमाग है?

भारत जिस तेजी से सभी क्षेत्रों में तरक्की कर रहा है, उससे अमेरिका सकते में है। कुछ साल पहले 'डिज्नीलैंड' के विशेषज्ञों ने भारत का दौरा किया और जानने की कोशिश की थी कि क्या भारत में अंतर्राष्ट्रीय स्तर का थीमपार्क बनाया जा सकता है? लेकिन मुम्बई की भीड़ को देखकर उन्होंने इरादा बदल दिया और अपना प्रोजेक्ट चीन में ट्रांसफर कर दिया। चीन की सरकार ने भी उस प्रोजेक्ट में बराबर का पैसा लगाया। शंघाई में उस पार्क को अमली जामा पहनाया गया और पांच साल के भीतर ही 'डिज्नीलैंड' तैयार हो गया।

इस घटना से मुम्बई में रहने वाले मनमोहन शेट्टी बहुत ज्यादा आहत हुए, क्योंकि वे भारत में 'डिज्नीलैंड' के चैनल पार्टनर बनने वाले थे। फिर उनके मस्तिष्क में 'आई फॉर इंडिया थीम पार्क' बनाने का आइडिया कौंधा। उसके बाद मनमोहन शेट्टी ने मुम्बई और पुणे के बीच सैकड़ों एकड़ जमीन खरीद डाली। अब उस जमीन पर 'डिज्नीलैंड' से भी सुंदर पार्क बन चुका है।

उस पार्क में इस तरह का माहौल जमाया गया है कि दर्शक को लगता है कि वह एक हवाईजहाज में बैठा है, जिसका फर्श नहीं, छत नहीं, कोई दीवार नहीं है, वह एकदम खुला यान है और परदे पर भारत के प्रमुख दर्शनीय स्थानों के दृश्य उभरते हैं। सारे शॉट हवाई जहाज से लिए गए हैं। दर्शक को यह अनुभव होता है कि वह जहाज में बैठकर भारत के विहंगम दृश्य देख रहा है।

कश्मीर के दृश्यों के बाद लेह और लद्दाख के दृश्य आते हैं। बद्रीनाथ, केदारनाथ और फूलों की घाटी के बाद अमृतसर का स्वर्ण मंदिर, फिर दिल्ली की जामा मस्जिद, आगरे का ताजमहल, राजस्थान का रेगिस्तान, गुजरात की हीरों की खान, मध्यप्रदेश की चंबल घाटी, गन्नौर का गुप्तिधाम तीर्थ केंद्र, जबलपुर का भेड़ाघाट और अंत में विवेकानंद की स्मारक में पहुंच जाता है।

अब अमेरिका में 'डिज्नीलैंड' वाले अपना माथा पीट रहे हैं और सोच रहे हैं कि हमने इतना अच्छा अवसर हाथ से कैसे जाने दिया? क्योंकि 'आई फॉर इंडिया' की आमदनी शंघाई के 'डिज्नीलैंड' से कई गुना ज्यादा है।

किसी शायर ने लिखा है-

'लोगों से कह दो कि हमारी तकदीर से जलना छोड़ दें।
क्योंकि हमने सफलता पाने का रहस्य खोज लिया है।'

जब किसी सेमीनार में कोई मुझसे पूछता है, 'कुछ देश अमीर हैं और कुछ देश गरीब, ऐसा क्यों है?'

तब मैं उन्हें बताता हूं, 'अमीर देश दो मापदंडों को पूरा करते हैं। पहला उन देशों में एक केंद्रीय राजनीतिक सत्ता होती है और दूसरा उन देशों के सत्ता संस्थान समावेशी होते हैं। जो यह सुनिश्चित करते हैं कि सारी सत्ता कुछ संभ्रांत लोगों तक ही सीमित न रहे, बल्कि समाज के हर तबके में उसका समान वितरण हो। इसके विपरीत गरीब देश सत्ता को नियंत्रित करने और एक दूसरे को छोटा दिखाने में लगे रहते हैं, जिसकी वजह से वे विकास नहीं कर पाते।'

आपने कभी सोचा कि चीयरगर्ल्स लड़कियां यूक्रेन से ही क्यों बुलाई जाती हैं? क्योंकि वहां की लड़कियां अच्छी प्लेक्सिबिलिटी वाली होती हैं और उनकी बॉडी शेप भी अच्छी होती है।

इसलिए उस इरादे के बारे में सोचें, जो आपकी किस्मत बदल सके! **'प्रभावशाली लोगों की 12 आदतें और उनके सफल होने के रहस्य'** में भी मैंने यही लिखा था।

जिन्हें आज आप सफलता के शिखर पर मौज-मस्ती करते हुए देख रहे हैं, वे कभी आप जैसे थे। लेकिन उन्होंने उस आइडिया के बारे में सोचा था, जो लोगों की जरूरत बना। उनमें से कुछ लोगों के बारे में आपको बताना चाहता हूं:-

☞ मुम्बई की गरिमा जैन ने तीन साल पहले मोबाइल ब्यूटी सर्विस शुरू की है, जिसका नाम 'बेलितिया' है। यह एक डोर टू डोर सर्विस है, जो लोगों के घर पर जाकर मेकअप करती है। शुरू के महीने में इसके 100 ग्राहक थे, जिनकी तादाद अब एक लाख तक पहुंच गई है। गरिमा जैन से जब इसके बारे में पूछा, तो उन्होंने कहा, 'बेलितिया' का आइडिया मुझे पिज्जा की फ्री होम डिलिवरी को देखकर आया था। फिर मैंने सोचा कि सौंदर्य सेवाएं भी लोगों के घरों तक पहुंचाई जा सकती हैं।' अब उनके पास 100 मोबाइल वैन और 500 ब्यूटीशियन हैं और कम्पनी का टर्नओवर 50 करोड़ पार कर चुका है।

☞ चंडीगढ़ के सतनाम सिंह ने ऐसा पिज्जा ईजाद किया है, जो मोटा नहीं होने देगा। वह सलाद से भी ज्यादा पौष्टिक है, क्योंकि उसमें 47 पोषक तत्व हैं। सतनाम सिंह ने उसे नाम दिया है 'ईट-बैलेंस्ड पिज्जा', जो पंजाब और हिमाचल प्रदेश में धड़ल्ले से बिक रहा है। सतनाम सिंह बताते हैं कि हमारे पिज्जा में आयोडीन, विटामिन बी 12, पोटेशियम और विटामिन

ए हैं और टोमैटो बेस पर लाल मिर्च लगाई गई है, ताकि विटामिन सी की पर्याप्त मात्रा मिल सके।' अब वही पिज्जा इंग्लैंड और वेल्स में बिक रहा है। क्योंकि सतनाम सिंह ने वहां अपने फ्रेंचाइजी स्टोर खोल लिए हैं।

इसलिए जब कोई मुझसे पूछता है, 'हमारी किस्मत कब बदलेगी?'

तब मैं कहता हूं, 'किस्मत बदलने में सिर्फ एक मिनट लगता है, सिर्फ एक मिनट और जिस मिनट आप फैसला करते हैं, उसी मिनट आप अपनी किस्मत बदल लेते हैं। लम्बा समय सिर्फ निर्णय लेने में लगता है।'

इंडियन एक्सप्रेस के संस्थापक रामनाथ गोयनका ने कहा था-'आपकी किस्मत आपके निर्णय पर निर्भर करती है। लेकिन यह आप पर निर्भर करता है कि वह निर्णय आप कब लेते हैं?'

गीता में भी भगवान कृष्ण ने यही कहा है-'विश्वास करने वालों का मैं विश्वास हूं। जीतने की इच्छा रखने वालों का मार्गदर्शक हूं और निर्णय लेने वालों का मैं निर्णय हूं।'

जैसा सोचेंगे वैसा ही बन जाएंगे:

बहुचर्चित लेखक मार्क रदरफोर्ड एक दिन समुद्र किनारे बैठे थे, उनके सामने दूर समुद्र में एक जहाज लंगर डाले खड़ा था। उनके मन में जहाज तक तैरकर जाने की इच्छा जाग उठी। मार्क तैरना तो जानते ही थे, कूद पड़े समुद्र में और तैरकर उस स्थान तक पहुंच गए, जहां जहाज लंगर डाले खड़ा था। जब वापस लौटने के लिए किनारे की तरफ देखा, तो निराशा हावी होने लगी, क्योंकि किनारा उन्हें दूर, बहुत दूर लग रहा था।

उसके बाद मार्क ने एक इंटरव्यू में कहा था, 'मनुष्य जैसा सोचता है, उसका शरीर भी वैसा ही होने लगता है। कुविचारों के कारण मैं एक फुर्तीला किशोर, बिना डूबे ही डूबा हुआ सा हो गया था। लेकिन अपने विचारों को जब मैंने निराशा से आशा की ओर धकेला, तब चमत्कार हो गया। तब मेरे शरीर में नई शक्ति का संचार होने लगा था। मैं समुद्र में तैर रहा था और सोच रहा था कि यदि मैं किनारे तक नहीं पहुंचा, तो डूबकर मर जाऊंगा। तब मेरा दिल मजबूत हुआ और मैं किनारे तक पहुंच गया। अब मेरा मानना है कि बिना साहस किए मंजिल नहीं मिलती और बिना विश्वास के संकट से नहीं उबरा जा सकता।'

साधारण लोग ही हमेशा सफलता पाते हैं। इस बात को सच साबित किया है जिगर जटाकिया ने। उसे भूखे पेट ही नया आइडिया सूझा और 'मेड बाइट्स डॉट कॉम डॉट इन' शुरू कर दी।

हुआ ये कि परीक्षाओं के दौरान रात को खाने के लिए ढ़ाबों पर कुछ नहीं

मिलता था। जिगर ने सोचा काश कोई ऐसी कम्पनी होती, जिसे फोन करो और रात में ही खाने की डिलिवरी हो जाए। उसने इस बात का जिक्र उसने अपने दोस्त गौतम उड़ानी से किया। गौतम को यह बात पसन्द आई। वह बोला, 'क्यों न हम ही इस आइडिया पर काम करें।'

फिर दिसम्बर, 2011 में दोनों ने मिलकर उसे अमलीजामा पहनाना शुरू कर दिया। बाद में तीसरा नाम अविक चटर्जी का भी जुड़ गया। पहले 'मेल ऑर्डर' नाम रखने पर जोर दिया, फिर चटर्जी ने अपने दोनों पार्टनरों को सुझाया कि कोई नया नाम रखो। तब 'मेल बाइट्स डॉट कॉम डॉट इन' नाम रखा गया, लेकिन उनके पास कोई आर्थिक मदद नहीं थी। वे बैंक के मैनेजर को भी ऋण देने के लिए प्रभावित नहीं कर पाए थे, इसलिए उन्होंने अपने पास जमा पैसों से ही काम शुरू कर दिया।

शाकाहारी खाना बनाने में ज्यादा पूंजी नहीं लगती, लेकिन जब बिजनेस चल पड़ा, तो उन्होंने नॉनवेज मेन्यू भी जोड़ दी। अब यह कम्पनी करोड़ों रुपयों का बिजनेस करती है और मुम्बई में 24 घंटे आर्डर पूरे करती है। इसलिए यह कभी न कहें कि हमें किसी भी काम में सफलता नहीं मिलती, बल्कि यह कहें कि हमने किसी भी काम में सफलता पाने की कोशिश ही नहीं की। किस्मत एक मिनट में बदलती है, सिर्फ एक मिनट में और विचार आसमान से टपकते हैं। कुछ मामलों में ये जरूरत के आधार पर दिमाग में आते हैं।

दिल की नहीं दिमाग की सुनो:

आपने सुना होगा कि लोगों के पास एक जैसा दिमाग होता है, लेकिन यह आप पर निर्भर करता है कि दिमाग का कितना इस्तेमाल किया। हर व्यक्ति दिमाग को पूरी तरह से इस्तेमाल करने में विश्वास रखता है। परन्तु सच कुछ और ही है। इसलिए नीचे लिखे गुरुमंत्रों पर ध्यान दें:-

☞ आप एक ही तरह के इंसान बन सकते हैं। इसलिए आप जैसा चाहते हैं, वैसे ही बन जाते हैं।

☞ आप जो करते हैं, उसके आधार पर आज बनता है। आप जो कहते हैं, उसके आधार पर कल बनता है।

☞ बदलाव लाने का विचार सफलता से नहीं, विफलता से आता है।

शतरंज का खेल सिर्फ आक्रमण से नहीं जीता जाता। जीतने के लिए रक्षात्मक चालें भी चलनी पड़ती है। सफलता का पहला नियम भी यही कहता है कि आप उस काम को करें, जो आपको अच्छा लगता हो। फिर आप उस काम को आस्था और विश्वास के साथ आगे बढ़ाएंगे।

दूसरा नियम कहता है कि आप वही काम करें, जिसमें आपको दक्षता प्राप्त

हो, क्योंकि उस काम को आप बेहतर तरीके से कर सकते हैं। परन्तु तीसरा नियम इन दोनों से अधिक महत्त्वपूर्ण है। उसमें आपको यह तय करना होता है कि आप जो काम करना चाहते हैं, उसमें दूसरे लोगों को कितना फायदा होगा? सफलता का सर्किट तब पूरा होता है, जब आपका उद्देश्य मानवता को लाभ पहुंचाने से जुड़ जाता है। ये तीनों नियम रचनात्मक शक्ति से जुड़े हैं, जो आपको कुछ नया करने के लिए प्रेरित करते हैं।

तभी तो अमीर लोग दिन में कई बार 'सफलता' शब्द का इस्तेमाल करते हैं। वे जानते हैं कि 'सफलता के विचार' में तीनों नियम शामिल हैं और वे जब एक साथ मिलते हैं, तब चमत्कार हो जाता है।

इसका ताजा उदाहरण हैं दीपा मलिक। उन्हें बचपन से ही पहियों से बड़ा प्यार था। इतना प्यार कि ईश्वर ने भी कहा कि जब तुम असल पहियों पर नहीं होगी, तो व्हीलचेयर पर रहोगी। संक्षेप में कहूं तो ये 43 साल की दिल्ली बेस्ट पैरा-स्पोर्ट्स वुमन की कहानी है, जो 14 साल से व्हीलचेयर पर थीं। उन्हें हाल ही में हरियाणा सरकार ने सरकारी नौकरी से नवाजा है।

मोटर स्पोर्ट्स के लिए जुनूनी दीपा बताती हैं, 'मैं आर्मी फैमिली से हूं। पिता और पति दोनों आर्मी में हैं, लेकिन मैं 36 साल की उम्र में लकवाग्रस्त हो गई थी, जिसकी वजह से लोग मुझे अपाहिज समझने लगे थे। परन्तु मैंने हिम्मत नहीं हारी, क्योंकि मेरे दिमाग में रोलिस्ट बनने का आइडिया आ गया था। फिर पति ने हौसला बढ़ाया और मैं कार की ड्राइविंग सीट तक पहुंच गई। आज मैं जो कुछ हूं, अपने पति की वजह से हूं। अब तो मैं कार को प्लेन की तरह उड़ा सकती हूं।'

इसलिए यह न कहें कि मुझे कोई प्रेरित नहीं करता, बल्कि यह कहें कि मेरी कोई प्रेरणा ही नहीं है। आप यह न कहें कि मेरे सपने पूरे नहीं होते, बल्कि यह कहें कि मेरा कोई सपना ही नहीं है। आप यह न कहें कि मैं सितारों को नहीं छू पाता, बल्कि यह कहें कि छूने के लिए सितारे ही नहीं हैं। एक साधारण परिवार में जन्मा अमीष त्रिपाठी बिना संसाधनों के बिकाऊ लेखक बन सकता है, तो आप सफल क्यों नहीं हो सकते?

शिव पर आधारित तीन उपन्यासों की श्रंखला में अमीष त्रिपाठी की तीसरी कृति 'वायुपुत्रों की शपथ' ने भी सफलता के नए रिकॉर्ड बनाए हैं। पिछले साल एक दुकान के गेट पर कुछ लोग 'हर हर महादेव' मंत्र का जाप कर रहे थे। कुछ लोग शिवजी के गणों के वेष धारण कर खड़े थे। कुछ ने अपने शरीर पर शिवकथा के चरित्रों के चित्र बनवाए हुए थे। गेट पर कुछ बाउंसर भी खड़े थे। अंदर का दृश्य और मजेदार था। वहां शिवजी के गणों के विविध रूपों को दिखाते कई रूपधारी थे, जो अपने नाच-गानों से दर्शकों को आकर्षित करने में जुटे थे। वहां एक पुस्तक का विमोचन होने वाला था। एक तरफ काजोल और शेखर कपूर

बैठे थे, जो कार्यक्रम की शोभा बढ़ा रहे थे।

लेकिन उनसे बड़ा एक हीरो और भी था, जो उस पुस्तक का लेखक था। वह पिछले कुछ सालों में अचानक उभरा है और इस वक्त देश का सबसे महंगा लेखक है। उसकी 'शिव-त्रयी' की एक करोड़ 70 लाख प्रतियां बिक चुकी हैं। 40 करोड़ रुपए की बिक्री हुई है, जिसमें से पांच करोड़ की रॉयल्टी लेखक अमीष त्रिपाठी को मिल चुकी है। त्रिपाठी का कहना है कि 'उद्योग में लोग नए विचारों को पसन्द करते हैं, लेकिन नए विचार हमेशा बाहर से आते हैं।'

'हर हर महादेव' के जिस नाटकीय सीन की चर्चा मैंने शुरू में की है, वह लेखक की पुस्तक 'वायु पुत्र' (अंग्रेजी नाम-वायुपुत्रजं) के विमोचन के अवसर की है, जो मुम्बई के प्रसिद्ध स्टोर 'क्रॉसवर्ड' में हुआ था। जबकि पहली पुस्तक 'द इमोर्टल्स' तक कोई भी उन्हें नहीं जानता था। फिर उनकी पत्नी प्रीति व्यास ने प्रकाशक 'वेस्टलैंड' को सुझाया कि बुक स्टोर पहले अध्याय की कॉपी आगंतुकों को फ्री में दें। यह तरकीब काम कर गई। पहले अध्याय को पढ़ने के बाद लोगों को आगे पढ़ने का चस्का लगा, जिसकी वजह से पुस्तक एक सप्ताह में 'बेस्ट सेलर' हो गई।

'शिव-त्रयी' के बेस्ट सेलर बन जाने के बाद 'वेस्टलैंड बुक्स' ने अमीष त्रिपाठी के साथ आगामी पुस्तक के लिए 5 करोड़ की डील की है, जिसका उन्होंने एक भी शब्द अब तक नहीं लिखा है। अब वे भारत के ऐसे लेखक बन चुके हैं, जिन्हें इतनी बड़ी रकम पुस्तक लिखने के एवज में मिलेगी। इसलिए यह कभी न कहें कि बिना संसाधनों के सफलता नहीं मिलती, बल्कि यह कहें कि हमने उन साधनों को इकट्ठा करने की कोशिश ही नहीं की। किस्मत एक मिनट में बदलती है, सिर्फ एक मिनट में।

तभी तो जानी-मानी पॉप स्टार शकीरा ने कहा था, 'जब मै आठ साल की थी, तब मेरे पिता कंगाल हो गए थे और मेरी जिंदगी अस्त-व्यस्त हो गई थी। लेकिन मैंने कड़ी मेहनत की और सफल हो गई। इसलिए मैं कह सकती हूं कि किस्मत एक मिनट में बदल सकती है, सिर्फ एक मिनट में।'

पहाड़ हिलाने की तैयारी करें:

अमेरिका के लोग बताते हैं, 'हमारे यहां प्रगति का सबसे बड़ा कारण यह है कि हम लोग बहुत शॉर्ट, क्विक और परफेक्ट काम करते हैं, जबकि भारतीय इसमें चूक जाते हैं। भारतीयों को बढ़ा-चढ़ा कर बोलने की आदत है, जो उन्हें आगे बढ़ने से रोकती है।'

मैंने उनकी बात को मानने से इंकार किया और कहा, 'ऐसा नहीं है, बल्कि हमारे देश के लोगों में काम को टालने की आदत है, जिसकी वजह से

वे गहराई में नहीं उतर पाते और जब उतरते हैं, तब पूरे विश्व में हंगामा कर देते हैं। क्योंकि आंकड़े बताते हैं कि भारत चंद्रयान-2 के द्वारा मोटर से चलने वाले रॉबोट को चांद पर भेज चुका है, जो चंद्रमा की सतह पर चलेगा और मिट्टी तथा चट्टानों के नमूने उठाएगा। फिर रासायनिक विश्लेषण करके उनके परिणाम हमें भेजेगा।'

इसलिए आप यह न कहें कि भारतीयों में शॉर्ट, क्विक और परफेक्ट काम करने की आदत नहीं है, बल्कि यह कहें कि वे इस तरह का काम करने की कोशिश नहीं करते। जबकि हमारे देश में कई ऐसे शास्त्र हैं, जो शॉर्ट, क्विक और परफेक्ट काम करने के लिए प्रेरित करते हैं। तुलसीदास द्वारा लिखा गया 'हनुमान चालीसा' उनमें से एक है। जिसमें हनुमान जी की योग्यता, दक्षता और सामर्थ्यता को कुछ इस तरह से उतारा गया है कि तीन मिनट में पूरी होने वाली पंक्तियां लोगों को नए आइडिया को सोचने के लिए मजबूर करती हैं।

इसलिए हमारे देश में अमीरों की तादाद दिन प्रतिदिन बढ़ती जा रही है, जबकि यूरोपियन कंट्री के लोग अब भी यही सोचते हैं कि हम पूरी दुनिया में सबसे अधिक बुद्धिमान हैं। शायद वे यह भूल गए कि 'नासा' जैसी अंतरिक्ष एजेंसी में 36 प्रतिशत वैज्ञानिक भारतीय हैं और कंप्यूटर क्रांति लाने वाली कम्पनी 'माइक्रोसॉफ्ट' के 34 प्रतिशत कर्मचारी भारत के हैं।

तभी तो माइक्रोसॉफ्ट के प्रमुख बिल गेट्स ने कहा था, 'भारत के लोग दुनिया के दूसरे लोगों से अधिक बुद्धिमान हैं।'

क्योंकि हमारे अंदर धैर्य बहुत ज्यादा है और हम जानते हैं कि प्रतिकूल परिस्थितियों में खुद को स्थिर कैसे रखा जाए। एक पुराना किस्सा है। जब पांडव जुए में सब कुछ हार गए और कौरवों से अपमानित होकर द्रौपदी के साथ जंगल में अज्ञातवास कर रहे थे, तब कृष्ण उनसे मिलने पहुंचे। उन्होंने पांडवों को और कुछ नहीं कहा, सिर्फ धैर्य बनाए रखने की सलाह दी और कहा, 'आपने जिन परिस्थितियों का सामना किया, वही आपकी उन्नति का मार्ग प्रशस्त करेंगी।' यानी स्थितियां यदि बुरी हैं, तो उन्हीं में सफलता के बीज छिपे हैं।

असम्भव के पार है सम्भव की सीमाः

आपने डॉ. बीरबल साहनी का नाम जरूर सुना होगा! वे वनस्पति और जीवाश्म विज्ञान की रीढ़ माने जाते हैं। उन्होंने कई अनसुलझे-अनबूझे तथ्यों को हल किया है और पौधों के कई वंशों, जातियों तथा उपजातियों का नाम उनके नाम पर किया गया है। 1929 में इलाहाबाद विश्वविद्यालय में 'अटलांटिक महासागर की उत्पत्ति' विषय पर दिया गया उनका व्याख्यान काफी महत्त्वपूर्ण है।

तब उन्होंने कहा था, 'जरा अटलांटिक महासागर की तरफ देखो, पूर्वी दक्षिण

अमेरिका और पश्चिम अफ्रीका के बीच में है वह, फिर धीरे-धीरे पूर्व अमेरिका को पश्चिम अफ्रीका के पास लाओ। दोनों खंड पास लाने पर अमेरिका का आगे निकला हुआ हिस्सा अफ्रीका के अंदर गए हिस्से में एकदम फिट बैठेगा। जो इस बात को साबित करता है कि दोनों देश लाखों साल पहले कभी एक रहे होंगे? क्योंकि आज भी दोनों देशों के किनारों पर एक ही तरह की वनस्पति पाई जाती है। ये दूर से भिन्न दिखती हैं। यदि खुदाई करके एक ही ऊंचाई पर पाए जाने वाले जीवाश्मों का अध्ययन किया जाए, तो दो भूभाग एक थे, यह निश्चित किया जा सकता है। परन्तु वे पृथ्वी के विचलन से दूर-दूर होते गए और बीच में अटलांटिक महासागर बना।'

हिमालय और महाद्वीपों के स्वरूप को स्पष्ट करते हुए उन्होंने कहा कि यह लगातार बदलता रहा है और आज जहां हिमालय है, लगभग 300 करोड़ वर्ष पहले वहां समुद्र था। उनके अध्ययन और शोध से यह जानकारी भी मिलती है कि पृथ्वी पर वनस्पतियों का क्या स्वरूप था। करोड़ों साल पहले पृथ्वी पर मौजूद वृक्षों में से कुछ समाप्त हो चुके हैं, कुछ लुप्त हैं और कुछ कहीं-कहीं जंगलों में मिल जाते हैं। कुछ वृक्ष जिनकी ऊंचाई 50-60 फुट तक थी, आज वे 2 या 4 इंच वाले पौधे होकर रह गए हैं। उनकी राजमहल की पहाड़ियों में छिपे जीवाश्म की खोज अनुपम और बेजोड़ है।

कश्मीर की केरवा रचनाओं पर डॉ. साहनी के शोध ने पुरानी धारणाओं को बदल डाला। केरवा में अनेक समुद्री जंतुओं के अवशेष मिलने से वैज्ञानिकों की धारणा बनी कि कश्मीर के पर्वत कभी समुद्र की तलहटी में डूबे रहे होंगे और पर्वतों के बीच झीलें भी रही होंगी। लेकिन डॉ. साहनी ने खोज के बाद स्पष्ट किया कि गुलमर्ग के निकट आठ-नौ हजार फीट की ऊंचाई पर अवशेष तो हैं, लेकिन प्राचीनकाल में वहां झीलें नहीं थी। ये सैकड़ों मील दूर चार-पांच हजार फीट की ऊंचाई वाली किसी और जगह पर रही होंगी। परन्तु पीरपंजाल पर्वतमाला के कई हजार फीट ऊंचा उठ जाने से ये जीवाश्म वहां पहुंच गए होंगे।

उन्होंने हिमालय में स्पीती, बिहार में राजमहल, पंजाब में नमक की पहाड़ियों और असम की पुरावनस्पति पर भी शोध किया। रोहतक के खोखराकोट में पाए गए प्राचीन सिक्कों के सांचों तथा चीन में पाए जाने वाले सिक्कों की रचना का भी खुलासा किया है।

इसके लिए डॉ. साहनी को जो पदक मिले, उनकी सूची बहुत लंबी है। 1936 में वह रॉयल सोसायटी ऑफ इंग्लैंड के सदस्य चुने गए थे और रॉयल एशियाटिक सोसायटी ने उन्हें 'वर्कले पदक' से सम्मानित किया था। अमेरिकन एकेडमी ऑफ आर्ट्स एंड साइंस ने उन्हें मानद सभासद चुना। उन्हें 1930 में कैम्ब्रिज तथा 1935 में स्टॉहकाम में आयोजित बॉटनी कांग्रेस का उपाध्यक्ष चुना गया था। वे दो बार

इंडियन एकेडमी ऑफ साइंस के उपाध्यक्ष रहे और नेशनल एकेडमी के संस्थापक तथा अध्यक्ष रहे।

1940 में वे इंडियन साइंस कांग्रेस के अध्यक्ष रहे और 1947 में उन्हें सर सी.आर. रेड्डी पारितोषिक से सम्मानित किया गया। इसलिए यह कभी न कहें कि हम भारत के लोगों से अधिक बुद्धिमान हैं, बल्कि यह कहें कि हमने कभी भारतीयों की बुद्धि का लोहा मानने की कोशिश ही नहीं की।

इच्छाओं का होना जरूरी है:

आपको याद होगा, नेशनल इनोवेशन फाउंडेशन (एन.आई.एफ.) ने कुछ साल पहले देशभर के बच्चों में वैज्ञानिक प्रतिभा को छांटा था और उन्हें 'इग्नाइट' पुरस्कार से सम्मानित किया गया था। उन्होंने ऐसी खोजें की हैं, जो भविष्य के न्यूटन और आइंस्टीन बन सकते हैं। उनमें से कुछ बच्चों के बारे में मैं आपको बताना चाहता हूं:-

☞ दिल्ली के वसंत वैली स्कूल की छात्रा रिया कोठारी ने एक ऐसी साइकिल विकसित की है, जो चलने पर सड़क भी साफ करेगी। क्योंकि उस साइकिल के पिछले टायर में दो सिलेंडर लगे हैं, जिनमें ब्रश फिट हैं। साथ में कूड़ा जमा करने के लिए एक डस्टबिन भी लगा है। इसलिए रिया ने उसको 'साइकिल क्लीनर' नाम दिया है।

☞ मध्य प्रदेश के होशंगाबाद के टैगोर विद्या मंदिर में आदित्य पाराशर सातवीं कक्षा का छात्र है। उसने वाइब्रेटर आधारित ओवरटेक अलार्म विकसित किया है। उसमें साइड व्यू मिरर में माइक्रोफोन फिट किया है, जो पीछे से हॉर्न की आवाज को रिकॉर्ड करता है। इस माइक्रोफोन से जुड़ा एक वाइब्रेटर स्टेयरिंग पर लगा है। इसलिए जैसे ही पीछे वाली गाड़ी ओवरटेक के लिए हॉर्न बजाती है, स्टेयरिंग पर लगा वाइब्रेटर चालक को अलर्ट कर देता है। अकसर लोग ड्राइविंग करते समय शीशे चढ़ाकर संगीत सुनने लगते हैं या फिर एसी चलाने के लिए शीशे बंद कर देते हैं। ऐसे में यदि पीछे से आ रही कोई गाड़ी ओवरटेक के लिए हॉर्न बजा रही हो, तो ड्राइवर को सुनाई नहीं देता। फिर एक्सीडेंट हो जाता है।

☞ तमिलनाडु के तिरुनेलवेली के बेल मैट्रिक हायर सेकेंडरी स्कूल में टी. चेरिस अनंथ महज पहली कक्षा का छात्र है, लेकिन वैज्ञानिक खोज का उसका आइडिया कमाल का है। वह ऐसे जूते तैयार करने में लगा है, जिसमें एक वैक्यूम क्लीनर भी लगा हो। मकसद यह है कि जूतों से गंदगी नहीं फैले।

☞ कोलकाता की पाथा भवन हाईस्कूल में कक्षा पांचवीं में पढ़ने वाली रश्मि

मुरुवादा नेत्रहीनों को साइकिल की सवारी कराने की कोशिश में हैं। वे जो साइकिल डिजाइन कर रही हैं, उसमें नेवीगेशन सिस्टम लगा होगा। साथ ही उनमें ऐसा सॉफ्टवेयर भी लगा होगा, जो नेवीगेशन सिस्टम के संकेतों को ऑडियो में तब्दील करेगा।

- जालंधर के एपीजे स्कूल की कक्षा आठ की छात्रा वर्षा सिंह की खोज आने वाले समय में उस पर नोटों की बारिश कर सकती है, क्योंकि उसने दीमक और जुएं भगाने का फॉर्मूला खोज लिया है। वह एक पौधे इफोरबिया काउंटिफोलिया पर शोध कर रही है, जिसके साल्ट से दीमक को नष्ट किया जा सकता है और जुएं भी मर सकती हैं।
- बुलंदशहर के डीपीएस के 10वीं के छात्र दिव्यम गुप्ता ने एक ऐसा टच सेंसर विकसित किया है, जिसे गाड़ी में फिट किया जा सकता है। यदि दोनों हाथ स्टेयरिंग और गेयर से अलग हुए, तो गाड़ी रुक जाएगी। क्योंकि गाड़ी चलाने के लिए दोनों हाथ स्टेयरिंग पर होने चाहिए, लेकिन कभी-कभी गेयर बदलने के लिए एक हाथ स्टेयरिंग से हट जाता है। सेंसर इस बात का भी ध्यान रखेगा कि दूसरा हाथ स्टेयरिंग से गायब हो, तो गाड़ी रुक जाए।
- गुजरात के बड़ौदा में स्थित नवरचना स्कूल की 10वीं की छात्रा आशुनि पटेल ने एक ऐसी डिवाइस तैयार की है, जो भुलक्कड़ों के लिए वरदान साबित होगी। यानी जिस वस्तु के खोने का खतरा हो, उसमें यह सूक्ष्म डिवाइस लगा दी जाती है। इससे जुड़ा एक रिमोट होता है। जरूरत पड़ने पर रिमोट का बटन दबाते ही बीप की आवाज आने लगती है और पता चल जाता है कि आपका सामान घर के किस कोने में दबा पड़ा है।
- धनबाद के सिंडीकेट इंटर कालेज के 12वीं के छात्र मणिभूषण प्रसाद ने बिना आवाज वाला हॉर्न तैयार किया है। यह डिवाइस वाहनों से निकलने वाले सिग्नल पर कार्य करती है। इसे गाड़ियों में फिट करना होगा। फिर जैसे ही कोई चालक हॉर्न दबाएगा, उसके सिग्नल अगली गाड़ी या गाड़ियों में लगी डिवाइस में पहुंचेंगे, जिससे लाइट सिग्नल जलेंगे तथा बीप की आवाज आएगी।

इसलिए यह कभी न कहें कि भारत में न्यूटन और आइंस्टीन पैदा नहीं होते, बल्कि यह कहें कि हमने भारतीयों में न्यूटन और आइंस्टीन खोजने की कोशिश ही नहीं की। लेकिन इस बात को अमेरिका के राष्ट्रपति ओबामा तहे दिल से स्वीकार करते हैं और कहते हैं कि भारत के लोग दूसरे देशों के लोगों से अधिक बुद्धिमान हैं। क्योंकि 'अग्नि-5' के सफल परीक्षण और मंगल ग्रह पर पहुंचने

के बाद भारत अंतरिक्ष क्षेत्र में भी अंतर्राष्ट्रीय स्तर पर तेजी से आगे बढ़ रहा है।

योजना सही हो तो कदम व्यावहारिक होंगे:

उत्तर प्रदेश के गोरखपुर जिले में जन्मे अनुराग कश्यप ने कभी नहीं सोचा था कि वह बॉलीवुड में अपना कॅरियर बनाएंगे। वह पहले वैज्ञानिक बनने की इच्छा लेकर दिल्ली यूनिवर्सिटी आए, परन्तु अचानक उन्होंने बॉलीवुड की ओर रुख कर लिया। 'ब्लैक फ्राइडे' फिल्म से सुर्खियां बटोरने वाले अनुराग कश्यप बताते हैं, 'जब मैं 18 साल का था, तब एक्टर बनना चाहता था। लेकिन परिवार के लोगों को फिल्म में काम करना पसन्द नहीं था। मैं घर से भागकर मुम्बई आ गया। फिल्मों में काम नहीं मिला, तो मैंने टेलीविजन का रुख किया।'

एक दिन मेरे पिता मुझे खोजते हुए मुम्बई पहुंचे। वह मुझे लेकर बहुत चिंतित थे। उन्होंने मुझसे कहा, 'तुम मुम्बई फिल्मों में काम करने आए थे, तो फिल्मों में कुछ करके दिखाओ, टेलीविजन में क्यों समय बर्बाद कर रहे हो?'

पिता की बात मेरे दिल को चुभ गई, फिर मैंने फिल्म 'सत्या' की पटकथा लिखी। यह फिल्म सच्ची प्रेम कथा पर आधारित थी, इसमें बड़े स्टार नहीं थे। लेकिन फिल्म हिट हुई। उस फिल्म ने मुझे और बड़ा काम करने की हिम्मत दी।

उसके बाद मैंने संकल्प लिया कि बिना किसी बड़े स्टार के अपनी फिल्म बनाऊंगा। मेरे पास ज्यादा पैसे नहीं थे, इसलिए 'ब्लैक फ्राइडे' फिल्म बनाई, जो मुम्बई के आतंकी हमले पर आधारित थी। लोगों ने फिल्म को देखा और पसन्द किया। उन्हीं दिनों हॉलीवुड डायरेक्टर डैनी बॉयल भारत आए। उन्होंने 'ब्लैक फ्राइडे' देखी और मेरे काम से प्रभावित होकर 'स्लमडॉग' फिल्म बनाई।

तब मुझे एहसास हुआ कि मैं अकेला नहीं हूं, विश्व में तमाम ऐसे बेहतरीन पटकथा लेखक, कलाकार और निर्देशक हैं, जो अच्छे विषयों पर फिल्म बनाना चाहते हैं। फिर मैंने कई फिल्में बनाई और कई अवॉर्ड जीते। इसलिए यह मानकर चलें कि योजना सही है, तो कदम भी व्यावहारिक होंगे। यदि लक्ष्य पाना मुश्किल लगे तो लक्ष्य को नहीं, प्रयास को बदलें।'

बॉलीवुड की फिल्में पूरे विश्व में अपनी धाक जमा रही हैं। विदेशी बालाएं भी बॉलीवुड की तरफ आकर्षित हो रही हैं। मिस श्रीलंका रह चुकी जैकलीन फर्नांडीस 'अलादीन' तथा 'जाने कहां से आई है' फिल्मों के जरिए बॉलीवुड में आई। 'राजनीति' में लंदन की सारा थॉमसन तथा फिल्म 'बॉडीगार्ड में ब्राजील की होजल कीच ने अभिनय किया था।। इस समय मुम्बई में एक दर्जन विदेशी बालाएं फिल्मों में अवसर पाने के लिए खुद को तैयार कर रही हैं।

इन महत्त्वाकांक्षी बालाओं के लिए भारत आज भी 'सोने की चिड़िया' है और अमेरिका के बाद शायद सबसे बड़ा स्वर्ण भंडार भारत में ही है। जबकि यूरोपियन

देशों में आर्थिक मंदी का दौर जारी है और वहां अर्थव्यवस्था सुधरने के आसार भी नजर नहीं आ रहे।

आज अमेरिका भले ही दुनिया का सबसे शक्तिशाली देश कहलाता है। लेकिन कुछ तथ्य ऐसे भी हैं, जो अमेरिका को दूसरे देशों की तुलना में कम आंकते हैं। 'टाइम मैगजीन' में हाल ही में एनी लॉवरी ने लिखा था कि अमेरिका के कुछ शहर आश्चर्यजनक रूप से वीरान हो रहे हैं। ये ऐसे शहर थे, जहां के मूल निवासी अमेरिकी थे। अब वे पलायन कर चुके हैं। इस कारण जो शहर कभी समृद्ध थे, अब बद्तर हालात में हैं जबकि भारत के शहरों की आबादी दिन-प्रतिदिन बढ़ती जा रही है और हालातों में भी सुधार आ रहे हैं। लोग नए-नए आइडिया बना रहे हैं। नए-नए बिजनेस उभर रहे हैं, नए-नए अमीर बन रहे हैं।

■■■

तीसरा अध्याय

आइडिया खोजने में सहायक होते हैं सपने

> *'किसी भी सपने से आपका जीवन एक मिनट में बदल सकता है, लेकिन आपको पता नहीं होता कि कौन-सा सपना दुनिया को हिला देगा। इसलिए खूब सपने देखिए और उन्हें हकीकत में बदलने की सोचिए।'*
>
> **-आनंद महिन्द्रा (उद्योगपति)**

जब मैं छोटा था, तब मेरे पिता मुझे रात को सोने से पहले अपने अनुभव सुनाते और बताते थे कि बिजनेसमैन पर बैंक मैनेजर कैसे, कब और कितना भरोसा कर पाते हैं। उन्हें मंदी के बावजूद लोन देते हैं और किस तरह तमाम परेशानियों के बावजूद बिजनेसमैन बैंक का कर्ज चुकाते हैं।

कभी-कभी ऐसे किस्से भी होते थे, जिनमें बताते थे कि किस तरह किसी बिजनेसमैन ने पूरी तरह अपना बिजनेस बदल लिया। कैसे वह बिलकुल अलग किस्म के फील्ड में गया और वहां भी शीर्ष पर रहा। मेरे पिता खुद बिजनेसमैन थे और उनके दोस्त भी बिजनेस करते थे। इसलिए उनकी कहानियों में बिजनेस टच था।

मेरे साथ परेशानी यह थी कि सोने के बाद भी पिता द्वारा सुनाई गई कहानियां मेरे कानों में गूंजती रहती थीं और फिल्म की तरह सपनों में रिवर्स-फॉरवर्ड होती रहती थीं। सब कहानियों की एक ही थीम थी। जैसे-कठोर परिश्रम, जोखिम लेने की क्षमता, लचीलापन, ईमानदारी और वफादारी। लेकिन उन सबका एक कॉमन फैक्टर था-फाइनेंशियल मैनेजमेंट। इसलिए आज भी मैं अपने बिजनेस में कुछ नया करना चाहता हूं, तब पिता द्वारा बताई गई बातों का ध्यान रखता हूं।

जब अजीत पवार यूपीए सरकार में मंत्री थे, तब उन्होंने कहा था, 'सूखे के समय खाली बांधों को मूत्र से भर दो।' इसे आप 'सूखे से बचने का आइडिया' भी कह सकते हैं, क्योंकि उन्होंने राजनीति को हथियार बनाकर खेती के कारोबार को रियल एस्टेट के बिजनेस मॉडल में आसानी से तब्दील कर दिया था। जबकि पुणे के बाहरी इलाके में स्थित बारामती एक शांत क्षेत्र था। आज यह उद्योगों, कृषि प्रोसेसिंग यूनिट और शिक्षण संस्थाओं की गतिविधियों का केंद्र है। इस परिवर्तन का सूत्रधार पवार परिवार है, जिसने राजनीतिक प्रभाव और कारोबारी निपुणता के बूते बारामती के शहंशाह का दर्जा हासिल कर लिया है।

अजीत पवार पुणे-पिंपरी-चिंचवाड़ बेल्ट को नियंत्रित करते हैं और पूर्व राजस्व मंत्री कांग्रेस के नारायण राणे का कोंकण पर प्रभुत्व है। भुजबल का नासिक पर कब्जा है और देशमुख परिवार ने मराठावाड़ा में पैठ बना रखी है।

यह मैं आपको इसलिए बता रहा हूं, क्योंकि ये सब किसी-न-किसी आइडिया की वजह से सत्ता में थे और अब देश के अमीर लोगों में शामिल हो चुके हैं। इसलिए खुली आंखों से सपने देखें और उन्हें पूरा करने में जुट जाएं। क्योंकि सफल जीवन की शुरुआत हमेशा एक सपने से होती है।

आपने किसी निर्देशक को फिल्म की शूटिंग करते हुए देखा है? यदि नहीं, तो मैं आपको बताता हूं। जब वह फिल्म की शूटिंग शुरू करता है, तब उसके पास सिर्फ एक कहानी होती है। वह कहानी उसके मस्तिष्क में पिक्चर की तरह चलती है, बाद में फिल्म में बदल जाती है। वह कहानी के लेखक को नहीं देखता, बल्कि कहानी में छिपी संभावनाओं को देखता है और उसे हकीकत में बदलने के लिए बेताब हो जाता है।

अब तो विज्ञान भी साबित कर चुका है कि ईश्वर ने सबको दो तरह की दृष्टि दी है, जिसे नेत्रदृष्टि और मस्तिष्क दृष्टि कहते हैं। यह बात अलग है कि मस्तिष्क दृष्टि संभावनाओं को तलाशती है। इसलिए सफल निर्देशक उस कहानी को अपने मस्तिष्क के स्क्रीन पर चलते हुए देखता है और उसी के अनुसार शॉट-दर-शॉट लेता चला जाता है। क्योंकि वह जानता है कि खुशी, दौलत और सफलता किस्मत से नहीं मिलती, बल्कि उन सपनों की वजह से मिलती है, जिन्हें साहसी लोग हकीकत में बदलते हैं।

प्रत्येक सफल व्यक्ति सफलता के शीर्ष पर अपनी रचनात्मकता की वजह से उस मुकाम तक पहुंचते हैं।

अच्छा आइडिया कभी भी आ सकता है:

पंजाब के अमृतसर शहर में रहने वाले सतनाम सिंह ढिल्लो और उनकी पत्नी बबली कौर ने कुछ महीने पहले स्थायी रूप से अलग होने का फैसला कर लिया

था। इसमें दोनों की सहमति थी। फिर एक दिन बबली ने अपनी शादी बचाने के लिए विचार किया। तब उनके दिमाग में एक अजीबो-गरीब आइडिया आया। क्यों न 1950 के दौर का फैशन और जीवनशैली अपनाई जाए!

उनका यह मानना था कि वर्तमान दंपतियों से ज्यादा उनके दादा-दादी ज्यादा प्रेम से रहा करते थे। उन्होंने यह बात अपने पति को बताई, तो वे राजी हो गए। उसके बाद बबली ने पति के लिए खाना बनाना शुरू कर दिया। सतनाम जब घर लौटते, तो उन्हें गरमागरम खाना मिलता। खाली वक्त में बबली सफाई करतीं और सतनाम के कपड़ों का भी ख्याल रखने लगीं। सैर करने के लिए उन्होंने 1949 की शेवरले कार खरीदी, एलपी रिकॉर्ड पर गीत सुनने शुरू किए।

दोनों ने घर का इंटीरियर और फैशन भी पुराने दौर का अपनाया। इस दौरान सतनाम और बबली एक-दूसरे के करीब आने लगे और पहले से ज्यादा खुश रहने लगे। फिर उन्होंने अलग होने का फैसला टाल दिया। अब बबली कहती हैं, 'एक आइडिया ने हमारा जीवन खुशियों से भर दिया।'

इसलिए यह मान लें कि अच्छा आइडिया कभी भी आ सकता है और आपको जीनियस बना सकता है, क्योंकि जीनियस बनने का कोई एक फॉर्मूला नहीं है। जीनियस बनने के लिए सिर्फ एक प्रतिशत प्रेरणा और 99 प्रतिशत कड़ी मेहनत की जरूरत पड़ती है। कुछ भी हासिल करने के लिए तीन बातें जरूरी हैं। कॉमन सेन्स, अच्छा आइडिया और लंबे समय तक टिके रहने की क्षमता।

आपको पता होगा कि एक जमाने में कनाड़ा की जमीन नील की खेती से बंजर हो गई थी, लेकिन हमारे देश के सिखों ने उसे फिर से उपजाऊ बना दिया और मालामाल हो गए, क्योंकि वे जानते थे कि जमीन को कैसे जोता जाता है। बीजों को कैसे बोया जाता है और उन्हें खाद-पानी देकर कैसे बड़ा किया जाता है।

उनके लिए दौलत कमाना एक सपना था, जिसे मेहनत करके उस सपने को हकीकत में बदल लिया। योग्यता हर व्यक्ति में होती है, परन्तु उसका उपयोग बहुत कम लोग कर पाते हैं। जो उपयोग करते हैं, वे सद्भावना से भरे होते हैं, उदार होते हैं और ईश्वर में आस्था रखते हैं। वे जानते हैं कि मुफ्त में कुछ नहीं मिलता, पेट भरने के लिए बैल को भी मेहनत करनी पड़ती है।

अकसर लोग मुझसे फोन करके पूछते हैं, 'मैं कौन-सा बिजनेस करूं, जिससे मेरे घर में दौलत का अम्बार लग जाए?'

तब मैं उनसे कहता हूं, 'वो बिजनेस करो, जिसका आप उठते-बैठते, सोते-जागते सपना देखते हों। फिर दिमाग से एक आइडिया निकलकर बाहर आएगा, जो कहेगा मुझे आजमाकर देख, तेरी किस्मत बदल जाएगी। 'सहारा इंडिया' से लेकर 'पतंजलि' तक कभी वह एक सपना था, जिसे सुब्रत राय और बाबा रामदेव ने देखा था। जब सपना साकार हुआ, तो वह सफलता में बदल गया। इसलिए खूब

सपने देखिए, दिन-रात देखिए, लेकिन बड़े सपने देखिए।

बापू कहलाए जाने वाले आसाराम को भी नया आइडिया मिला था, जब वे किसी जमाने में चाय की दुकान पर नौकरी करते थे। तब उनका नाम आसुमल सिरुमलानी और घर था मेहसाणा, गुजरात में। बचपन में उन पर नशे में हत्या करने का आरोप भी लगा, लेकिन सबूत न मिलने की वजह से बरी हो गए। फिर शराब बेचने का धंधा शुरू किया और पैसा कमाने के बाद शहर से गायब हो गए।

उसके बाद बापू आसाराम बनकर लोगों के सामने आए। 1972 में साबरमती नदी के किनारे कुटिया बनाई, जो कुछ साल बाद मोटेरा आश्रम में परिवर्तित हो गई। फिर जब 2013 में नाबालिग लड़की से बलात्कार के मामले में जेल गए, तब उनके 425 से ज्यादा आश्रम थे, 50 से ज्यादा गुरुकुल थे, 1400 योग वेदांत सेवा समितियां और 17000 बाल संस्कार केंद्र थे। उस समय आसाराम की कुल संपत्ति 8000 करोड़ की थी और प्रतिमाह आय 10 करोड़ रुपए थी। किन्तु गलत हरकतों की वजह से 37 साल में खड़ी की गई विशाल सम्पदा ताश के पत्तों की भांति बिखर गयी। यदि वे बुढ़ापे में अपनी सेक्स की भूख पर कंट्रोल कर लेते तो आज बाबा रामदेव की तरह अपनी सल्तनत के शहंशाह होते!

प्रत्येक वर्ष 50 लाख नए बिजनेस शुरू होते हैं, लेकिन उनमें से सिर्फ 10 प्रतिशत कम्पनी जिंदा रह पाती हैं। इसका मुख्य कारण है, गलत फैसले और मालिकों का दुर्व्यवसन में लिप्त रहना। सफलता नए इरादे पर काम करने से मिलती है।

आज आप जिस प्रसून जोशी को 'एड गुरु' या 'भाग मिल्खा भाग' के गीतकार के रूप में जानते हैं। वे भी कभी आप जैसे थे। सिर्फ एम.बी.ए. की डिग्री थी उनके पास, लेकिन एक आइडिया ने उन्हें सफलता का स्वाद चखा दिया। यह आइडिया था गाजियाबाद से मुम्बई पहुंचकर फिल्मों में गीत लिखने का।

आपका सपना क्या है:

कुछ साल पहले 'वंस अपॉन ए टाइम इन मुम्बई' फिल्म आई थी। उसमें हाजी मस्तान के पतन की कहानी थी। उसके भाग-2 में दाऊद के शिखर पर पहुंचने की कहानी है, जो किसी सपने से कम नहीं थी। फिल्म के एक दृश्य में भारत और पाक का क्रिकेट मैच दिखाया गया है, जो शारजाह में हो रहा है। स्टेडियम ठसाठस भरा है, सारे खिलाड़ी अपना स्थान ले चुके हैं और अंपायर की ओर देख रहे हैं कि वह मैच शुरू कराए।

दर्शक और खिलाड़ी बेचैन हैं। कुछ समय बाद दाऊद अपने कक्ष में आता है और अंपायर को हाथ उठाकर मैच शुरू करने का संकेत देता है। वह बादशाह की तरह रुतबा रखता है। उसके साथ एक भारतीय अभिनेत्री है, जिसकी पहली फिल्म सुपरहिट हुई थी। मैच शुरू होने के बाद पहली गेंद पर भारतीय बैट्समैन

एक छक्का मारता है। भारतीय अभिनेत्री ताली बजाती है। दाऊद कहता है कि दूसरी गेंद पर भी ताली बजा लेना, क्योंकि तीसरी गेंद पर यह आउट हो जाएगा।

फिर वैसा ही होता है। क्योंकि दौलत कमाना अधिकतर खिलाड़ियों का सपना होता है और उनके सपने को साकार करता है दाऊद। सपने में ताकत है, इसलिए गरीबी में पला खिलाड़ी आसानी से दाऊद का गुलाम बन जाता है। एक मैच जीतने के बाद 30,000 के गॉगल्स पहनता है, 15,000 की जिंस पहनता है और एक लाख की घड़ी पहनता है।

एक बेडरूम के फ्लैट में रहने वाला अचानक फैशनेबल हो जाता है और सपनों की उस दुनिया में खो जाता है, जहां दौलत है, शोहरत है, शराब है, शबाब है, प्रसिद्धि है, ऐश्वर्य है। मध्यम वर्ग के गरीब खिलाड़ी के बहकने और भटकने के लिए बाजार और विज्ञापन ने कई तिलस्मी आकर्षण रचे हैं, जिसकी वजह से सफल होते ही पंख लग जाते हैं और वह अपनी जमीन छोड़कर उड़ने लगता है। श्रीसंत इसका ताजा उदाहरण है।

इसलिए मन को एकाग्र करें और सोचें कि आपका सपना क्या है? क्योंकि आप दो दुनियाओं में जीते हैं। एक तब, जब आप जागते हैं और दूसरा तब, जब आप सोते हैं। सपनों की दुनिया बहुत मायावी है। हजारों सालों से लगातार सपनों पर शोध चल रहा है, लेकिन वैज्ञानिक कोई हल निकालने में कामयाब नहीं हुए।

अमेरिका में रहने वाली मिस डोरोथी को एक सपना बार-बार आता था कि उन्होंने भगवा कपड़े पहन रखे हैं, बराबर पहाड़ों पर चढ़ रही हैं, बर्फ पर आसानी से चल रही हैं, पहाड़ से नीचे हजारों लोग बांहे फैलाए उनकी जय-जयकार कर रहे हैं। मिस डोरोथी की समझ में कुछ नहीं आ रहा था।

वह यह भी देखती थीं कि उनके साथ एक भव्य तेजस्वी संन्यासी भगवे कपड़े पहने पथ प्रदर्शक का काम कर रहा है। डोरोथी विलासितापूर्ण जीवन जीती थीं। पिता करोड़पति थे। उन्होंने जब अपने पिता को बार-बार आने वाले इस सपने के बारे में बताया, तो वह भी कुछ नहीं समझ पाए। लेकिन जब ये सपना आना नहीं रुका, तो वे भारत आ पहुंचीं।

उन्होंने छह महीने तक भारत के तीर्थस्थलों की यात्राएं की, पर उन्हें उस संन्यासी के दर्शन नहीं हुए। वह बराबर उस संन्यासी को ढूंढती रहीं। 1983 में उन्होंने एक साधना शिविर में हिस्सा लेने का फैसला किया। वहां देखा कि जो संन्यासी बराबर उनके सपने में आ रहा था, वो तो सामने खड़ा है। वही चेहरा, वही मुस्कराहट और वही चलने का ढंग। वह उनके पैरों पर गिर पड़ीं।

बाद में डोरोथी ने उस संन्यासी के साथ हिमाचल में विभिन्न स्थानों की यात्रा की। उन्हें ऐसा लगा कि इन सारी जगहों को तो वह पहले भी देख चुकी हैं।

आज वही पाश्चात्य जगत की साधिका डोरोथी कहलाती हैं। उन्हें दीन-दुखियों

की सेवा करने के बदले मैग्सेसे पुरस्कार भी मिल चुका है।

दूसरा उदाहरण है फ्रांस के दार्शनिक डी.मार्गिस, जिनकी आदत थी कि वो बराबर काम में जुटे रहते थे। काम करते हुए गणित के किसी समीकरण या विज्ञान की समस्या का समाधान नहीं मिलता था, तो वे वहीं सो जाते थे। तब सपने में उन्हें उन समस्याओं का हल मिल जाता था।

भारत के महान गणितज्ञ श्रीनिवास रामानुजन को भी सपने ने ही राह दिखाई थी। एक बार वे पाई के फॉर्मूले पर उलझ गए, उन्हें समझ में नहीं आ रहा था कि इस समीकरण को कैसे हल करें। रात में जब वह गहरी नींद में थे, तभी सपने में उन्हें हिन्दू देवी नामक्कल के दर्शन हुए। बहते खून की लाल रंग की स्क्रीन दिखी। एक हाथ उभरा, जिसने स्क्रीन पर लिखना शुरू किया।

ये तो वही समीकरण था, जिसमें वो उलझे हुए थे। देखते-ही-देखते हाथ ने जवाब भी निकालकर दिखा दिया। रामानुजन नींद में भी उसे समझते जा रहे थे। वो तुरन्त उठे। कागज पर उतारा। इस तरह उन्होंने गणित को नई दिशा दी।

ऐसा ही एक और उदाहरण है जर्मन के मनोवैज्ञानिक 'ऑटो लोवेई' का, जिन्होंने 1936 में नोबेल पुरस्कार भी जीता था। जब वे लोवेई नसों में केमिकल ट्रांसमिशन पर काम कर रहे थे, तब उनके दिमाग में आइडिया आया कि नसों में तीव्र ब्लड का संचार होता है। लेकिन वे समझ नहीं पाए कि इसको साबित कैसे करें। बहुत कोशिश की, बात नहीं बनी। निराश होकर उन्होंने विषय को छोड़ ही दिया।

लेकिन 17 साल बाद उन्हें सपने में इसका समाधान दिखा। फिर उन्होंने सपने में बताए तरीके से न केवल उसका सफल प्रयोग किया, बल्कि चिकित्सा जगत में क्रान्ति भी ला दी।

इसलिए माना जाता है कि सपनों में आप जो कुछ भी देखते हैं, उसका कुछ न कुछ मतलब जरूर होता है। जब से दुनिया बनी, सृष्टि का आरम्भ हुआ था, तब से सपनों का संसार भी ईश्वर ने रच दिया था।

एक पुरानी कहानी है, किसी गांव में एक गरीब किसान रहता था। वह खेती से आजीविका कमाने की कोशिश करता था, लेकिन इतना नहीं कमा पाता था कि अच्छा घर, महंगी चीजें या सुंदर वस्त्र ले सके। इसलिए वह इतने फटे-पुराने कपड़े पहनता था कि आस-पास के कुछ पड़ोसी उसका मजाक उड़ाते थे। फिर भी जो कुछ उसके पास था, उससे संतुष्ट था। क्योंकि वह प्रभु का बड़ा भक्त था और अपना खाली समय उन्हीं के ध्यान और प्रार्थना में लगाता था।

एक दिन किसान के कुछ दोस्तों ने उसे सलाह दी कि वह प्रभु की प्रार्थना में समय बर्बाद करने की बजाय, अपने लिए कुछ करे। तब उसके मन में शक का बीज उगने लगा और सोचने लगा कि यदि मैं धनवान हो जाऊं, तो हो सकता है कि मैं और ज्यादा खुश रहने लगूं। एक रात उसे सपना आया कि वह निकट के

शहर जाए, क्योंकि वहां स्टेशन के निकट पुरानी नवाबों की हवेली के बाथरूम में बहुत बड़ा खजाना गड़ा हुआ है।

किसान ने अगले दिन सपने की बात अपने दोस्तों को बताई। दोस्तों ने उसे प्रोत्साहित किया और फावड़ा लेकर साथ चल पड़े। शहर पहुंचकर पहले उन्होंने नवाबों की हवेली ढूंढी, फिर अंदर प्रवेश किया। जब बाथरुम में पहुंचे तो सच में उन्हें एक बक्से के अंदर ढेर सारा खजाना मिला। इसमें हीरे थे, जवाहरात थे, सोना था और बहुत सारे नोटों के बंडल तह में लगे हुए थे।

सपने ने बना दिया वैज्ञानिकः

रॉन एलम वर्षों से एक सपना देखते थे और वह सपना था मारियाना ट्रेंच में गोते लगाने का। वही मारियाना ट्रेंच, जो विश्व के महासागरों की सबसे गहरी गर्त है। लगभग 2,550 किमी लंबी और 69 किमी चौड़ी।

समुद्र की तहों में गहराई तक जाने के सपने को साकार करने के लिए पहले रॉन एलम ने सात साल तक शोध किया, फिर एक ऐसे यंत्र का निर्माण कर डाला, जो लहरों के बड़े-से-बड़े जोखिम उठा सकता है। उसका नाम है 'डीप सी चैलेंजर'।

यह एक रिमोट व्हीकल है, जो गहरे पानी के अंदर के दृश्यों को फिल्माने में भी सक्षम है। समुद्री बहाव के गहरे दबाव को चीरते हुए ये जितनी तेजी से नीचे जाता है, उतनी ही तेजी से ऊपर भी आ जाता है।

टेस्ट ड्राइव के लिए मारियाना ट्रेंच की गहराइयों में उतरने के बाद रॉन एलम ने कहा, 'मेरे लिए ये सफर कितना हैरतंगेज और जादुई रहा, यह मैं बता नहीं सकता। पानी की उफनती लहरों को चीरते हुए मैं किसी रॉकेट की तरह भीतर जा रहा था।'

अब लेखन, निर्देशन और स्पेशल इफेक्ट के लिए कई पुरस्कार जीत चुके जेम्स कैमेरॉन उस दुनिया के लिए मिसाल बने हुए हैं, जो सपने देखने से घबराती है। जबकि फैंटेसी और जादुई परिवेश में ले जाने वाले कैमेरॉन किसी जमाने में ट्रक ड्राइवर थे। लेकिन 'स्टार वार्स' नाम की फिल्म देखने के बाद ड्राइवर के पेशे को अलविदा कहकर कुछ अलग करने का सपना लिए फिल्मी दुनिया में आ आए।

वहां उन्होंने सिडफील्ड की पुस्तक 'स्क्रीनप्ले' पढ़ी, फिर कैमेरॉन को विश्वास हो गया कि कला और विज्ञान को मिलाकर मैं कुछ अनोखा कर सकता हूं। उसके बाद एक ड्राइवर की फिल्म निर्देशक बनने की यात्रा शुरू हुई।

क्यों आते हैं सपनेः

पुराने जमाने में लोग मानते थे कि सपने ईश्वरीय संदेश होते हैं। इसलिए सोते समय आपका एक अलग दुनिया से संपर्क होता है और सपनों के माध्यम

से ईश्वर आपको बहुत-सी बातों से रू-ब-रू करते हैं। यूनान के प्रसिद्ध दार्शनिक हिप्पोक्रेट्स थे और मानते थे कि सोते समय आत्मा शरीर से अलग होकर विचरण करती है। ऐसे में जो देखती है, सुनती है, उसे सपने में ढ़ाल देती है।

भारतीय दर्शनशास्त्र में भी कुछ ऐसा ही माना गया है। क्योंकि भूत, वर्तमान और भविष्य का सूक्ष्म आकार हर समय पूरे वायुमंडल में विद्यमान रहता है। जब व्यक्ति निद्रावस्था में होता है, तो सूक्ष्म शरीर के जरिए अपने भूत और भविष्य से संपर्क स्थापित कर लेता है। यही संपर्क सपने का कारण बनता है। हिन्दू धर्मशास्त्र अथर्ववेद, योगसूत्र, पुराण और उपनिषद में सपने का आध्यात्मिक विश्लेषण मिलता है, जो कहता है कि सपने की क्रिया आत्मा से जुड़ी है और आत्मा ईश्वर का रूप है। इसलिए इंसान सपनों की दुनिया में खो जाता है। मनोवैज्ञानिकों का मानना है कि हर सपना कुछ कहता है। जरूरत इस बात की है कि सपने को कैसे समझा जाए:-

सुहाने सपने:

जब आप परेशान हों, थके हों या जीवन से निराश हों, तब दिखते हैं कुछ ऐसे सपने, जो मन को सुकून देते हैं। आप फिर से तरोताजा महसूस करने लगते हैं। उन सपनों में कुछ ऐसा दिखता है, जो आपकी दिक्कतों को खत्म कर देता है। मन की पहेलियों को सुलझा देता है और जीवन में फिर से सुहाना मौसम लौट आता है।

आस्था के सपने:

ईश्वर है कि नहीं, पता नहीं। कुछ लोगों को ईश्वर ने सपने में दर्शन दिए हैं। उन्होंने सपने में अपने आराध्य को देखा है, उनके निर्देशों को सुना है और महत्त्वपूर्ण सूत्रों को जाना है। यह इतिहास की एक आम घटना रही है।

मुश्किलों को सुलझाते सपने:

जब काम करते-करते आप थक जाएं, या कहीं उलझ जाएं या बहुत परेशान हों या काम में आ रही मुश्किलों का हल न मिल रहा हो, तब सोने के बाद सपने में कुछ ऐसे सूत्र मिल जाते हैं, जिनसे आपकी मुश्किलें सुलझ जाती हैं।

प्रतिपूरक सपने:

जीवन में बहुत सारी इच्छाएं पूरी नहीं हो पाती, उन इच्छाओं को लोग सपने में पूरा करते हैं। इसलिए प्रतिपूरक सपने में आप वही चीज देखते हैं, जो असल में कर नहीं पाते। जैसे कि आप कुछ अच्छा खाना चाहते हैं और वह चीज खाने को नहीं मिलती, तब सपने में वह आपको खाने के लिए मिल जाती है।

बार-बार आने वाले सपने:

कुछ सपने बार-बार आते हैं, जैसे कोई फिल्म है और उसे हर बार रिप्ले किया जा रहा हो। मनोवैज्ञानिकों की मानें, तो बार-बार दिखने वाले सपने आपको असली जीवन के बारे में कुछ इशारा करते हैं, जिन्हें आपकी चेतना नजरअंदाज कर रही होती है।

इसलिए उपनिषदों में तीन अवस्थाओं के बारे में बताया है। जागृति, स्वप्न और सुषुप्ति। मंडूक्य उपनिषद में इन्हें विश्व, चेतस और प्रज्ञा कहा गया है। चौथी स्थिति है तुरीय, लेकिन वह चौथी अवस्था नहीं है, बल्कि वह तीनों अवस्थाओं का निचोड़ है।

सिने मर्मज्ञ मणि कौल ने अपनी पुस्तक 'अभेद आकाश' में इन तीन अवस्थाओं को सिनेमाई अंदाज में विस्तार से समझाया है और लिखा है, 'शॉट ट्रेकिंग तो जागृत अवस्था के आधार पर होती है। लेकिन जब हम मोंटाज पर काम कर रहे होते हैं या संपादन कर रहे होते हैं, तब ऐसा लगता है जैसे हम कोई सपना बना रहे हों। वे सपने समय और स्पेस को इस तरह जोड़ते हैं कि शूटिंग के दौरान टेक का सम्बंध खत्म हो जाता है।'

हेनरी मतीस के बारे में कहा जाता है कि वे सपने में ही सबकुछ देख लेते थे। हिचकॉक की फिल्म 'स्पेलबाउंड' में इसे विस्तार से समझाया गया है। ग्रेगरी पैक और इंग्रिड बर्गमैन आलिंगन करते हैं और पृष्ठभूमि में एक के बाद एक अनेक दरवाजे खुलते चले जाते हैं। फिर 'हिचकॉक' का वह दृश्य आपको कई परतों के भीतर ले जाता है। क्योंकि हीरो को याद आती है जिम मॉरिसन के गीत की वो पंक्तियां, जो अज्ञात हैं और उनके बीच कई दरवाजे हैं।

हकीकत में भी ऐसा ही होता है। जब आप सोए हुए होते हैं, तब सपने आपको समस्याओं की ओर फोकस करते हैं। क्योंकि आपके सपनों की शुरुआत दिमाग के सबसे सक्रिय क्षेत्र में होती है, जो आपके भावनात्मक व्यवहार, एमिग्डेला, हिप्पोकैंपस और एंटीरीअर सिंगुलेट कॉर्टेक्स को नियंत्रित करती है।

हर सपना कुछ कहता है:

एल्केमिस्ट की ताकत थी, उसका सपना, जो उसे अनजान जगह पर ले जाता है। वहां उसे वही लड़की मिलती है, जिसको वह सपने में देखता था। इसलिए अपनी जिंदगी को खूबसूरत बनाने के लिए अपना एल्केमिस्ट खुद बनना होगा और पकड़ने होंगे वो सूत्र, जिनके निशान आपके उन सपनों में छुपे हैं, जिन्हें आपने देखा है। उन सूत्रों के जरिए निशान लगाते हुए आगे बढ़ें और नए जीवन की शुरुआत करें।

2010 में अमेरिकी फिल्म 'इंसेप्शन' में भी यही दिखाया है। फिल्म की

कहानी उस दुनिया में ले जाती है, जहां मानव मस्तिष्क कुछ नया सोच रहा होता है। वैसे तो फिल्म काल्पनिक विज्ञान कथा पर आधारित थी, लेकिन वह सपनों की उन शक्तियों की बात करती है, जो इंसान और विज्ञान के लिए आज भी एक गुत्थी बने हुए हैं।

इसलिए यह मानकर चलें कि सपने अपने में पूर्ण विज्ञान हैं, जिसे समझने के प्रयास जारी हैं। पश्चिमी देशों में सपनों पर सैकड़ों पुस्तकें लिखी जा चुकी हैं। मैंने भी सपनों पर आधारित पुस्तक 'बुलंद हौसलों से सपने सच करें' लिखी थी। लेकिन विज्ञान इसे मानसिक हलचलों से जोड़कर देखता है। उसका मानना है कि मस्तिष्क के आसपास 24 करोड़ रक्त वाहिनियों और शिराओं की मोटी पट्‌टी है, जो मानव चेतन और अचेतन मस्तिष्क में अदृश्य बिंबों को सुरक्षित रखती है।

मैंने अपनी पुस्तक में तथ्यों से प्रमाणित किया है कि व्यक्ति सपनों के माध्यम से जीवन में पूर्णता प्राप्त करता है। सपनों की प्रक्रिया, संरचना, रहस्य और कारणों पर प्रकाश डालने पर पता चलता है कि मनुष्य जब आर.ई.एम. यानी रैपिड आई मूवमेंट की स्थिति में होते हैं, तो उन्हें ज्यादा सपने आते हैं। ये नींद आमतौर पर रात्रि के आखिरी प्रहर की नींद मानी जाती है। इस स्थिति में आपकी आंखें बंद होती हैं, शरीर एकदम शांत होता है, लेकिन आपकी आंखें बंद पलकों के पीछे ज्यादा सक्रिय होती हैं और तेजी से घूमती हैं। इस दौरान मस्तिष्क भी ज्यादा क्रियाशील होता है।

क्योंकि नींद की अवस्था हर 90-120 मिनट के बाद आती है, कई बार रात में ये क्रम चार से छह या सात बार चलता है। आर.ई.एम. स्थिति में आप 10-15 मिनट तक सपने देखते हैं। माना जाता है कि इसी दौरान मस्तिष्क निम्न स्थिति से उच्च स्थिति में यात्रा करना शुरू करता है, जिससे वो करोड़ों ब्रेन कोशिकाएं सक्रिय हो जाती हैं। जो दृश्य, ध्वनि और संवेदनों को साकार करती हैं। तब आपका दिमाग अजीबोगरीब और असंबद्ध इमेज को मिलाने लगता है और उससे जो रूप निकलता है, उसे सपना कहा जाता है।

इसलिए यह मानकर चलें कि आपका दिमाग बिलकुल कंप्यूटर की तरह है। जिस तरह कम्प्यूटर बंद होने के बाद भी उसमें अंदर काम चलता रहता है, उसी तरह नींद में आने के बाद मस्तिष्क के कलाटर्स की सफाई भी शुरू हो जाती है। इसे आप ऑपरेशन क्लीनअप भी कह सकते हैं, जिसकी वजह से आपको सपने दिखाई देते हैं। वे सपने आपको ऊर्जा देते हैं, उत्साहित करते हैं और आपकी क्रिएटिविटी को भी बढ़ाते हैं।

मन को पूरी तरह से एकाग्र करें:

एक धनी सेठ गन्नौर स्थित 'गुप्तिधाम तीर्थ केंद्र' गया और गुप्तिसागर के पास जाकर बोला, 'महाराज, मैं आत्मज्ञान प्राप्त करने के लिए साधना करता हूं,

परन्तु मेरा मन एकाग्र ही नहीं हो पाता। आप मुझे मन को एकाग्र करने का कोई मंत्र बताएं।'

सेठ की बात सुनकर गुप्तिसागर बोले, 'मैं कल तुम्हारे घर आऊंगा और वहां पर तुम्हें एकाग्रता का मंत्र दूंगा।'

सेठ बहुत खुश हुआ। उसने इसे अपना सौभाग्य समझा कि इतने बड़े जैन संत उसके घर पधारेंगे। उसने अपनी हवेली की सफाई करवाई और गुप्तिसागर के लिए स्वादिष्ट पकवान बनवाए। अगले दिन नियत समय पर गुप्तिसागर उसकी हवेली पर पधारे। सेठ ने उनका खूब स्वागत-सत्कार किया।

सेठ की पत्नी ने मेवों व शुद्ध घी से स्वादिष्ट हलवा तैयार किया। चांदी के बर्तन में हलवा सजाकर जब गुप्तिसागर को दिया गया, तो गुप्तिसागर ने फौरन अपना कमंडल आगे कर दिया और बोले, 'यह हलवा इस कमंडल में डाल दो।'

सेठ ने देखा कि कमंडल में पहले ही पानी भरा हुआ है। वह दुविधा में पड़ गया। उसने संकोच के साथ कहा, 'महाराज, यह हलवा मैं इसमें कैसे डाल सकता हूं। कमंडल में तो पानी भरा हुआ है। इसमें हलवा डालने पर भला वह खाने योग्य कहां रह जाएगा, वह भी इस पानी के साथ मिलकर दूषित हो जाएगा।'

गुप्तिसागर मुस्कराते हुए बोले, 'तुम ठीक कहते हो। जिस तरह कमंडल में पानी भरा है, उसी तरह तुम्हारे दिमाग में भी बहुत-सी ऐसी चीजें भरी हैं, जो आत्मज्ञान के मार्ग में बाधक हैं। सबसे पहले एकाग्रता विकसित करो, तभी तो आत्मज्ञान के योग्य बन पाओगे।'

अमेरिकी लेखिका सूजन पैरी की पुस्तक 'राइटिंग इन फ्लोकीज टू इंहैस्ड क्रिएटिविटी' में भी यही लिखा है, 'क्रिएटिविटी बढ़ाने के लिए एकाग्रता जरूरी है। यदि आपको कोई काम करते समय एकांत मिलता है, तो आप 100 फीसदी परिणाम प्राप्त कर सकते हैं।'

जिसे आप अकेलापन यानी लोनलीनेस कहते हैं, उसके भी दो रूप होते हैं। पॉजिटिव और निगेटिव। यदि आप पॉजिटिव रहते हैं, तो आपको खुद से साक्षात्कार करने का अवसर मिलता है। सोच प्रबल हो जाती है और आप किसी भी विषय पर गहराई से सोचने में सक्षम हो जाते हैं। अकेले में आपके दिमाग में नए-नए आइडिया आते हैं। कभी-कभी तो ये आइडिया आपकी जिंदगी को भी बदलने का माद्दा रखते हैं।

अमेरिका के फिल नाइट को स्पोर्ट्स में दिलचस्पी थी, जबकि उनके पिता विलियम अखबार निकालते थे। वे उनके पास काम मांगने गए, लेकिन उन्होंने मना कर दिया। फिर वे दूसरे अखबार में स्पोर्ट्स रिपोर्टर बन गए। स्टैनफोर्ड पत्रिका में एक लेख देखकर उन्हें लगा कि वे कुछ अलग कर सकते हैं और व्यवसायी बन सकते हैं।

उन्होंने अकेले बैठकर कुछ देर तक सोचा, फिर एक आइडिया दिमाग में आया। जिससे उन्हें स्पोर्ट्स शूज की बढ़िया डिजाइनिंग करने का अवसर मिला। पहले उन्होंने सैंपल के लिए जूते तैयार कराए और बिजनेसमैन बिल बॉवरमैन को भेज दिए। बॉवरमैन उनके जूतों से इतने प्रभावित हुए कि उन्हें अपनी कम्पनी में पार्टनर बनने का न्यौता दे डाला। बाद में दोनों ने मिलकर 'नाइकी' कम्पनी की स्थापना की।

हॉलीवुड अभिनेत्री 'एंजेलीना जॉली' एक बार फ्लू से पीड़ित हो गईं। उस समय वे फ्रांस में थीं। दो दिन तक उन्हें अपने बच्चों से भी मिलने की इजाजत नहीं थी। वे अपने आपको बिलकुल अलग-थलग महसूस कर रही थीं। टीवी देखना या पढ़ना भी उन्होंने बिलकुल छोड़ दिया था। उन्होंने कुछ लिखने का मन बनाया और अपने आपको एक कमरे में कैद कर लिया। फिर दो दिन में उन्होंने बोस्निया-सर्बिया युद्ध पर आधारित 'लैंड ऑफ ब्लड एंड हनी' फिल्म की स्क्रिप्ट तैयार कर दी।

मुम्बई में रहने वाली इंटीरियर डेकोरेटर मिली मल्होत्रा बताती हैं, 'पहले मैं शहर के एक जाने-माने इंटीरियर डेकोरेटर के साथ काम करती थी। जब भी मैं उन्हें ग्राहक से डील करते हुए देखती, तो लगता था कि मैं उनसे बेहतर तरीके से काम को अंजाम दे सकती हूं। फिर मैंने नौकरी छोड़ दी और खुद को दो दिन तक लगातार एक कमरे में कैद कर लिया। आपको आश्चर्य होगा कि मैंने दो दिनों में व्यवसाय की पूरी योजना बना ली। आज मैं उसी काम को कर रही हूं और कामयाब हूं।'

प्रसिद्ध अमेरिकी लेखक मार्क ट्वेन ने घर के एक कोने में अपनी स्टडी टेबल लगाई थी, ताकि वे पूरे एकाग्रचित होकर अपना लेखन कार्य कर सकें। वहीं बैठकर उन्होंने 'द एडवेंचर ऑफ सॉयर' जैसा कालजयी उपन्यास लिखा। लियोनार्दो द विंची ने भी एकांत में ही 'मोनालिसा' नामक मशहूर पेंटिंग बनाई थी।

कथाकार मधु कांकरिया को जब भी कुछ लिखना होता है, वे एक कमरे में खुद को बंद कर लेती हैं। उनका मानना है, 'रचनात्मक लोगों के लिए अकेलापन ईश्वरीय वरदान है।'

सृजन के लिए खुद को बदल दें:

आधुनिक मनोविज्ञान में एकाग्रता की इस स्थिति को 'स्व' के पार जाना कहते हैं। 'स्व के परे' अर्थात् 'फ्लो स्टेट' की स्थिति जीवन के सभी क्षेत्रों में सृजनात्मकता के लिए जरूरी है। चाहे यह सृजनात्मकता माटी को नया आकार देने वाले कुम्हार की हो या फिर पिकासो जैसे किसी महान चित्रकार की। संगीत हो, लेखन हो, चित्रकला हो, नृत्य हो या भाषण देना हो। दुनिया का कोई भी काम, जिसमें कल्पना भाव और एकाग्रता का समावेश होगा, बिना 'फ्लो स्टेट'

की स्थिति के पूरा नहीं हो सकता।

इसलिए किसी भी क्रिया को करने वाले कर्त्ता के जीवन में एक पल जरूर ऐसा आता है, जब वह अपने 'स्व' को पूरी तरह भूल जाता है। अपने शरीर की अवस्था का उसे होश नहीं रहता। सारा ध्यान और शक्ति काम पर केंद्रित हो जाती है। यहां तक कि व्यक्ति उस काम के परिणाम को लेकर भी चिंता नहीं करता, क्योंकि सफलता, असफलता की चिंता काम पर लगे ध्यान को बांट देती है।

बैले की महान प्रतिभा 'निजिंस्की' ऐसे ही कलाकार थे। बैले नृत्य करते हुए उनका 'स्व' पूरी तरह से तिरोहित हो जाता था। उन पलों में केवल और केवल नृत्य बचता था। वे पल शीर्ष पल होते थे। इसलिए उनके नृत्य में एक विशेष सौंदर्य और गरिमा का भाव दिखाई देता है। इस अनुभव को शब्दों में बयां नहीं किया जा सकता, सिर्फ महसूस किया जा सकता है।

यह स्वानुभूति है, जिसे आप किसी व्यक्ति के साथ नहीं बांट सकते। क्योंकि 'स्व' के पार जाना ही शिखर को छूना है।

विज्ञापन गुरु अलेक पद्मसी ने एक इंटरव्यू में कहा था, 'मैंने एक साबुन के विज्ञापन के लिए झरने के नीचे नहाती नवयुवती का बिंब एक खास सोच के साथ गढ़ा था। मुझे लगा कि दिनभर अपने कामों में उलझी रहने वाली किसी घरेलू या कामकाजी महिला के पास अपने बारे में सोचने और कल्पनाओं को साकार करने के लिए सिर्फ आधे घंटे का वक्त ही होता है, जब वह अपने बाथरूम में नहा रही होती है।'

वह विज्ञापन खूब चर्चा में रहा और उससे उत्पाद की बिक्री भी बढ़ी, लेकिन मेरे मन को जो बात छू गई, वह थी स्त्री मन को लेकर पद्मसी की समझ।

प्रसिद्ध मनोवैज्ञानिक डैनियल गोलमैन ने इस स्थिति के विषय में अपनी पुस्तक 'इमोशनल इंटेलिजेंस' में विस्तार से चर्चा की है। शिकागो यूनिवर्सिटी के मनोवैज्ञानिक चिक्जेंटमिहाई ने भी ऐसे लोगों पर शोध किया, जो अपने जीवन में अनगिनत सर्वोत्तम कार्य कर चुके हैं। उनके अनुसार ऐसे लोग काम में इतना डूब जाते हैं कि उनका बाहरी दुनिया से कोई सम्बन्ध नहीं रहता।

ये सब तथ्य इस बात की ओर इशारा करते हैं कि 'स्व के परे' जाए बिना किसी काम को बेहतर और सृजनात्मक तरीके से नहीं किया जा सकता। इसलिए अपनी ऊर्जा को एकाग्र करें और सोचें कि मेरा सपना क्या है? जब यह सोच लेंगे, तब आपका सपना उड़ने वाली मशीन में बदल जाएगा। कहावत है, 'जीत तब होती है, जब आप जीतने की सोचते हैं।'

दूसरे शब्दों में कहें, तो एकाग्रता सफलता का मंत्र है। आपको लगता होगा कि रामायण और महाभारत के पात्रों में दिव्य शक्ति विद्यमान थी, लेकिन ऐसा कुछ भी नहीं था। वे सब लोग ऊर्जा को एकाग्र करने में माहिर थे। इसलिए सीता

का अपहरण करने वाला रावण लक्ष्मणरेखा को लांघ नहीं पाया था। सती अनुसूया ने ब्रह्मा, विष्णु और महेश को बच्चे के रूप में परिवर्तित कर दिया था। धर्मराज युधिष्ठिर सशरीर स्वर्गलोक पहुंच गए थे।

आपको भी इस सिद्धांत का उपयोग करना है और सफलता के शिखर पर पहुंचना है। इसके लिए पहले आपको संकल्प लेना पड़ेगा और किसी भी काम में सफलता हासिल करने के लिए संकल्प लेना जरूरी है। अदनान सामी ने संकल्प लिया था कि मुझे अपना मोटापा घटाना है, वजन कम करना है। उन्होंने अपने संकल्प को ध्यान में रखते हुए मेहनत करनी शुरू की। फिर चमत्कार हुआ और उनका वजन 230 किलो से घटकर 85 किलो पर पहुंच गया। उनका सपना था दुनिया को अपनी आवाज के जादू से मंत्रमुग्ध करने का। अब उनका वह सपना भी पूरा हो गया। आज लोग उन्हें एक प्रतिभावान और सफल व्यक्ति के रूप में जानते हैं।

अजीत बालकृष्णन का सपना था एक नई ई-मेल सेवा शुरू करने का, लेकिन कम्पनी खड़ी करने के लिए बेंचर कैपिटल फंड नहीं मिल रहा था। उसके बाद वे व्यापारिक यात्रा पर लंदन, हैमबर्ग, न्यूयॉर्क, बोस्टन और सैन फ्रांसिस्को गए। वहां उन्होंने न्यूयॉर्क के स्टॉक एक्सचेंज 'नैस्डेक' में अपनी कम्पनी को लिस्ट करा लिया और 'रेडिफ मेल' शुरू कर दी।

उनकी पुस्तक 'द वेव राइडर' बताती है कि कैसे उन्होंने मुश्किलों का सामना किया और किस तरह अपने सपने को पूरा किया। अब वे इंटरनेट पर सिर्फ ई-मेल की सुविधा ही नहीं देते, बल्कि बैंकिंग, बिल पेमेंट, टिकट बुकिंग की सेवा भी देते हैं।

सपनों से भरी अमेरिका की उड़ानः

बात 1984 की है, कोलकाता यूनिवर्सिटी में पढ़ने वाली मारवाड़ी परिवार की एक लड़की का सपना था कि उसे नोबेल पुरस्कार मिले। मगर परिवार ने उसके लिए कुछ और ही तय कर रखा था। घरवालों ने उसे बताया कि उसकी शादी तय कर दी गई है। उसने विरोध किया, कड़ा विरोध, परन्तु सब बेकार। उसकी सारी मिन्नतें अनसुनी हो गईं।

फिर एक दिन वह लड़की घर से भाग गई। वह नाबालिग थी और अकेली भी। उसके साथ कोई नहीं था, साथ था तो बस बुलंद हौसला और ऊंची उड़ान भरने की मजबूत ख्वाहिश। इसी जज्बे के साथ उसने कोलकाता से अमेरिका के लिए उड़ान भरी। अब वह दुनिया के शीर्ष उद्यमियों में शुमार हैं। वह अरबपति हैं और कई कम्पनियों की मालकिन है। उनका नाम है चंदा झावेरी। उन्हें एंटी एजिंग स्किन केयर व कैंसर केयर ट्रीटमेंट में विशेषज्ञता हासिल है। परन्तु शुरुआत काफी दिलचस्प थी। चंदा बताती हैं, 'एक बार मैं बीमार पड़ गई थी, मेरी त्वचा पीली

पड़ गई थी। मैंने त्वचा निखारने के लिए एक लेप बनाया। अपनी पड़ोसन को भी यह लेप दिया। वह त्वचा पर इसके प्रभाव को देखकर बहुत खुश हुई। फिर मैं स्किन केयर उत्पाद बनाने लगी।'

उसके बाद 1994 में चंदा ने अपना बिजनेस शुरू करने का फैसला किया। उनका पहला उत्पाद 'बीटू एक्टीजेन' ने बाजार में कमाल कर दिया। लोगों ने उनके स्किन केयर उत्पाद को हाथों हाथ लिया। आज चंदा दुनिया की शीर्ष मॉलीक्यूलर बायोलॉजिस्ट हैं। वह 'एक्टीऑजेन' और 'हीलिक्स' जैसी कम्पनियों की संस्थापक और मालकिन हैं, जिनका टर्नओवर 2 हजार करोड़ डॉलर है।

दूसरा किस्सा हबीब अहमद का है, जिन्होंने फुटबॉलर बनने का सपना देखा था, लेकिन बने हेयर ड्रेसर। उत्तर प्रदेश के मुजफ्फरनगर के रहने वाले हबीब अहमद के पिता नजीर अहमद आखिरी वायसराय जनरल लार्ड माउंटबेटन, पूर्व राष्ट्रपति राजेंद्र प्रसाद और पूर्व प्रधानमंत्री पंडित जवाहरलाल नेहरु के हज्जाम थे, इसलिए उनका राष्ट्रपति भवन में ही रहना होता था।

लार्ड माउंटबेटन नजीर अहमद को बहुत मानते थे। इसलिए बंटवारे के बाद उन्होंने हबीब के पिता को पाकिस्तान, हिन्दुस्तान या लंदन में बसने का विकल्प दिया। लेकिन उनके पिता ने हिन्दुस्तान में ही रहने की बात कही। कुछ सालों बाद लार्ड माउंटबेटन जब आखिरी बार भारत आए, तो उन्होंने नजीर से कहा, 'मैं आपके परिवार के लिए कुछ करना चाहता हूं और चाहता हूं कि आपका बेटा हबीब इंग्लैंड में पढ़ाई करे।'

सरकारी पेचीदगियों के कारण हबीब को लंदन पहुंचने में तीन साल लग गए। हबीब बताते हैं, 'लंदन में पढ़ाई के साथ पेट पालने का इंतजाम भी करना पड़ा। 8 घंटे पढ़ाई, 8 घंटे काम और 4 घंटे का सफर मेरा रूटीन बन गया। डेढ़ साल तक मैं सिर्फ 4 घंटे ही सो सका। सपनों का खूबसूरत लंदन अब मेरे लिए मेहनत का नया नाम बन चुका था। पढ़ाई पूरी हो गई तो मैं वहां रुकना चाहता था, लेकिन लार्ड माउंटबेटन ने कहा, 'तुम्हें स्वदेश लौटकर अपने देश की सेवा करनी है।'

उनकी बात हबीब टाल नहीं सका। फिर भारत आकर सबसे पहले उसने दिल्ली के लोदी होटल में 'हबीब्स' नाम से सैलून खोला और पूर्व प्रधानमंत्री इंदिरा गांधी को एक नया हेयरस्टाइल दिया। उसके बाद वैजयंती माला, कत्थक नृत्यांगना सोनल मानसिंह, एपीजे अब्दुल कलाम जैसी बड़ी हस्तियों के बाल काटे। अब उनका सपना 'सैलून हबीब्स' को लंदन, पेरिस, न्यूयॉर्क, जापान, फ्रांस और सिंगापुर तक पहुंचाने का है।

इसलिए अच्छे सपने देखिए और बड़े दायित्वों को निभाने के लिए तैयार हो जाइए। हिन्दुओं में यदि अवतार की परम्परा को जानने की कोशिश करोगे, तो दायित्वों का अर्थ समझ में आ जाएगा। ईश्वर अवतार लेकर लोकहित की जिम्मेदारी

निभाते हैं और सबके सुख-दुःख का ख्याल रखते हैं। वे किसी की उपेक्षा नहीं करते, किसी से भेदभाव नहीं करते, किसी से मुंह नहीं मोड़ते। सबको एक दृष्टि से देखते हैं, सबको बराबर बुद्धि देते हैं, सबको बड़े सपने देखने का मौका देते हैं।

उन्होंने आपको भी मौका दिया है, इसलिए उनका शुक्रिया अदा कीजिए। कहावत है कि शुक्रिया अदा करने से समृद्धि आती है और शिकायत करने से गरीबी। यह किस्मत को बदलने का सबसे शक्तिशाली नियम है, जिसे आपको हमेशा याद रखना होगा। तभी तो बुद्ध ने कहा था, **'जब भी खुशी मिले, तब ईश्वर का शुक्रिया अदा करो।'**

कृष्ण ने कहा था, **'आपको जो भी दिया जाता है, उसे खुशी-खुशी स्वीकार करो और ईश्वर का शुक्रिया अदा करो।'**

मुहम्मद ने कहा था, **'आपको जो भी समृद्धि मिलती है, उसके लिए अल्लाह का शुक्रिया अदा करो। तब समृद्धि जारी रहेगी।'**

गुरु गोविंद सिंह ने कहा था, **'जब भी कोई खुशी का मौका मिले, तब जश्न मनाओ और वाहे गुरु का शुक्रिया अदा करो।'**

लाओत्से ने कहा था, **'हर परिस्थिति में खुश रहो और ईश्वर का शुक्रिया अदा करो।'**

ईसा मसीह ने हर चमत्कार करने से पहले शुक्रिया कहा था। ओशो ने शून्य पर पहुंचने से पहले शुक्रिया कहा था और सुकरात ने जहर का प्याला पीने से पहले थैंक गॉड कहा था। अब आपको शुक्रिया कहने की आदत डालनी है। कहावत है कि बड़ी-से-बड़ी यात्रा की शुरुआत सिर्फ एक कदम से शुरू होती है और सफल जीवन की शुरुआत एक सपने से शुरू होती है।

■■■

चौथा अध्याय

आइडिया बढ़ाएगा आपका आत्मविश्वास

'आप चाहें जितनी कोशिश कर लें, देश की अर्थव्यवस्था को आप कभी भी नियंत्रित नहीं कर पाएंगे, लेकिन आत्मविश्वास पैदा करके अपनी आर्थिक स्थिति में सुधार जरूर कर सकते हैं। जिन्हें आज आप लंबी-लंबी गाड़ियों में घूमते हुए देख रहे हैं, वे सब आत्मविश्वास से लबरेज हैं।'

-अरुण शौरी (लेखक)

भारत की अंतरिक्ष एजेंसी इसरो ने 30 जून, 2014 को एक बड़ा कदम उठाया। उसने अपने रॉकेट पीएसएलवी-सी 23 से एक साथ पांच विदेशी उपग्रह अंतरिक्ष में स्थापित किए। ये पहली बार हुआ है, जब भारतीय प्रक्षेपण यान ने इतने विदेशी उपग्रहों के साथ उड़ान भरी हो। लॉन्चिंग के 20 मिनट के भीतर पहले फ्रांस के उपग्रह 'स्पॉट-7' को कक्षा में स्थापित किया, जो पृथ्वी की निगरानी करेगा। फिर जर्मनी के उपग्रह 'आईसैट' को भेजा, जो समुद्री ट्रैफिक को नियंत्रित करेगा। उसके बाद कनाडा के 'एन.एल.एस.-71' और 'एन.एल.एस-72' को अंतरिक्ष में भेजा। ये दोनों उपग्रह विमान की दिशा और पोजीशन को बेहतर बनाएंगे। अंत में सिंगापुर के 'वेलॉक्स-1' को अंतरिक्ष में छोड़ा गया। यह उपग्रह इमेज सेंसिंग और इंटर-सैटेलाइट संचार प्रणाली को सुधारेगा।

उसके बाद प्रधानमंत्री नरेंद्र मोदी ने वैज्ञानिकों को बधाई दी और कहा कि महाभारत में भगवान कृष्ण ने अर्जुन को अपने उपदेशों से प्रेरित किया, तब उसका आत्मविश्वास जागा। फिर उसने दुश्मनों के छक्के छुड़ा दिए। आत्मविश्वास,

आत्मसम्मान की बुनियाद पर टिका होता है। परन्तु आत्म-सम्मान उसमें हो सकता है, जिसमें सोचने की सामर्थ्य और जीवन की हर चुनौती का सामना करने का साहस हो। तब मजबूत व्यक्तित्व का निर्माण होता है।

कुछ साल पहले सचिन ने मराठी भाषा में 'आत्मविश्वास' नाम की फिल्म बनाई थी। जिसमें डरी हुई गृहणी अपनी सहेली का ताबीज पहनकर आत्मविश्वास के साथ अपने बिखरते हुए परिवार की रक्षा करती है। जब सब ठीक हो जाता है, तब उसकी सहेली कहती है कि वह ताबीज कोई अभिमंत्रित वस्तु नहीं थी और ना ही कोई जादुई शक्ति रखती है, वह तो मैंने फुटपाथ से 40 रुपए में खरीदा था और तुम्हारा खोया विश्वास जगाने के लिए मैंने अभिमंत्रित होने की झूठी कहानी सुनाई थी।

आपकी भावनाएं आपके दिमाग में चल रहे विचारों से अलग नहीं होती। जैसा आप सोचते हैं, वैसा आप महसूस करते हैं। विचार शुष्क होते हैं और भावनाएं रसीली।

असफलता से बाहर निकलें:

कुछ लोग कहते हैं कि हमारा किसी काम में मन नहीं लगता। यह कहना वैसे ही है, जैसे कोई नदी के पास खड़ा होकर कहे कि शीतलता है ही नहीं। यदि शीतलता चाहिए तो नदी में उतरना पड़ेगा। किनारे पर तो उतनी ही ठंडक मिलेगी, जो हवा के साथ बहकर आती है।

साहस के साथ पानी में उतर जाइए, हाथ-पैर मारिए। तैर न पाएं, तो कुछ डुबकियां तो लगा ही लेंगे। इससे सबसे बड़ा फायदा यह होगा कि आपमें आत्मविश्वास पैदा होगा। दिल कहेगा, चलो कुछ देर के लिए ही सही, मैं पानी में उतर सकता हूं और ठंडक पा सकता हूं।

एक पुराना किस्सा है। कन्फ्यूशियस से किसी शिष्य ने पूछा, 'अच्छी सरकार किसे कहते हैं?'

उन्होंने उत्तर दिया, 'जिसके पास पर्याप्त अन्न हो, अस्त्र-शस्त्र हों और जिस पर जनता को विश्वास हो।'

शिष्य ने फिर पूछा, 'मान लीजिए तीनों बातें न मिल सकें?'

कन्फ्यूशियस ने कहा, 'इनमें से अस्त्र-शस्त्र निकाल सकते हैं।'

शिष्य की जिज्ञासा शांत न हुई, उसने फिर प्रश्न किया, 'यदि इन चीजों में से केवल एक ही रखना हो तो?'

कन्फ्यूशियस ने कहा, 'जनता का विश्वास।'

जिस व्यक्ति में आत्मविश्वास की कमी होती है, वह हमेशा हीन भावना से ग्रस्त रहता है और अपने मिशन में फेल हो जाता है। इसलिए यह मानकर चलें

कि आत्मविश्वास एक ऐसी शक्ति है, जिसके द्वारा ऊंचा पर्वत भी एक छोटे टीले की तरह दिखाई देने लगता है।

16 साल की लड़की नंदिता इसकी जीती-जागती मिसाल है। 17 जून, 2013 को जब रुद्रप्रयाग और केदारनाथ में प्राकृतिक आपदा आई थी, तब उसने अपनी जान को दांव पर लगाकर कई लोगों की जान बचाई थी। जबकि वह खुद भी उस आपदा को झेल रही थी, उसके बाद भी उसके साहस, जज्बे और आत्मविश्वास में कमी नहीं आई। छह दिन तक वह पैदल चली, चारों तरफ बिखरी लाशों को देखा, उसके बाद भी दूसरों की मदद के लिए तैयार रही।

मध्य प्रदेश के खरगौन की रहने वाली नंदिता 15 जून को अपने पिता, मां, छोटे भाई और नानी के साथ केदारनाथ पहुंची थी। वहां ऐसी आपदा आई कि पूरा परिवार अलग हो गया। नंदिता एक ग्रुप के साथ रामबाड़ा की तरफ निकली। उसने बताया कि चारों तरफ लाशें पड़ी थीं। एक 5-6 महीने का बच्चा अकेला बिलखता दिखा, तो मैंने उसे पीठ पर बांध लिया। मेरे साथ जो लोग थे, उन्होंने भी तीन बच्चों को बचाया। एक छोटे बच्चे ने भूख-प्यास से दम तोड़ दिया। बाकी तीन बच्चों को हमने पुलिस को सौंप दिया।

एक दम तोड़ती महिला सबसे गुहार लगा रही थी कि कोई मेरे बच्चे को ले जाओ। उसके पति की मृत देह भी वहीं पड़ी थी। मेरे साथ एक महिला ने उसे लेकर अपने बच्चे की तरह पालने का वादा किया। भूखे-प्यासे हम छह दिन तक पैदल चलते रहे, तब जाकर गौरीकुंड पहुंचे। वहां पुलिस के कैंप में मुझे मां, नानी और भाई मिल गए। हम दो दिन कैंप में रहे। मैंने लोगों को पानी पिलाने का जिम्मा संभाला, जो काफी दूर से लाना पड़ता था। वहां कोई महिला पुलिसकर्मी नहीं थी। इसलिए एक अधिकारी ने मुझे यह जिम्मेदारी निभाने को कहा। उन्होंने मुझे पुलिस की ड्रेस भी दी। मैंने दो दिन वह ड्रेस पहनकर महिलाओं को खाना खिलाया और उन्हें संभाला। इसी दौरान कैंप में मेरे पिता भी पहुंच गए और पूरा परिवार मिल गया।

उसके बाद नंदिता ने कहा था, 'मैं गिरती हूं, बहती हूं, मरती हूं और आत्मविश्वास के बल पर पुनः खड़ी हो जाती हूं। मैं दृढ़ हूं, एक बार बद्रीनाथ फिर जाऊंगी और नंदी बैल के कान में कहूंगी कि महादेव की कोई गलती नहीं है। बल्कि बादल इसलिए फटे, क्योंकि लोगों ने प्रकृति के साथ छेड़-छाड़ की थी और विकास करने वाले शीर्ष नेता इस त्रासदी के दोषी हैं। मैं अज्ञानी हूं, लेकिन समर्पित हूं। मेरी आस्था आप में है। रुद्रप्रयाग को चाहे बहा दो, मिटा दो, जड़ से नष्ट कर दो, लेकिन मैं पुनः आऊंगी आपके दर्शन करने। आप मुझे सिर्फ सुरक्षा दो, व्यवस्था दो, शक्ति दो, आत्मविश्वास दो। मैं रस्सियों से बने पुल पर चढ़कर आऊंगी।'

कुछ ऐसा ही जिद्दी नेपोलियन भी था। युद्ध के समय जब उसके सैनिकों ने आल्प्स पर्वत को पार करने में असमर्थता प्रकट की, तब नेपोलियन ने अपने दृढ़ आत्मविश्वास का परिचय देते हुए कहा था, 'असम्भव शब्द मेरे शब्दकोश में नहीं है।' उसके बाद नेपोलियन ने पहाड़ को पार करने का अपना अंतिम निर्णय घोषित किया। इतिहास इस बात का साक्षी है कि उसने अपने उत्साह से दूसरों को प्रेरित किया था।

इसे 'आत्मविश्वास का कमाल' कहा जाता है। तभी तो सुकरात ने कहा था, 'जिसके अंदर आत्मविश्वास नहीं, उसे जीने का अधिकार नहीं।'

मुट्ठी खुलेगी तो चमकेगा हीरा:

सफलता आत्मविश्वास पर टिकी होती है। यह मैं अपने अनुभव से कह रहा हूं। क्योंकि B4U चैनल पर जब मेरा लाइव टेलीकास्ट चल रहा था, तब एक प्रश्नकर्त्ता ने मुझसे पूछा, 'मिस्टर इंजीनियर! क्या आप बता सकते हैं कि 5 नवम्बर, 1556 में हुए पानीपत के दूसरे युद्ध में महायोद्धा हेमचंद्र विक्रमादित्य अकबर की सेना से क्यों हार गए थे, जबकि उनमें आत्मविश्वास कूट-कूट कर भरा हुआ था?'

तब मैंने कहा, 'इसके लिए आपको इतिहास के पन्नों को पीछे पलटना पड़ेगा। तब आपको पता चल जाएगा कि उस तीर की वजह से हारा था, जो अकबर की सेना ने उसकी आंख को निशाना लगाकर मारा था। विक्रमादित्य तिलमिला उठा और गिर पड़ा। इसी बीच अकबर की सेना ने उसे बंदी बना लिया और उसका सिर कलम कर दिया। इसलिए मैं दावे के साथ कह सकता हूं कि उसमें आत्मविश्वास की कमी नहीं थी, बल्कि वह छल-कपट से मारा गया था। यदि उसकी आंख में तीर न लगता, तो भारत का इतिहास आज कुछ और होता।'

अकबर जानता था कि युद्ध में विक्रमादित्य को हराना आसान नहीं है। अचानक उसके दिमाग में एक विचार आया। क्यों न तीर ऐसी जगह मारा जाए, जिससे विक्रमादित्य को दिखाई देना बंद हो जाए। फिर उसने सेनापति को इशारा किया कि तीर आंख में मारना है, जबकि ऐसा करना युद्ध के खिलाफ था। उसके बाद जीत की परिभाषा बदल गई, लेकिन सफलता की परिभाषा आज भी वही है। इसलिए दुनिया में सफल लोग वही कहलाते हैं, जो सिद्धांतों पर चलते हैं। सिद्धांतविहीन लोगों का नाम इतिहास में दर्ज नहीं होता। आत्मविश्वास से लबरेज व्यक्ति का कल उसके आज पर निर्भर करता है और आज उसके कर्म के अनुसार होता है। इसलिए अपने शरीर को किसी भी तरह के कचरे से बर्बाद मत करो।

आपका शरीर 'लाइफ सपोर्ट सिस्टम' से कहीं बड़ा है। यह ऐसा वाहन है, जो नए इरादे पैदा करेगा, सफलता के शिखर पर पहुंचाएगा और दौलत के समुद्र में डुबकियां लगवाएगा। क्योंकि आत्मविश्वास, आत्मा की सत्ता पर विश्वास की

शक्ति है। यह चमत्कार करती है। डॉ. डगलस केनरिक ने अपनी नई पुस्तक 'सेक्स, मर्डर एंड द मीनिंग ऑफ लाइफ' में लिखा है, 'आत्मविश्वास से मस्तिष्क के बंद दरवाजे खुल जाते हैं। उनमें से एक दरवाजा कामयाबी की तरफ जाता है।'

आपका नाम इतिहास के पन्नों पर दर्ज हो सकता है:

'आकाशवाणी' के बारे में तो आप जानते ही होंगे? लेकिन अब नया नाम उभरकर आया है 'मोबाइलवाणी', जो 'आकाशवाणी' से बिलकुल अलग है।

बिजनौर के रमेश पालीवाल ने 09999000099 मोबाइल पर मिस कॉल दिया। उन्हें थोड़ी ही देर में इंटरेक्टिव वॉइस रिस्पॉन्स सिस्टम (आईवीआर) की ओर से कॉल बैक किया गया। रमेश ने बताया कि उन्हें खेतों में खास किस्म की फंगस नजर आई है, इससे निपटने का कोई तरीका नहीं सूझ रहा। थोड़ी ही देर में यह खबर करीब 35,000 लोगों के बीच प्रसारित कर दी गई। जवाब में रमेश को लगभग एक दर्जन सलाह मिले कि उस फंगस से कैसे निपटें।

मोबाइलवाणी में उसके साथ और लोग भी चर्चा में थे। इस आइडिया को नजीबाबाद के शेखर वर्मा ने खोजा है। 50 हजार लोग रोज मोबाइलवाणी पर कॉल करते हैं। रविवार को तो कार्यक्रम बड़ा ही मजेदार होता है। 'आपकी आवाज' जैसे कार्यक्रमों में कोई भी व्यक्ति कॉल करके किसी भी विषय पर अपनी राय दे सकता है। गानों का आनंद अलग। करीब एक लाख लोगों के डाटा बेस के साथ इसे शुरू किया गया है। 50 नए ग्राहक रोज इससे जुड़ रहे हैं।

स्थानीय दुकानदार, कोचिंग सेंटर, सेल्फ हेल्प ग्रुप, ब्यूटी पार्लर सभी इस नेटवर्क का इस्तेमाल करते हैं। कुछ तो अपने छोटे-मोटे विज्ञापन भी इस पर दे रहे हैं। इस नेटवर्क के संचालन के लिए बाकायदा स्थानीय स्तर पर एजेंट नियुक्त किए गए हैं, जो गिरी से गिरी हालत में 10 हजार रुपए तक कमा लेते हैं।

शेखर वर्मा अब इस सेवा को और बेहतर करने के लिए स्थानीय टेलीकॉम ऑपरेटरों से बात कर रहे हैं, ताकि कॉल दरों की लागत में कुछ और कमी लाई जा सके। यह सुविधा अभी सिर्फ जिला बिजनौर में उपलब्ध है, लेकिन आने वाले समय में यह पूरे देश में अपने पैर जमा लेगी।

दूसरा किस्सा भागलपुर के गांव धरहरा का है। वहां यह सामाजिक प्रथा रही है कि कन्या के जन्म पर परिवार वाले 10 आम के वृक्ष लगाते हैं। उनके फलों की आय लड़की की शिक्षा और शादी-ब्याह में उपयोग की जाती है। यह परम्परा कब शुरू हुई, इसका तो पता नहीं, लेकिन इस परम्परा पर लघु फिल्म बनाकर कुणाल शर्मा अमेरिका में तहलका मचा रहे हैं। यह विकास का नया मॉडल है, जो अमेरिकी जनता को बहुत पसन्द आ रहा है। इससे प्रकृति का संरक्षण भी होता है और लड़की मां-बाप पर बोझ भी नहीं बनती। इसलिए इस लघु फिल्म को **'द**

मैंगो गर्ल' नाम दिया गया है।

कुणाल शर्मा बताते हैं, 'मैं बिजनेस के सिलसिले में एक बार गांव धरहरा गया था। वहां मैंने जब इस परम्परा को देखा, तो लघु फिल्म बनाने का आइडिया दिमाग में आ गया।' क्योंकि जब मनुष्य के अंदर आत्मविश्वास होता है, तब नए-नए आइडिया दिमाग में आते हैं। फिर वे आइडिया सुदृढ़ चरित्र का निर्माण करते हैं।

लगभग 20 साल पहले जब आर्थिक मंदी ने भारत को अपनी चपेट में ले लिया था। तब मेरे एक दोस्त ने पूछा, 'यदि आपका इम्पोर्ट-एक्सपोर्ट का बिजनेस फ्लॉप हो गया, तो आप क्या करेंगे?'

मैंने कहा, 'पानी की दुकान खोल लूंगा।'

तब मेरा दोस्त खूब हंसा था। लेकिन 5 साल बाद तमाम शॉपिंग मॉल्स में बोतल बंद पानी के काउंटर दिखने लगे थे। फिर पानी का कारोबार तेजी से बढ़ा। बिसलरी इंटरनेशनल के प्रबंध निदेशक और चेयरमैन रमेश चौहान की मानें, तो भारत में बोतलबंद पानी की खपत अब कोल्ड ड्रिंक्स और दूसरे शीतल पेयों से कहीं ज्यादा हो रही है। क्योंकि भारत की ज्यादातर आबादी को पीने का स्वच्छ पानी नहीं मिलता, इसलिए बोतलबंद पानी का बाजार लगातार बढ़ रहा है। इसने कोल्ड ड्रिंक्स की बिक्री को काफी पीछे छोड़ दिया है।

रमेश चौहान इससे पहले कोल्ड ड्रिंक्स का उत्पादन करते थे। गोल्ड स्पॉट, थम्स अप, लिम्का और माजा के ब्रांड्स को उन्हें 1993 में कोका-कोला को मजबूरन बेचना पड़ा था। उसके बाद बिसलरी के बोतलबंद पानी का कारोबार उन्होंने शुरू किया। आज कम्पनी के पास देश भर में 50 से ज्यादा प्लांट हैं, लेकिन बोतलबंद पानी की मांग इतनी ज्यादा है कि कम्पनी को अपने प्लांटों की संख्या लगातार बढ़ानी पड़ रही है।

आयकन मार्केटिंग कंसल्टेंट्स की एक रिपोर्ट के अनुसार, 'पिछले साल यह बाजार करीब 12,000 करोड़ रु. का था, जो 2016 तक 18,000 करोड़ रुपये तक पहुंच सकता है।'

हिमालय, बिसलरी, किनले और एक्वाफिना जैसे जमे-जमाए ब्रांडों के अलावा बोतलबंद पानी का कारोबार करने वाली करीब 2500 कम्पनियां भारतीय बाजार में मौजूद हैं। इनमें तीन चौथाई लोकल कम्पनियां हैं।

यदि मैंने उस समय पानी बेचने का काम शुरू किया होता, तो आज मैं भी रमेश चौहान की तरह बड़ा उद्योगपति होता, लेकिन मेरे अंदर तब आत्मविश्वास नहीं था और न ही मैं यह जान पाया था कि यह बिजनेस भविष्य में इतनी ज्यादा तरक्की करेगा।

कैथोलिक समुदाय के अनुयायी अपने विश्वास की परिपक्वता को परखने की कोशिश में लगे रहते हैं। वे पूरी श्रद्धा के साथ प्रार्थना, पाठ, मनन-चिंतन, माला

मिस्सा-पूजा करते हैं। आत्मविश्वास पैदा करने की क्रिया धार्मिक अनुष्ठानों और रीति-रिवाजों में छिपी हुई है।

एक बार यीशू के शिष्यों ने उनसे कहा, 'प्रभु कृपया हमारा आत्मविश्वास बढ़ाइए।'

यीशू बोले, 'यदि तुम्हारा विश्वास राई के दाने के बराबर भी है और तुम शहतूत के पेड़ से कहते हो कि उखड़ कर समुद्र में लग जा, तो वह तुम्हारी बात मान लेगा। इसलिए अपने आत्मविश्वास पर संदेह न करो। तुम सिर्फ वही करो, जो मैं अंजीर के पेड़ के साथ कर चुका हूं। मैंने पेड़ से कहा, उठ, समुद्र में गिर जा। तो वैसा ही हो गया। यदि तुम विश्वास के साथ प्रार्थना में मांगोगे, तो वह तुम्हें जरूर मिल जाएगा। लेकिन आत्मविश्वास पैदा करने का सबसे बड़ा साधन है व्यक्तिगत अनुभव और उससे उभरता भरोसा, जो आपको अनुशासित और धैर्यवान बनाएगा।'

हम स्टीव जॉब्स की जिंदगी से कुछ सबक सीख सकते हैं, क्योंकि वे जानते थे कि सिम्पलिसिटी हासिल करने के लिए यह सुनिश्चित करना होगा कि हार्डवेयर, सॉफ्टवेयर और पेरिफेरल डिवाइसेस किस तरह से जोड़े जाएं कि वे एक ही डिवाइस जैसे बन जाएं।

इसे एप्पल इकोसिस्टम के उदाहरण से समझिए। इसमें आइपॉड को आइट्यून सॉफ्टवेयर की मदद से मैक के साथ जोड़ा गया था। जिससे डिवाइस का इस्तेमाल करना और ज्यादा आसान हो गया। आइफोन में एआरएम माइक्रोप्रोसेसर के परफॉर्मेंस से लेकर कस्टमर के अनुभवों को पिरोया गया था। एप्पल ने खुलापन रखा, जिससे हार्डवेयर निर्माताओं के लिए एप्पल के ऑपरेटिंग सिस्टम और सॉफ्टवेयर इस्तेमाल करना सम्भव हुआ, क्योंकि स्टीव जॉब्स इस बात पर जोर देते थे कि पूरे डिवाइस की जिम्मेदारी खुद ली जाए। यह उनके व्यक्तित्व का असर था कि हर प्रोडक्ट को लोगों ने लाइन लगाकर खरीदा।

अब बात करते हैं उस आविष्कार की, जिसने जिंस की सेल चार गुना बढ़ा दी। 2014 में लेविस जिंस के विज्ञापन ने कई लोगों का ध्यान आकर्षित किया। विज्ञापन का शीर्षक था, 'आठ बोतल एक जिंस'। इसके शुरू में दिखाया जाता है कि पानी की आठ बोतलें रस्सी से लटकी हुई हैं। फिर वे बोतलें डस्टबिन और कचरे के ढेर से होते हुए रीसाइकिलिंग यूनिट तक पहुंचती हैं। वहां उन्हें नष्ट करके और पिघलाकर पॉलिएस्टर फाइबर तैयार किया जाता है, जिससे एक जिंस पैन्ट तैयार होती है।

इस कम्पनी ने हाल ही में नई जिंस पैन्ट जारी की है, '501'। यह काफी कुछ डेनिस स्टाइल की है। फर्क इतना है कि इसको बनाने में 29 फीसदी उस पॉलिएस्टर फाइबर का इस्तेमाल हुआ है, जो पानी की बोतलों को रीसाइकिल करके बना है।

दावा कितना सही है, इसका तो पता नहीं, लेकिन यह सच है कि लेविस जिंस की सेल में चार गुना इजाफा हो चुका है। इसलिए अपने अंदर आत्मविश्वास

पैदा कीजिए, फिर किस्मत का दरवाजा खुद खुल जाएगा। जो व्यक्ति किस्मत के दरवाजे को ठोकर मारता है, वह भगवान दादा बन जाता है।

झोपड़पट्टी से महलों तक पहुंचने की कहानियां तो आपने बहुत सुनी होंगी, मगर महल से झोपड़पट्टी पर पहुंचने की कहानी भगवान दादा की है। वे 'अलबेला', 'भागमभाग', 'झमेला' जैसी सफल फिल्मों की वजह से महल में रहते थे। उनके पास दर्जनों कारें थीं और पत्नी अपने वजन के बराबर सोने के गहनों से लदी होती थी।

लेकिन जब भगवान दादा का आत्मविश्वास डगमगाया, तब उनकी सफलता उन्हें डस गई। खूब शराब पीने लगे और पत्नी के गहने कब तवायफों के पास पहुंच गए, उन्हें पता ही नहीं चला। फिर वे झोपड़पट्टी में रहने चले गए। अन्तिम सांसें उन्होंने वहीं पर ली थीं।

जबकि अमिताभ बच्चन उनके नाचने के स्टाइल को अपनाकर आज भी सुपरस्टार के पद पर विराजमान हैं, क्योंकि वे अपने अंदर की संभावनाओं को पहचानते थे। उनका जीवन बिलकुल गरुड़ की तरह है। गरुड़ लंबी जिंदगी जीता है, लेकिन लंबी जिंदगी जीने के लिए मुश्किल फैसले लेता है। 40 साल की उम्र में उसके लंबे और लचीले पंजों का पैनापन खत्म हो जाता है, जिससे शिकार को पकड़ना नामुमकिन होता है। उसकी पैनी और लंबी चोंच आगे से मुड़ जाती है। पुराने पंखों वाले भारी डैने उसकी ऊंची उड़ान को मुश्किल बना देते हैं। इन हालातों में उसके पास दो ही विकल्प बचते हैं या तो खुद को मौत के हवाले कर दे या अगले 150 दिनों तक दर्द सहता रहे।

गरुड़ दर्द को चुनता है। थका देने वाली उड़ान के बाद वह पर्वत के शिखर पर पहुंचता है, जहां अपनी चोंच से चट्टान पर तब तक चोट करता है, जब तक वह टूट न जाए। अपनी चोंच तोड़ने के बाद, वह नई चोंच आने का इन्तजार करता है। उसके बाद वह अपने पंजों को तोड़ देता है। नए पंजे आ जाने पर वह अपने पुराने पंखों को नोचना शुरू कर देता है और पांच महीने तक इस दर्द को झेलने के बाद गरुड़ एक ही जीवन में पुनर्जन्म की उड़ान भरता है और बाकी के 60 सालों को गर्व के साथ जीता है।

दूसरी तरफ अमिताभ बच्चन भी गर्व के साथ जी रहे हैं और 70 साल की उम्र में भी कम उम्र के हीरो से अधिक सक्रिय हैं। वे भोजन की मात्रा से अधिक दवाएं खाते हैं। जितना घर में रहते हैं, उससे अधिक समय फिल्मों के सेट पर और अस्पताल में गुजारते हैं। वे धन कमाने के लिए परिश्रम नहीं करते, क्योंकि उन्होंने कई पीढ़ियों के लिए धन एकत्रित किया हुआ है।

अब उन्हें कुछ सिद्ध भी नहीं करना, उसके बाद भी बला का आत्मविश्वास है उनके अंदर। वे अपने इरादों के दम पर चैलेंज वाली भूमिकाएं निभाते हैं और

कहते हैं, 'बुड्ढा होगा तेरा बाप।'

उनके जोश को देखकर पता चलता है कि मनुष्य के अंदर जीतने की संभावनाएं कभी कम नहीं होती। जरूरत होती है उन संभावनाओं को टटोलने की। क्योंकि टैगोर ने उम्र के आखिरी पड़ाव में चित्रकार बनने की कौशलता को निखारा था। कॉरपोरेट गुरु और लेखक गुरचरण दास 50 की उम्र पार करने के बाद लेखक बने थे। 76 की उम्र में मिन बहादुर ने 8,850 मीटर की एवरेस्ट की ऊंचाई को अपने पैरों से रौंदा था।

55 की उम्र पार कर लेने के बाद मार्टिना नवरातिलोवा ने टेनिस कोर्ट छोड़ने के बाद कैंसर से जूझते हुए भी लोगों को दुरुस्त रहने के नुस्खे देने का काम संभाला। उलरिके ल्यूके रोजेनडाल के क्लाउंस 50 प्लस होकर जोकर बने थे और लोगों को खुशियां बांटने का फैसला किया।

जो इस बात को साबित करता है कि हर मनुष्य में संभावना छिपी होती है, जरूरत है उसे पहचानने की। इसलिए नीचे लिखी बातों पर ध्यान दें:-

- अपने दिमाग में यह बात यकीन के साथ बिठा लें कि आप जीवन में आगे बढ़ रहे हैं, यानी सफल हो रहे हैं, तब आपको कुछ भी नुकसान नहीं उठाना पड़ रहा है। इस छवि को धुंधला न होने दें।
- नकारात्मक विचारों को मिटाने के लिए सकारात्मक विचार तैयार रखें और सोचें कि सब ठीक होगा।
- दूसरे सफल लोगों को देखकर आप अपने अंदर कोई भी हीन भावना न पनपने दें और न ही ऐसे व्यक्तियों की नकल करने की कोशिश करें। क्योंकि आपसे अधिक कोई भी योग्य नहीं हो सकता।
- जीवन में आपको जो भी मिलता जाए, उसे प्रसाद समझकर ग्रहण करते रहें। हो सकता है कि ईश्वर आपको मांगी गई चीज से बेहतर चीज दे रहा हो।
- रोज खुद को अनुशासित करने का प्रयास करते रहें, फिर सोचें कि आप जो कर रहे हैं, वह क्यों कर रहे हैं?
- अपने मन में हर समय कुछ शब्द जैसे शांति, आराम, सुकून, इत्मीनान को दोहराते रहें और इन शब्दों के भावों पर भी गौर करें।

'लाइफ इन मेट्रो' फिल्म के एक दृश्य में नायक इरफान खान नायिका कोंकणा सेन को अपने एक दोस्त के बारे में बताता है, जिसने पांच साल पहले एक गाड़ी खरीदी थी। वह गाड़ी अभी तक गैराज में खड़ी है, क्योंकि वह कहता है कि जिस दिन शहर के सारे सिग्नल ग्रीन होंगे, वह उसी दिन गाड़ी बाहर निकालेगा।

यह सुनकर नायिका उसके दोस्त को बेवकूफ समझती है और कहती है, 'जब तक वह गाड़ी बाहर नहीं निकालेगा, उसे कैसे पता चलेगा कि सिग्नल ग्रीन है

या रेड।' नायक उसे बीच में टोकते हुए कहता है, 'टेक योर चांस बेबी।'क्योंकि 'चांस' लेना ही प्रयास है और प्रयास से संभावनाएं उत्पन्न होती हैं, जो आपके भविष्य को निखारती हैं।

हालात बद्दतर होने का इंतजार न करें:

कुछ साल पहले जब पंजाब में हीरो साइकिल फैक्ट्री में हड़ताल हुई, तब लेबर यूनियनों ने अपनी मांगों को लेकर फैक्ट्री के मेन गेट पर ताला लगा दिया था। फिर यूनियन के बड़े लीडरों ने ऐलान किया, 'जब तक हड़ताल खत्म नहीं हो जाती, कोई कामगार फैक्ट्री न आए।'

कामगार एक-एक करके घर जाने लगे। कम्पनी के मालिक ओ.पी. मुंजाल उस वक्त फैक्ट्री में ही मौजूद थे। उन्होंने हड़ताल पर जाने से किसी को नहीं रोका, बल्कि वे केबिन से बाहर निकले और फैक्ट्री छोड़कर जाते कामगारों से तेज आवाज में बोले, 'आप घर जा सकते हैं, लेकिन मेरे पास एक बड़ा ऑर्डर हैं, जिसे मुझे पूरा करना है और पूरा करने के लिए काम करना होगा।'

फिर मुंजाल ने शर्ट की आस्तीनें चढ़ाईं और उस तरफ चल पड़े, जहां मशीनें लगी हुई थीं। देखते-ही-देखते उन्होंने मशीनें चालू कर दीं। काम शुरू हो गया।

उनके साथ दूसरे अफसर भी थे। असिस्टेंट, फ्लोर मैनेजर, सुपरवाइजर जैसे लोग। सभी उन्हें समझाने की कोशिश कर रहे थे। दलील दे रहे थे कि उनके कद के किसी व्यक्ति को शोभा नहीं देता कि वह इस तरह का काम सीधे अपने हाथ में लें, लेकिन मुंजाल कहां सुनने वाले थे। बल्कि उन्होंने जो जवाब दिया, उसे सुनकर सब की जुबान पर ताला लग गया। उन्होंने कहा था, 'मेरे डीलर और डिस्ट्रिब्यूटर समझ सकते हैं कि फैक्ट्री में हड़ताल की वजह से काम नहीं हो रहा है। लेकिन वह बच्चा कैसे समझेगा, जिसे उसके माता-पिता ने इस बर्थडे पर साइकिल दिलाने का वादा किया था, जो हमारी हड़ताल की वजह से शायद न दिला पाएं। यदि मैं अपने बच्चे से इस तरह का वादा करूं तो यह अपेक्षा भी करूंगा कि उस वादे का सम्मान होना चाहिए। इसलिए मैं अकेले दम पर जितनी साइकिलें बना सकता हूं, बनाऊंगा। मैंने अपने डीलरों से जो वादा किया है, उसे जरूर पूरा करूंगा। वादा तोड़ने के लिए हड़ताल कोई बहाना नहीं हो सकता। किसी भी सूरत में नहीं।'

उसके बाद फैक्ट्री की मशीनें चलने लगीं और साइकिलें असेंबल होने लगीं। क्योंकि सारा ऑटोमैटिक प्लांट था, जिसमें 95 प्रतिशत काम मशीनें करती हैं। उस दिन के जितने भी ऑर्डर पेंडिंग थे, सब के सब मुंजाल ने पूरे कर दिए और वह भी तय समय में। इसलिए यह मानकर चलें कि आपको यदि अपने काम को लेकर जुनून नहीं है, तब आप सफलता की सीढ़ियां नहीं चढ़ सकते। मुंजाल उन लोगों में से हैं, जो इस परिभाषा से आगे जाकर सोचते हैं। इसलिए उनकी कम्पनी

'हीरो साइकिल' दुनिया की सबसे बड़ी साइकिल बनाने वाली कंपनी है। वह सालाना 70 लाख साइकिलें बनाती है, जो विश्व रिकॉर्ड है।

कहते हैं मुम्बई सपनों का शहर है। लेकिन सपने उसी के पूरे हो पाते हैं, जिनके अंदर आत्मविश्वास होता है। कुछ साल पहले जीटीवी पर एक्टिंग टैलेंट को खोजने वाला शो 'इंडियाज बेस्ट सिनेस्टार की खोज' शुरू हुआ था। उस शो में देशभर से ऐसे लोग अपना ऑडिशन दे रहे थे, जो एक्टिंग में कॅरियर बनाने के लिए प्लेटफॉर्म तलाश रहे हैं। उस शो के जरिए फिल्म इंडस्ट्री अपने लिए नए सिनेस्टार तलाश रही थी, लेकिन अपनी एक्टिंग का जलवा वही दिखा पाया, जिसमें आत्मविश्वास था।

रोल मॉडल की नकल करते रहें:

पुराने जमाने की बात है। एक आदमी घोड़ी पर चूड़ियां लाद कर गांव-गांव घूमता था। जब वह चूड़ियां बेचने जाता, तो अपनी घोड़ी को बड़े प्यार से हांकते हुए कहता था, 'चल मेरी बहन, चल मेरी भाभी, चल मेरी मां।'

लोग जब यह सुनते थे, तो उन्हें बड़ा आश्चर्य होता था। एक दिन किसी आदमी ने उस चूड़ी वाले को टोकते हुए कहा, 'क्यों भाई! यह क्या कह रहे हो? इस घोड़ी से तुम्हारा कैसा रिश्ता है, यह तुम्हारी बहन या भाभी कैसे बन गई?'

पहले तो चूड़ी वाले ने हंसकर टालना चाहा, फिर जब उस व्यक्ति ने सवाल दोहराया, तो जवाब दिया, 'आप जानते ही हैं कि मेरा काम चूड़ी बेचने का है और चूड़ियां हमेशा माता, बहन और भाभियां ही खरीदती हैं। इसलिए मैं सावधानी रखता हूं कि मेरे मुंह से कहीं कोई अपशब्द न निकल जाए।' चूड़ी बेचने वाला अपनी बोली के कारण ही स्त्रियों में अत्यंत लोकप्रिय था। उसकी चूड़ियां हाथों-हाथ बिक जाती थीं। तभी तो बिजनेस के शहंशाह मुकेश अम्बानी कहते हैं:-

- ☞ सबसे पहले आपको यह पता लगाना चाहिए कि आप किस चीज में अच्छे नहीं हैं। जिस चीज में आप अच्छे हैं, उसके लिए खुश होना चाहिए।
- ☞ आपकी दृढ़ता ही आपकी कमजोरियों को दूर करती है।
- ☞ सबसे ज्यादा खुशी आपको अपने सकारात्मक नतीजों पर मिलती है।
- ☞ जिंदगी चुनौतियों से भरी हुई है, कई बार आपको हार का भी सामना करना पड़ता है। इसलिए अपनी हार को स्वीकार करें। उससे सबक लें और आगे बढ़ें।
- ☞ श्रेष्ठता की भूख हमेशा होनी चाहिए। कामयाबी के लिए हमेशा अपने से श्रेष्ठ की तरफ देखें और उसे अपनी आदत बनाएं।
- ☞ हालात का सामना धीरज और गरिमा से करें।
- ☞ अपने विचारों और मूल्यों से कभी समझौता न करें।

☞ जीत हमेशा उन्हीं की होती है, जिन्हें अपने आप पर भरोसा होता है।

स्वामी मुकंदानन्द मुकेश अम्बानी के बताए सिद्धांतों पर चलते हैं, इसलिए इंजीनियरिंग और एम.बी.ए. करने के बाद साधु बनें। वे कहते हैं, 'अमीर लोग कथा वाचक या संतों पर भरोसा नहीं करते। लेकिन मैं पढ़ा-लिखा हूं, इसलिए लॉजिकल और सिस्टमेटिक तरीके से उन्हें समझा देता हूं। मेरा इंजीनियर होना भी लोगों को आकर्षित करता है।' अब मुकंदानन्द को गूगल, ओरेकल, फॉर्चून, डयूक जैसी कम्पनियां अपने यहां लेक्चर देने के लिए बुलाती हैं।

तभी तो बुजुर्ग लोग कहते हैं, 'कच्ची ईंट को पकाना जरूरी है। यदि कच्ची ईंट ताप को सहन कर लेती है, तो पक जाती है। मगर ताप से घबरा कर ईंट यदि एक तरफ मुंह फेर कर सो गई, तो बरसात की बौछार में वह टुकड़े-टुकड़े हो कर बिखर जाएगी और धीरे-धीरे ईंट राहगीरों के पैरों तले रौंदी जा सकती है।'

यहां पर ईंट का अर्थ मनुष्य से है और ताप का आत्मविश्वास से। यानी संघर्ष की भट्टी में जो जितना तपेगा, उतना ही उसके अंदर आत्मविश्वास पैदा हो जाएगा। जब आत्मविश्वास पैदा हो जाएगा, तो नए इरादे का जन्म होगा। फिर वही इरादा उसे प्रेरित करेगा कुछ नया करने के लिए, जोखिम लेने के लिए और आग के दरिया को पार करने के लिए। क्योंकि हर इंसान के भीतर दो इंसान रहते हैं। दोनों एक ही शरीर में रहते हैं, लेकिन सोच अलग होती है। एक कहता है वो कर, जो लोग कहते हैं। दूसरा कहता है वो मत कर, जो लोग कर रहे हैं। फिर अंत में जिसकी जीत होती है, वही बाहर निकल आता है।

यह कहना है 'लाइफ ऑफ पाई' के निर्देशक 'आंग ली' का, जिनकी फिल्म को 85वें 'ऑस्कर' अवॉर्ड्स में चार पुरस्कार मिले। उनका मानना है कि कई बार जब कोई फिल्म हिट नहीं होती, तो लगता है कि मैंने कुछ गलती की है, फिर मैं खुद को कमजोर समझने लगता हूं।

यही वजह है कि 1985 से लेकर 1991 तक मैंने कोई फिल्म नहीं बनाई। जब मेरे अंदर का दूसरा इंसान बाहर निकला, तो मैं खुद को शक्तिशाली महसूस करने लगा। उसके बाद मैंने स्क्रिप्ट पर काम किया और 'लाइफ ऑफ पाई' फिल्म बना दी। दूसरे इंसान के बाहर निकलते ही मेरे अंदर आत्मविश्वास पैदा हो गया था। फिर मैंने ईश्वर का शुक्रिया अदा किया और फिल्म बनाने में जुट गया।

सरल हमेशा जटिल के पार मिलता है:

आंग ली की सफलता की कहानी ठीक वैसी ही है, जैसी जादुई पत्थर की। ली ब्रोअर ने 'द सीक्रेट' फिल्म में उस पत्थर का रहस्य बताया है। एक पिता ने अपने मरणासन्न बेटे के स्वास्थ्य की खातिर जादुई पत्थर का इस्तेमाल किया और चमत्कारिक रूप से उसका बेटा ठीक हो गया। तब से जादुई पत्थर को संसार

के बहुत से लोगों ने सफलतापूर्वक आजमाया और उसकी बदौलत पैसा, उपचार व प्रसन्नता पाई।

यह कहानी सुनने में अजीब सी लगती है, लेकिन जादुई पत्थर का अर्थ यहां आत्मविश्वास से है और आत्मविश्वास को परखने का पैमाना है, जोखिम उठाने की इच्छा। कल्पना कीजिए, यदि दुनिया के सारे लोग फैसला कर लें कि हमें जोखिमरहित जीवन जीना है, तब क्या होगा:-

- ☞ कोई किसान फसल नहीं बोएगा, क्योंकि ज्यादा बारिश हो सकती है या सूखा पड़ सकता है या बाजार में अनाज की कीमतें बहुत ज्यादा घट सकती हैं।
- ☞ कोई भी व्यक्ति नया बिजनेस शुरू नहीं करेगा, क्योंकि प्रतियोगिता के कारण वह चौपट हो सकता है।
- ☞ कोई भी टेलीविजन कार्यक्रम नहीं बनाएगा, क्योंकि हो सकता है उसे इतने कम दर्शक देखें कि विज्ञापन ही न मिलें।
- ☞ कोई भी बिल्डर नई इमारतों को नहीं बनाएगा, वैज्ञानिक तेल के कुओं की खोज नहीं करेगा और नए निवेशक काम में अपना पैसा नहीं लगाएंगे।
- ☞ कलाकार और लेखक काम करना बंद कर देंगे, क्योंकि जनता उनकी रचना को अस्वीकार कर सकती है।

पूरी तरह सुरक्षित होने के लिए लोग अपना पैसा बैंकों से निकाल लेंगे, कुछ लोग भोजन का संग्रह कर लेंगे, कुछ लोग कार चलाने से इंकार कर देंगे और कुछ लोग घर से बाहर निकलना ही बंद कर देंगे। फिर सारे देशों की अर्थव्यवस्था पूरी तरह से समाप्त हो जाएगी।

इसलिए लोग जोखिम लेते हैं और आत्मविश्वास के साथ आगे बढ़ते हैं। इसका ताजा उदाहरण है नेताओं की अगली पीढ़ी। उनमें भी गजब का आत्मविश्वास पैदा हो गया है। वे लीक से हटकर कुछ नया करने की कोशिश में जुटे हैं:-

- ☞ पूर्व प्रधानमंत्री स्व. वी.पी. सिंह का बेटा अभय सिंह सफल डॉक्टर है। उसकी राजनीति में दिलचस्पी बिलकुल भी नहीं है।
- ☞ मुलायम सिंह के दूसरे बेटे प्रतीक को बॉडी-बिल्डिंग का शौक है और उन्होंने अपने जिम का व्यवसाय खोल रखा है।
- ☞ पूर्व रक्षामंत्री ए.के. एंटनी का बेटा अजीत तमिल और मलयालम फिल्मों में बतौर हीरो काम कर रहा है।
- ☞ बिहार के मुख्यमंत्री नीतिश कुमार के बेटे की भी राजनीति में बिलकुल

दिलचस्पी नहीं है, वह इंजीनियर है।

इन सब लोगों की सफलता से पता चलता है कि आत्मविश्वास पैदा होने के बाद आप भी सब कुछ कर सकते हैं, क्योंकि आपके अंदर असीम क्षमता मौजूद है और दुनिया में ऐसा कोई काम नहीं, जिसे आप न कर सकें। आप ब्रह्मांड को अपनी इच्छा के अनुसार झुका सकते हैं। वह आपकी हर इच्छा और आकांक्षा को सुनता है। ब्रह्मांड आपको वही चीज देता है, जिसे आप आत्मविश्वास के साथ पाने की सोचते हैं।

इसलिए शुक्रिया करें ब्रह्मांड का, जो आपको मनचाही चीजें देने के लिए हर पल तैयार है। उसने भारतीय राजनीति में 'आम आदमी पार्टी' के जनक अरविंद केजरीवाल को भी दिया है, आपको भी देगा। कुछ साल पहले उनका नाम कोई नहीं जानता था, लेकिन दिसम्बर 2013 के दिल्ली विधानसभा चुनावों में उनकी पार्टी ने 27 सीटें जीती और शीला दीक्षित को भारी मतों से हराया था।

वे भारत की सियासी तस्वीर बदलने का जज्बा रखते हैं। दूसरी पार्टियों के सारे नेता हैरान हैं, क्योंकि भ्रष्टाचार के खिलाफ उनकी मुहिम ने लोगों का दिल जीत लिया है। वे मीडिया की नजरों में रहना जानते हैं। वे सीढ़ी लगाकर बिजली का तार जोड़ देते हैं। वे बेझिझक बोलते हैं और आम आदमी की तरह जीवन जीते हैं। उनके अंदर आत्मविश्वास गजब का है। जिसकी वजह से वे दूसरी बार दिल्ली के मुख्यमंत्री बने।

इसलिए आपको भी उनकी तरह अपने अंदर आत्मविश्वास पैदा करना होगा। कहते हैं कि जिंदगी हर दिन कुछ नया अनुभव कराती है। उसने गुलशन कुमार को भी नया अनुभव कराया था, जिसकी वजह से वे कैसेट सम्राट बने थे। पहले वह दिल्ली के दरियागंज में फलों का जूस बेचते थे। अचानक उनके दिल में संगीत के प्रति दिलचस्पी पैदा हुई। शुरुआती सफलता के बाद उन्होंने 'टी.सीरीज' कम्पनी की स्थापना कर दी। पहले कम दामों के ऑडियो कैसेट से बाजारों को पाटा। उनकी कंपनी बहुत सफल रही। उसके बाद फिल्म प्रोड्यूसर बने और सफलता की सीढ़ियां चलते चले गए। क्योंकि जिंदगी के अनुभवों ने उन्हें आइडिया दिया और आत्मविश्वास ने उन्हें पूरा किया था।

लोगों का मानना है कि संगीत में क्रान्ति गुलशन कुमार की वजह से आई है। वे संगीत को समझते थे। इसलिए दिल से इच्छा करें, दिमाग से सोचें और आत्मविश्वास से आगे बढ़ें। उपनिषद् कहते हैं कि इंसान वही बनता है जो उसकी इच्छा होती है। सच भी यही है, जीवन आपकी अभिलाषा का उत्तर बन सकता है।

सफलता का बैरोमीटर है संकल्प:

आपके हर संकल्प में अनुभूतियों का सागर है, भावनाओं का प्रवाह है और गहनतम विश्वास है। मनोवैज्ञानिक चेक डानेस का भी यही कहना है, 'सफलता जीवन का बैरोमीटर है। यह आश्चर्यजनक सटीकता के साथ भविष्य की घोषणा करता है। भविष्य के छिपे तूफानों और शांति का संकेत देता है।'

बाइबल में लिखा है, 'यकीन कर सको तो करो, सुन सकते हो तो सुनो। आपके वश में वो सब है, जिस पर आप यकीन करते हैं।'

दुनिया के हजारों शोध भी इस निष्कर्ष पर पहुंचे हैं कि आत्मविश्वास से सबकुछ हासिल किया जा सकता है। क्योंकि इनके पीछे दो नियम काम करते हैं। एक आकर्षण का नियम और दूसरा कंपन का है।

आकर्षण के नियम (Law of Attraction) के अनुसार आपके संकल्प और इच्छाएं समान संकल्पों और ऊर्जाओं से आकर्षित होती हैं और उनसे जुड़ जाती हैं। कंपन के नियम (Law of Vibration) का कहना है कि आपकी हर अनुभूति एक कंपन पैदा करती है, फिर वही कंपन ऊर्जा में बदल जाता है और संकल्प की प्रतिक्रिया पूरी करने लगता है, लेकिन जब आप तनाव में होते हैं, तब आपकी संकल्पशक्ति न्यून हो जाती है। 'फाइट एंड फ्लाइट' यानी संघर्ष और सफलता का प्रवाह कम हो जाता है।

मनोविज्ञान कहता है, 'बड़ा सोचो, बड़े सपने देखो, बड़ा संकल्प लो। जब आप किसी उद्देश्य या स्थिति की कामना करते हैं, उसे मन से करना चाहते हैं, तो सारी शक्तियां उसे आपको उपलब्ध करवाने के लिए सहयोग करने लगती हैं। इन सहयोगी शक्तियों में आपका मन सबसे महत्त्वपूर्ण होता है। जब आप किसी लक्ष्य की पूर्ति के लिए कोई संकल्प लेते हैं, तो मस्तिष्क की कोशिकाएं सक्रिय होकर आपको इतना अधिक प्रेरित कर देती हैं कि आप प्रत्यक्ष और परोक्ष रूप से उसकी प्राप्ति में संलग्न हो जाते हैं। अवरोध समाप्त होकर परिस्थितियां आपके अनुकूल होने लगती हैं।'

उर्दू के मशहूर शायर इकबाल ने लिखा है:-

अमल से जिंदगी बनती है, कभी जन्नत कभी जहन्नम।
ये खाकी अपनी फितरत में, न नूरी है न नारी है।।

इसका अर्थ है कि इंसान का जीवन कर्म के ही मापदंड से बनता और बिगड़ता है वरना उसका शरीर बुनियादी तौर पर न स्वर्ग वाला है और न नर्क वाला। यहां खाकी का अर्थ है खाक में मिलने वाला नश्वर शरीर, नारी का अर्थ है नरक और नूरी का अर्थ है ईश्वरीय नूर या स्वर्ग। यह शेर पवित्र कुरान की एक आयत का अनुवाद

है और उर्दू के जानकारों के बीच पिछले 125 सालों से गूंज रहा है।

इसलिए संकल्प लें और उसे पूरा करने में जुट जाएं। मेरी पुस्तक 'बड़ा सोचो बड़ा बनो, सपनों को साकार करो' भी यही संदेश देती है। क्योंकि संकल्प से आत्मविश्वास पैदा होता है।

इसलिए नीचे लिखी बातों पर ध्यान दें:-

☞ कोई भी काम पूरा करने और उसमें कुशलता प्राप्त करने के लिए आप में पक्का इरादा, संकल्प और साहस का होना जरूरी है।

☞ संकल्प पूरा करने के लिए आपको केवल इच्छाशक्ति जगाने और निरंतर उत्साह बनाए रखना जरूरी है।

☞ जब भी कोई काम असम्भव लगे, तब खुद को याद दिलाएं कि मेरे शरीर में अद्भुत शक्तियां हैं। संकल्प का अर्थ है, 'बस यही, दूसरा कुछ भी नहीं।'

उसैन बोल्ट की तरह, जिसके मन में जीतने का आत्मविश्वास और कदमों में बिजली है। ओलिम्पिक खेलों में सबसे बड़ी चर्चा इसी बात की रहती है कि 100 मीटर की दौड़ कौन जीतेगा? 100 मीटर की दौड़ जीतने वाला दुनिया में रफ्तार का बादशाह माना जाता है, यानी उसे दुनिया का सबसे तेज दौड़ने वाला चीता मानते हैं।

लंदन ओलिम्पिक में भी यही चर्चा थी। कोई यह नहीं पूछ रहा था कि कौन जीतेगा, बल्कि पूछ यह रहा था कि उसेन बोल्ट इस बार कितना समय लेगा? लंदन के ओलम्पिक पार्क में उस दिन 80 हजार से ज्यादा दर्शक जमा हुए थे, उन सबका हाल एक जैसा ही था। मुंह खुला था, मुट्ठी भिचीं थीं और कलेजा जैसे मुंह में आ बैठा था। कोई शोर नहीं, कोई डर नहीं, सिर्फ बोल्ट था, जो हवा को चीरता और आखिरी पट्टी को तोड़ता हुआ आगे निकला।

ओलिम्पिक की घड़ी ने बताया 9.63 सेकेंड और इतिहास ने दर्ज किया कि इंसान एक सेकेंड से भी कम समय में 10 मीटर की दूरी तय कर सकता है। लेकिन यह सम्भव हुआ सपना, कोशिश और पूरी ताकत लगाने की वजह से।

तभी तो भारत दौरे के दौरान सुनीता विलियम्स ने कहा था, 'ड्रीम, एफर्ट्स और एंजॉय ऐसा फॉर्मूला है, जो आपको बिल गेट्स बना सकता है, शाहरूख खान बना सकता है, उसैन बोल्ट बना सकता है, अरविंद केजरीवाल बना सकता है, बराक ओबामा बना सकता है और नरेंद्र मोदी भी बना सकता है। उड़ान पंखों से नहीं भरी जाती, हौसलों से भरी जाती है। इसलिए अपने अंदर आत्मविश्वास पैदा कीजिए और किसी नए आइडिया के बारे में सोचिए। लेकिन सोचिए जरूर, क्योंकि जब मैं छोटी थी, तब जानवरों का डॉक्टर बनना चाहती थी। थोड़ी बड़ी हुई, तो

लगा कि मैं पायलट भी बन सकती हूं। फिर सोचा कि जब मैं हेलीकॉप्टर उड़ा सकती हूं, तो अंतरिक्ष यान भी उड़ा सकती हूं और आज मैं आपके सामने हूं।'

तीन चीजें शाश्वत हैं। ईश्वर, ब्रह्मांड और आत्मविश्वास। ईश्वर कर्म का मार्ग दिखाता है, ब्रह्मांड मोक्ष की ओर ले जाता है और आत्मविश्वास सफलता के शिखर पर पहुंचाता है।

इतिहास में जिस क्रिस्टोफर कोलम्बस को महानायक बताया गया है, वह महान नहीं था। न ही वह अमेरिका पहुंचने वाला पहला इंसान था, बल्कि वह एक लुटेरा था और वह सोने को लूटने के इरादे से वहां पहुंचा था। उसके अंदर आत्मविश्वास कूट-कूट कर भरा हुआ था, इसलिए वह महान कहलाया।

अपनी असफलताओं का विश्लेषण करें:

जैन आगम उत्तराध्ययन में ज्ञान का बहुत महत्त्व है। उसमें लिखा है, 'सम्यक् दर्शन के बिना सम्यक् ज्ञान नहीं हो सकता और सम्यक् ज्ञान के बिना चरित्र का गुण नहीं हो सकता, चरित्र का गुण आए बिना कर्मों से छुटकारा नहीं मिलता। कर्मों से छुटकारा मिले बिना आत्मविश्वास पैदा नहीं होता। यानी आत्मविश्वास के लिए सम्यक् दर्शन, सम्यक् ज्ञान का होना जरूरी है और नए आइडिया के लिए आस्था का होना जरूरी है।'

अगर आप खुद को एक मशीन के रूप में देखें तो आपके पास शरीर है, दिमाग है। लेकिन जिसे आप कृपा कहते हैं, वो एक चिकनाई की तरह है। आपका इंजन कितना भी मजबूत क्यों न हो, परन्तु बिना चिकनाई के आप हर जगह अटक जाएंगे। इस पृथ्वी पर बहुत से लोग हैं, जो बुद्धिमान और क्षमतावान हैं, लेकिन वे सफलता प्राप्त नहीं कर पाते, क्योंकि उनके पास कृपा की चिकनाई नहीं होती।

हिन्दू धर्म में संसार को सागर माना गया है और उसमें तैरने के लिए नौका को उदाहरण के रूप में प्रस्तुत किया गया है। जहां कहीं कठिनाई होती है, उसे पार करने के लिए आदमी को साधन की जरूरत पड़ती है।

गीता में श्रीकृष्ण अर्जुन को उपदेश देते हैं, 'अर्जुन, मान लो तुम बहुत पापी हो, तुमने बहुत पाप किए हैं, तब पापों की नदी को तैरने के लिए तुम्हें साधन का उपयोग करना होगा। वह साधन होगा ज्ञान का। ज्ञानरूपी नौका में बैठ जाओ। वह तुम्हें सफलता के शिखर पर पहुंचा देगी।'

अमेरिका के उत्तर जार्जिया की बारबरा ब्राउन टेलर लोगों से कहती हैं, 'आप रोशनी की तलाश न करें, बल्कि अंधेरे का भी सामना करें। क्योंकि प्रकाश की तुलना में अधिक सबक छिपे हैं। कई बार अंधेरे के शून्य में ईश्वर सबसे नजदीक होता है।'

धर्मग्रंथों में यह भी कहा गया है, 'यदि आप अंधेरे में हैं तो ईश्वर के साथ नहीं हैं।' लेकिन टेलर का नजरिया दूसरा है। वे कहती हैं, 'जिस तरह रोशनी के बगैर आस्था की कल्पना नहीं की जा सकती है, उसी तरह अंधकार के बिना विश्व की कल्पना असम्भव है।'

टेलर ईसाई धर्मशास्त्रों के एक पुराने विचार को पुनर्जीवित कर रही हैं। जिसमें कहा गया है, 'अंधकार में दैविक रहस्य छिपा है।'

इस बात को सच साबित किया है बार्बी थॉमस ने, जिन्होंने बचपन में एक हादसे में दोनों हाथ गंवा दिए, लेकिन उन्होंने हौसला नहीं खोया। आज वे बिना किसी की मदद के सामान्य जीवन जी रही हैं।

बार्बी अमेरिकी बॉडी बिल्डर हैं। वे रोजाना व्यायाम करती हैं, तैरती हैं, कार चलाती हैं, खाना बनाती हैं, मेकअप करती हैं और कई-कई घंटे अंधेरे में बैठी रहती हैं। दो बच्चों की मां बार्बी अब अमेरिका में लाखों लोगों की प्रेरणा बनी हुई हैं। कुछ साल पहले उन्होंने एनपीसी जूनियर यूएसए बॉडी बिल्डिंग चैंपियनशिप में भी हिस्सा लिया था। इसलिए लोगों से कहती हैं, 'आप वह सब कर सकते हैं, जो आप सोचते हैं, बस आत्मविश्वास होना चाहिए।'

इसलिए अपने अंदर आत्मविश्वास पैदा करें और अपने आइडिया के बारे में सोचें।

क्योंकि किसी शायर ने कहा है:-

बुझी शमां भी, कभी जल सकती है।
तूफान से किश्ती भी, निकल सकती है।।
हो के मायूस, न बदल अपने इरादे।
तेरी किस्मत भी, कभी बदल सकती है।।

■■■

पांचवा अध्याय

आपका आइडिया क्या है?

'जीवन एक रहस्य है, इसे जिया जा सकता है। लेकिन गणित के सवालों की तरह हल नहीं किया जा सकता। इसलिए विफलता को शिक्षक समझिए और जानिए उन गलतियों को, जिनकी वजह से आप विफल हुए थे।'

–**दीपक पारेख** (बैंकर)

भारतीय सिनेमा खुद में एक माइथोलॉजी है। जिसे बॉलीवुड सेल्यूलाइट के पर्दे पर फहरा रहा है और भूली-बिसरी कथाओं को जीवित कर रहा है। इसलिए सोचो कि फिल्म 'शोले' क्यों सुपरहिट हुई ? सलीम-जावेद ने गब्बर सिंह का करेक्टर कैसे रचा था? सूरमा भोपाली का रोल कैसे यादगार बना? क्योंकि फिल्म के अंदर सफलता के गहरे रहस्य छिपे हुए हैं।

'शोले' की कहानी तो ठाकुर और गब्बर सिंह की थी, लेकिन सलीम-जावेद की जोड़ी ने उसमें वेस्ट का तड़का लगाया और अंग्रेजों के जमाने के जेलर का रोल जोड़ दिया। जिसकी वजह से संघर्ष का समीकरण बदल गया और फिल्म सुपरहिट हो गई। सलीम-जावेद का आइडिया दूसरे राइटरों से अलग था, इसलिए दर्शकों को पसन्द आया। डायलॉग भी नए अंदाज में गढ़े गए थे, जो अवचेतन में गहरी पैठ बना गए। जबकि 'कितने आदमी थे?' कोई सारगर्भित संवाद नहीं है, लेकिन यह गली-गली में गूंजा। 'सरदार हमने आपका नमक खाया है, तो अब गोली खा' में कोई विट नहीं है, परन्तु लोकप्रिय है।

इसे आइडिया का रसायन कहते हैं, जो सिर चढ़कर बोलता है। क्योंकि किसी भी क्षेत्र में सफलता पाने का शॉर्टकट है इनोवेटिव आइडिया। आपका आइडिया

जितना नया होगा, सफलता भी उतनी ही बड़ी मिलेगी।

कुछ दिनों पहले टेलीविजन पर चॉकलेट का एक विज्ञापन दिखाया जा रहा था, जिसमें रेखा ने अभिनय किया है। विज्ञापन में क्रिकेट खिलाड़ी मैच खेलने जा रहे हैं और पीछे की सीट पर रेखा बैठकर चिड़चिड़ाहट और नाराजगी प्रगट कर रही हैं तथा हैंड ग्लब्ज को पसीने की दुकान कहकर बाहर फेंक देती हैं।

अगली सीट पर बैठा व्यक्ति रेखा को चॉकलेट देकर कहता है कि हमारा यह पुरुष खिलाड़ी भूख लगने पर ऐसा बर्ताव करता है। फिर अगले ही शॉट में जहां रेखा बैठी थी, वहां एक पुरुष बैठा चॉकलेट खा रहा है। इसी तरह मैदान पर पहुंचते ही कार से निकल कर उर्मिला चिढ़कर कहती है, 'क्या सिर्फ मुझे ड्राइवर समझा है, मैं नहीं खेलूंगी।' उन्हें भी चॉकलेट दी जाती है।

इस विज्ञापन ने चॉकलेट की सेल 100 गुना बढ़ा दी, क्योंकि विज्ञापन में संदेश दिया गया है कि भूख लगने पर चॉकलेट से पेट भरा जा सकता है। यह इम्तियाज अली का आइडिया था, जो लोगों के मस्तिष्क पर गहरी चोट कर गया। इसलिए यह मानकर चलें कि बड़ी सफलता वही लोग पाते हैं, जिनके पास धांसू आइडिया होता है।

निर्देशक आयान मुखर्जी की फिल्म 'ये जवानी है दीवानी' ने सफलता के झंडे गाड़कर 300 करोड़ का आंकड़ा पार कर लिया। ऐसी सफलता की उम्मीद न तो आयान को थी और न ही रणबीर-दीपिका को। लेकिन इस शानदार फिल्म का आइडिया आयान को अपने एक दोस्त की शादी से मिला था, जहां वह अपने दोस्तों के साथ जश्न मना रहे थे।

दूसरा किस्सा इस्राइल की डांसर शाकेद दगान का है। वे 2010 में जब पहली बार भारत आईं, तो उन्हें लगने लगा कि इस देश में कुछ अलग बात है। एक आर्टिस्ट होने के नाते भारत को अपनी आर्ट में उतारने का आइडिया कुछ ही महीनों में उनके पास था। फिर तीन साल बाद 2013 में वह आइडिया कोरियोग्राफर शाकेद की स्पेशल परफॉर्मेंस में बदल गया। शाकेद के उस डांस शो को दिल्ली गैंग रेप के बाद और जोरदार बना दिया।

अब शाकेद कहती हैं, 'उन दिनों गैंग रेप की खबरें पढ़कर लगा कि मुझे शो में औरतों की दुनिया के हर एंगल को डालकर पेश करना चाहिए।' फिर वही हुआ, उस टेंपरेरी डांस शो में 6 अलग-अलग देशों की 7 डांसर्स के साथ शाकेद ने वूमेन वर्ल्ड को डांस पीस में बुन डाला।

उसके बाद किसी शायर ने कहा था:-

अपने हौसले को यह मत बताओ, कि परेशानी कितनी बड़ी है।
अपनी परेशानी को यह बताओ, कि मेरा हौसला कितना बड़ा है।

संघर्ष की ताकत को पहचानें:

अब मैं आपको सॉफ्ट ड्रिंक 'कोका-कोला' के बनने की कहानी सुनाता हूं। यह उस दिन शुरू हुई, जब पहली बार कुदरती खनिज पदार्थों से युक्त जल स्रोत इंसान के हाथ लगे थे। वैसे तो जल स्रोत में नहाना इंसान के लिए अच्छा माना गया है, लेकिन वैज्ञानिकों ने जान लिया कि कुदरती खनिज पदार्थों से युक्त झरनों के जल में बुलबुले कार्बनडाईऑक्साइड के कारण उठते हैं।

फिर 1676 में पहली बार सॉफ्टड्रिंक बाजार में पहुंचा, जो पानी और नींबू के रस के मेल से तैयार किया गया था। उसे मीठा करने के लिए शहद मिलाया गया था। फेरी वाले उस पेय को एक छोटे ड्रम में भर कर घूमते रहते और प्यासों को पिलाते थे। बाद में एक अंग्रेज डॉक्टर जोसेफ प्रिस्टले ने सोडा तैयार किया और उस पेय में मिला दिया। लेकिन लोगों को उसका स्वाद पसन्द नहीं आया।

तब डॉक्टर जॉन स्टिथ अटलांटा में दवा की दुकान चलाते थे। उन्होंने उस पेय में कोका के पत्ते और अफ्रीका के कोला नामक बादाम पीसकर डाल दिए। फिर जिसने भी उसे पिया, उसके दिमाग और नाड़ियों में स्फूर्ति आ गई। एक दिन एक ग्राहक जौन स्टिथ के पास आया और बोला, 'मेरे सिर में दर्द हो रहा है। कोई ऐसी दवा दो, जिसे पीने के बाद मुझे आराम मिले।'

तब जॉन स्टिथ ने वह पेय सोडा मिलाकर उस ग्राहक को पिला दिया। ग्राहक का सिरदर्द कुछ ही देर में ठीक हो गया। उसके बाद स्टिथ ने उस पेय का नाम रख दिया 'कोका-कोला'। यही कोका-कोला अब दुनिया के हर देश, शहर, गांव और गली में बिकता है।

तभी तो बायोकॉन की चेयरपर्सन किरण मजूमदार शॉ कहती हैं, 'हर विफलता, सफलता के नए रास्ते खोलती है। विफलता क्षणिक होती है और सफलता के रास्ते पर आगे बढ़ा जा सकता है। विफलता तब स्थायी बन जाती है, जब इंसान प्रयास करना छोड़ देता है।'

गीतकार प्रसून जोशी कहते हैं, 'मुश्किल रास्ता आपको मंजिल की तरफ ले जाता है और खूबसूरत रास्ता अपने आप में एक मंजिल होता है।'

फेसबुक की स्थापना करने वाले मार्क जुकरबर्ग कहते हैं, 'अपनी राह पर तेज चलो और इस बात का ध्यान मत दो कि तीव्र गति से कुछ चीजें टूट गई हैं। यदि चीजें टूटने की आवाज आपको सुनाई दे रही है, तो समझो कि आपकी गति तेज नहीं है।'

अलग दिखने के लिए कुछ अलग सोचिए:

मोबाइल गेम्स की दुनिया में अब नरेंद्र मोदी काले धन के पीछे लगे हैं। स्मार्ट

फोन के प्ले स्टोर पर 'मोदी चेज ब्लैक मनी' और 'मोदीज ब्लैक मनी चेज' तेजी से पॉपुलर होता जा रहा है।

मुफ्त में उपलब्ध इन गेम्स को लोग जमकर डाउनलोड कर रहे हैं। क्योंकि नरेंद्र मोदी देश के प्रधानमंत्री हैं, इसलिए इन खेलों का क्रेज भी खास है। लोकसभा चुनाव से पहले 'मोदी रन' नाम से गेम आया था, जिसमें सरकार बनाने का खेल था। वह खूब लोकप्रिय हुआ था।

लेकिन सरकार बनने के बाद लोग यही संभावना जता रहे हैं कि विदेशों में चोरी से जमा किया गया भारत का पैसा वापस जरूर आएगा। इस गेम में 6 राउंड हैं। एक के बाद एक राउंड पार करते हुए काला धन जमा करने वालों को मोदी पकड़ते हैं।

लेकिन आपको यह पता नहीं होगा कि इस गेम को किसने बनाया है, वर्जिन ग्रुप की कम्पनी ने। वही वर्जिन ग्रुप, जिसके मालिक रिचर्ड ब्रेनसन हैं। उनकी आठों कम्पनियां बिलियन डॉलर के ऊपर का कारोबार करती हैं। जबकि उन्होंने 16 की उम्र में स्कूल से ड्रॉप आउट कर 20 की उम्र में बिजनेस शुरू कर दिया था। ब्रिटेन के धनी व्यक्तियों में शामिल ब्रेनसन को उनके कामों के लिए सन 2000 में ब्रिटेन की महारानी ने 'नाइट' की उपाधि से नवाजा था।

उनकी कम्पनी के पोर्टफोलियो में म्यूजिक, एविएशन, इंडस्ट्री, बेवेरेजिस और मोबाइल आते हैं। लेकिन उनके कुछ सिद्धांत हैं, जो आपके लिए मील का पत्थर साबित हो सकते हैं:-

☞ बिना रिस्क लिए आप कभी आगे नहीं बढ़ सकते।
☞ अपने नाम और काम को सोच-समझकर पेश करें।
☞ जितना पहली बात का असर रहता है, उससे कहीं कम असरदार दूसरी बात का नहीं होता।
☞ गलतियों को खुद पर हावी मत होने दें, उनमें इस तरह से सुधार करें कि वह प्रेरणा का सबब बन जाए।
☞ जितना हो सके मेल और मोबाइल की जगह आमने-सामने की बातचीत को तवज्जो दें।
☞ हमेशा साथ चलने की कोशिश करें, क्योंकि किसी का साथ आपको निर्भरता की ओर ले जाता है।

इन्हीं सिद्धांतों को अपनाकर के.वी.एम. दिल्ली के 16 स्टूडेंट्स 'स्पार्क्स लिमिटेड' नाम की कम्पनी चला रहे हैं। न एम.बी.ए. हैं, न इंजीनियर हैं, न प्रोफेशनल हैं, फिर भी स्टेशनरी बेचते हैं।

कम्पनी के सी.ई.ओ. अनन्य जैन कहते हैं, 'मैंने इस तरह की शॉप चंडीगढ़ में देखी थी। आइडिया अच्छा लगा और के.वी.एम. में आने के बाद 'स्पार्क्स लिमिटेड' की शुरुआत कर दी।'

नौकरी में भी इस तरह के आइडिया की जरूरत पड़ती है, लेकिन नौकरी में आइडिया का इस्तेमाल दूसरों के लिए होता है।

'पब्लिक इन्फॉर्मेशन इन्फ्रास्ट्रक्चर एण्ड इनोवेशन' मामलों पर प्रधानमंत्री के सलाहकार सैम पित्रोदा यानी सत्यनारायण गंगाराम पित्रोदा बताते हैं, 'मैं बढ़ई का बेटा हूं। जब टेलीकॉम इंजीनियर बना, तो मैंने खुद को परखने की कोशिश की। इसलिए मैं अमेरिका चला गया और नौकरी करने लगा। वहां मुझे इनोवेशन डिपार्टमेंट में काम करने का मौका मिला, जहां मैं वैज्ञानिक बन गया। उसके बाद भारत आया और 'राष्ट्रीय विज्ञान आयोग' का अध्यक्ष पद संभाला। क्योंकि इनोवेशन का मतलब विज्ञान और तकनीकी से नहीं है, बल्कि नए आइडिया उत्पन्न करना है।'

इतिहास गवाह है कि भारत ने हमेशा से नए विचारों और नई खोजों को प्रोत्साहित किया है। शून्य की खोज हमने की, इस खोज ने गणित में क्रान्ति ला दी। अगर हम अपनी ऐतिहासिक और सांस्कृतिक धरोहरों पर नजर डालें, तो पाएंगे कि भारतीयों ने शिल्प तथा वास्तुकला के क्षेत्र में अद्‌भुत नमूने पेश किए हैं। ताजमहल और कुतुब मीनार जैसी इमारतें इसका सबूत हैं। हर्बल दवाओं के क्षेत्र में भी हमने तमाम नई खोज की हैं। अगर शिक्षा की बात करें, तो नालंदा और तक्षशिला जैसे विश्वविद्यालयों की स्थापना नए विचारों की ही देन है।

मिशन इम्पॉसिबल को पूरी तरह से मिटा दें:

एक बार किसी ने रब से कहा, 'ऐ खुदा! कितना अच्छा होता यदि जिंदगी होती, मौत नहीं। स्वर्ग होता, नर्क नहीं। अमीरी होती, गरीबी नहीं। सेहत होती, बीमारी नहीं।'

तब रब की आवाज गूंजी, 'यदि मौत न होती, तो मेरा दीदार न होता। यदि नर्क न होता, तो मेरी हस्ती से कौन डरता। यदि गरीबी नहीं होती, तो मेरा शुक्रिया कौन अदा करता। यदि बीमारी न होती, तो मुझे कौन याद करता?'

मिशन इम्पॉसिबल को पूरी तरह से मिटा दें और कर्म पर ध्यान दें। क्योंकि कर्म से ही प्रकाश मेहरा सफल निर्माता-निर्देशक बने थे। उनका जन्म 13 जुलाई, 1939 को उत्तर प्रदेश के बिजनौर शहर में हुआ था। वहां उनके पिता की 'प्रिंस ड्राइक्लीनर्स' के नाम से ड्राइक्लीन की दुकान थी। गीत लिखने के शौक ने उन्हें मुम्बई पहुंचा दिया था। बाद में उन्होंने 'जंजीर', 'शराबी' जैसी कई सुपरहिट फिल्में बनाई और अपना दफ्तर बनाने के लिए जुहू होटल खरीदा।

कुछ लोग कहते हैं कि प्रकाश मेहरा के भाग्य में निर्माता-निर्देशक बनना लिखा था, इसलिए वे बिजनौर से भागकर मुम्बई आए, लेकिन ऐसा कुछ नहीं था। भाग्य अपना काम करता है, परन्तु उसकी कुछ सीमाएं हैं। वह इच्छाशक्ति, संकल्प, लगन, जुनून, मेहनत, आइडिया और प्रकृति से बदलता है।

गहराई से समझने के लिए एक नदी की कल्पना करें। उसका उदय पहाड़ों से होता है। लेकिन शुरू में वह एक नाले जैसी होती है। फिर वह झरना बन जाती है। मैदानी इलाकों में बहते हुए अंत में यह समुद्र में जा मिलती है। क्या यह इस नदी का भाग्य है? नहीं। यह नदी का भाग्य नहीं है, बल्कि नदी के पानी की प्रकृति है। उसका काम ऊंची जगह से नीची जगह की तरफ लगातार बहना है। इसलिए फिर सोचो कि आपका आइडिया क्या है?

सफलता का रहस्य जानें:

रोज आपके दिमाग में सैकड़ों इरादे आते हैं, लेकिन आप उन सब पर काम नहीं करते, क्योंकि आप असफल होने से डरते हैं।

जबकि हर आइडिया पर सोचना जरूरी है। उसके बाद आइडिया की छंटाई करें और अपने कौशल से मिलाएं। यदि जवाब मिले, 'यस! आई कैन', तब उस आइडिया को अमल में जरूर लाएं। जिस आइडिया पर आप निरंतर काम करते हैं, उसी से आपके व्यक्तित्व का निर्माण होता है और व्यक्तित्व से आपकी किस्मत चमकती है।

एक बार अमेरिका के नामी उद्योगपति क्लैरंस डैरो से किसी पत्रकार ने पूछा, 'आप अपनी सफलता का रहस्य बताएं?'

क्लैरंस डैरो ने जवाब दिया, 'मैं एक टाल पर काम करता था। एक दिन जब बहुत गर्मी थी, मैं सूखी घास के गट्ठर बना रहा था और उन्हें बांट रहा था। टाल वाला बार-बार मेरे ऊपर और गट्ठर लाद देता था। दोपहर तक मैं थक कर चूर हो चुका था। फिर मैं उस टाल से निकल आया और वहां कभी वापस नहीं लौटा। क्योंकि दौलत कमाने का आइडिया मैंने खोज लिया था।'

पत्रकार ने दूसरा प्रश्न दागा, 'आप अपनी सफलता का श्रेय आइडिया को दे रहे हैं, जबकि दूसरे लोग अपनी सफलता का श्रेय कठिन परिश्रम को देते हैं। ऐसा क्यों?'

'क्योंकि आइडिया के बाद ही कठिन परिश्रम काम आता है।' क्लैरंस डैरो ने उत्तर दिया।

गांधी जी हमेशा नए आइडिया पर विचार करते रहते थे और उनका नामकरण करते रहते थे। आपको शायद ही पता हो कि उनके तीन बंदर कहां से आए थे? बात 1939 की है। चीन का एक प्रतिनिधिमंडल उनसे मिलने आया। बातचीत के बाद उन लोगों ने गांधी जी को एक भेंट देते हुए कहा कि यह एक बच्चे के खिलौने से बड़े तो नहीं हैं, लेकिन हमारे देश में बहुत ही मशहूर हैं। गांधीजी ने तीन बंदरों के सेट को देखते ही उनका नामकरण कर दिया, 'बुरा मत देखो, बुरा मत सुनो, बुरा मत बोलो।'

यह एक आइडिया था, जो बाद में गांधी जी के सिद्धांतों में जुड़ गया।

शराब, मनोरंजन और शबाब तीनों हैं लाजवाब:

वाल्मीकि ने रामायण में लिखा है, 'उत्साह से बढ़कर कोई बल नहीं है और उत्साही मनुष्य के लिए जगत में कोई वस्तु दुर्लभ नहीं।'

इसका प्रत्यक्ष प्रमाण आप खुद अपने जीवन में देख सकते हैं। एहसास कर सकते हैं। जब आपके मन में कार्य करने की प्रबल इच्छा जागृत होती है, तब आप एकदम उठकर खड़े हो जाते हैं और कहते हैं, 'मुझे यह कार्य करना है।' उत्साह इतना बढ़ जाता है कि आप बड़े से बड़ा कार्य भी क्षणभर में कर देते हैं। इसलिए उत्साह की विशेषताएं जानें:

☞ यह आपको जिंदादिल बनाए रखता है।
☞ इसमें धैर्य, संयम और सहनशीलता जैसे गुण छिपे हैं।
☞ यह क्रोध को नियंत्रण में रखने का एक मानवीय गुण है।
☞ यह संघर्ष की क्षमता में कभी गिरावट नहीं आने देता।
☞ यह आपका साहस बढ़ाता है।
☞ यह आपको कर्त्तव्यपरायणता की ओर ले जाता है।
☞ यह आपके सार्थक जीवन की ऊर्जा है।

सोनीपत जिले के चटिया गांव के निवासी दीपक भारद्वाज में गजब का उत्साह था, जिसकी वजह से वे एक साधारण क्लर्क से अरबपति बने। वे दिल्ली सरकार के रजिस्ट्रार कार्यालय में क्लर्क थे। वहां रहते हुए उन्हें दिल्ली भूमि कानून की काफी जानकारी हो गई थी। उसके इस्तेमाल से वे प्रॉपर्टी कारोबार में आए और अरबपति बन गए।

दीपक के एक करीबी ने बताया, 'नौकरी के दौरान सबसे पहले उन्हें एक बिल्डर का काम करने की एवज में लाखों रुपए मिले, तो उन्होंने नौकरी छोड़ दी। उस रकम से दीपक ने सबसे पहले लाजवंती इलाके में एक घर लिया। कुछ समय ऑटो पार्ट्स का भी कारोबार किया। लेकिन कुछ दिन बाद वे प्रॉपर्टी के कारोबार में उतर गए और साधारण आदमी से अरबपति बन गए। क्योंकि वे शराब, मनोरंजन और शबाब का सही उपयोग करना सीख गए थे।'

पॉन्टी चड्ढा भी इसी तरह से अमीर बने थे। जबकि किसी जमाने में वे अपने पिता के साथ मुरादाबाद में देशी शराब के ठेके के सामने नमकीन का ठेला लगाते थे। बाद में उनके पिता को किसी तरह एक शराब की दुकान का लाइसेंस मिल गया। उसी समय पॉन्टी चड्ढा पर लिकर बैरन होने का भूत सवार हुआ। फिर उसी दुकान के मालिक बने, जहां पर ठेला लगाते थे।

बाद में हजारों की श्रृंखला खड़ी कर दी। जबकि पॉन्टी चड्ढा से पहले

यह धंधा कुछ अलग नियमों पर चलता था और उसमें समान हैसियत वाले कई खिलाड़ी थे। परन्तु पॉन्टी चड्ढा ने सारे नियम बदल दिए और ऐसे शहंशाह बन गए कि वे जहां खड़े होते, लाइन वहीं से शुरू होती थी।

कहते हैं कि तीन व्यवसाय ऐसे हैं, जिनमें मंदी के दौर का प्रभाव नहीं पड़ता। वे हैं शराब, मनोरंजन और शबाब। पॉन्टी चड्ढा ने तीनों ही व्यवसाय किए और अमीर लोगों की जमात में शामिल हो गए।

इसलिए एक बार फिर सोचो कि आपका आइडिया क्या है? क्योंकि आइडिया जितना दमदार होगा, उतना ही दौलत को खींचेगा।

पंजाब इंजीनियरिंग कॉलेज में बीटेक करने वाले विनय जौहर ने एक दोस्त के आइडिया पर ऐसी आईटी कम्पनी खड़ी कर दी, जो आज 20 से अधिक देशों में 380 से अधिक कम्पनियों को सर्विसेज दे रही है। उनके ग्राहकों में विप्रो से लेकर सैमसंग शामिल हैं।

रिज्यूमे पार्सिंग (बायोडाटा प्रोसेसिंग) सर्विसेज देने वाली कम्पनी 'आरचिली' ने पहले साल में सिर्फ 15 लाख का कारोबार किया था। लेकिन दूसरा साल पूरा होने से पहले ही कारोबार 10 करोड़ तक पहुंच गया। अब कम्पनी ने अगले दो साल में 100 करोड़ के टर्नओवर को पार करने का प्लान बनाया है।

आइडिया नया है तो नामुमकिन कुछ भी नहीं:

एक हाईप्रोफाइल सेंधमार की देश के कई शहरों में तलाश थी। उसने हैदराबाद, बेंगलुरू, जयपुर, पुणे, चेन्नई, अहमदाबाद, मुम्बई जैसे शहरों में सैकड़ों घरों में सेंधमारी के जरिए लूट की वारदातें की थीं। लेकिन अपराध के उसके तौर-तरीके ऐसे थे कि वह सालों तक पकड़ा नहीं जा सका।

जहां लूट करनी होती, वहां वह लैंडक्रूजर जैसी महंगी गाड़ी से जाता था, साथ में उसके अगल-बगल दो खूबसूरत लड़कियां भी होती थीं। इस तामझाम को देखकर सुरक्षाकर्मी अकसर धोखा खा जाते थे।

एक बार उसने बाबा घटकर के आश्रम को लूटा। तब बाबा ने संकल्प लिया कि वह उस चोर का पता लगाकर ही रहेंगे। उनके सी.सी.टी.वी. में चोर की तस्वीरें कैद हो चुकीं थीं। फिर बाबा घटकर ने छह महीने के भीतर यह करके भी दिखा दिया और पुणे की पुलिस ने उस छंटे हुए सेंधमार को पकड़ लिया। उसका नाम है सलीम अली हुसैन खान उर्फ कुरैशी।

बाबा के दिमाग में उस चोर को पकड़वाने का गजब का आइडिया आ गया था। उन्होंने चोर की फोटो 'मराठा अखबार' में छपवा दी और लिखवा दिया, 'लापता की तलाश, पता देने वाले को 15 करोड़ का इनाम दिया जाएगा।'

चोर को लालच आ गया। उसने मुखबिर बनाकर बाबा के आश्रम में अपनी

पत्नी को भेज दिया, ताकि इनाम का पैसा उसकी पत्नी को मिल जाए। परन्तु पुलिस ने जब सख्ती करी, तो पत्नी ने सच उगल दिया। फिर पकड़े जाने पर उसने गुनाह कुबूल किया। उसके पास से लूट का काफी माल बरामद हुआ। पुलिस ने बताया कि लूट और सेंधमारी की 121 से ज्यादा वारदातों में पिछले 10 सालों से उसकी तलाश थी।

'ओम शांति ओम' फिल्म में शाहरूख खान का एक डायलॉग है, 'आप यदि किसी चीज को शिद्दत से चाहते हो, तो पूरी कायनात उसे आपसे मिलाने की कोशिश में जुट जाती है।'

मशहूर शायर 'शुजाअखावर' का एक शेर है:-

जानेमन मौत से पहले, जरूर जी लेना।
जीना मुश्किल हो, तो थोड़ी सी पी लेना॥

यहां पर पीने का अर्थ है जुनून और जीने का अर्थ है आइडिया। यानी मौत से पहले दिमाग में दौलत कमाने का आइडिया लाओ और उसे अमल में लाने का जुनून पैदा करो।

क्योंकि इंद्रा नूई आज जिस मुकाम पर हैं, वे अपने इरादे की वजह से ही हैं। उनकी प्रारंभिक शिक्षा काठमांडू स्थित वनस्थली हाईस्कूल में हुई थी। उसके बाद 1974 में उन्होंने मद्रास क्रिश्चियन कॉलेज से रसायन विज्ञान में स्नातक किया, फिर इंडियन इंस्टीट्यूट ऑफ मैनेजमेंट, कोलकाता से एमबीए की डिग्री हासिल की। उन्हें सफलता विरासत में नहीं मिली, बल्कि उसके लिए उन्हें काफी संघर्ष करना पड़ा। नूई की पहली नौकरी एक ब्रिटिश टेक्सटाइल कम्पनी में लगी। उसके बाद इंद्रा ने ब्रांड मैनेजर के रूप में 'जॉनसन एण्ड जॉनसन' के मुम्बई ऑफिस में काम किया। कुछ ही समय बाद इंद्रा को लगा कि बिना पूरी तैयारी के वह बिजनेस की दुनिया में उतर आई हैं।

फिर उन्होंने अमेरिका में आगे की पढ़ाई करने की ठानी, आवेदन करने पर 'येल यूनिवर्सिटी' में स्नातक स्तर पर मैनेजमेंट में दाखिला मिल गया। यह नूई के जीवन की नई शुरुआत थी। उसके बाद उन्होंने 'पेप्सीको' ज्वाइन किया। उस समय पेप्सी और कोका-कोला के बीच जबर्दस्त प्रतिस्पर्द्धा चल रही थी। नूई ने अपनी प्रतिभा और कौशल की वजह से पेप्सी के कारोबार को विश्व बाजार में एक नई पहचान दी। उन्होंने पेप्सी के साथ ही 'माउंटेन ड्यू' और 'स्नैक्स' की नई रेंज भी बाजार में उतारी और मार्केटिंग स्ट्रेटजी के तहत पेप्सी को गांव-गांव तक पहुंचाया।

इंदिरा नूई ने 2006 में कम्पनी की सी.ई.ओ. और 2007 में चेयरपर्सन का पदभार संभाला। 'फॉरच्यून' पत्रिका ने लगातार 2006, 2007 और 2008 में बिजनेस की दुनिया में सबसे ताकतवर महिलाओं में उन्हें शुमार किया। भारत सरकार ने 2007 में इंद्रा नूई को 'पद्मभूषण' से सम्मानित किया और 2008 में अमेरिकन

एकेडमी ऑफ आर्ट एंड साइंस ने उन्हें फेलोशिप प्रदान किया।

इसलिए बार-बार सोचें कि आपका आइडिया क्या है? जब निश्चित हो जाएं, तब उसे नीचे लिख दें।

मेरा आइडिया '.. ....' ई-बिजनेस करने का है, वेब पोर्टल बनाने का है, फ्रेंचाइजी खोलने का है, टी.वी. सीरियल बनाने का है, आई.ए.एस. ऑफिसर बनने का है, बिल्डर बनने का है, प्रोसेसिंग का काम शुरू करने का है, फिल्मों में गीत लिखने का है, चुनाव में जीतने का है, प्रधानमंत्री बनने का है या वो लिखें, जो आप बनना चाहते हैं।

अपने आइडिया को परखें:

अब सोचो कि क्या आइडिया कारगर है, बिकाऊ है? क्या उसकी लोगों को जरूरत है? क्योंकि आइडिया कैसा भी हो। बेचने का, सेवा देने का या सुझाव देने का। सबमें शर्त एक ही लागू होती है कि बिकाऊ है या नहीं? यदि बिकाऊ है, तो समझ लीजिए कि आपने सफलता की पहली सीढ़ी पार कर ली और यदि टिकाऊ है, तो समझ लीजिए कि आपने दूसरी सीढ़ी खोज ली।

फिर सोचें कि उसे शुरू करने में कितना पैसा लगेगा, वह पैसा कहां से आएगा, यदि पैसा डूब गया तो भविष्य पर क्या प्रभाव पड़ेगा? तब सोचें कि उस प्रोडेक्ट का खरीददार कौन है, कैसे उसे ग्राहक तक पहुंचाना है, कितने दिन तक प्रोडेक्ट खराब नहीं हो सकता, खराब होने पर क्या करना है? क्योंकि हर जगह सफलता आइडिया और उसकी जरूरत पर निर्भर करती है। अब तक जितने भी आइडिया सफल हुए हैं, वे वक्त की जरूरत से ही उद्योग में बदले हैं।

इसलिए किसी शायर ने कहा था:-

मन में हौसला जगा तू, पंख फैलाना खुद ही आ जाएगा ।
हवाओं के साथ घूमता रह, उड़ान भरना खुद ही आ जाएगा ।

क्योंकि सफलता पाने के लिए आपके पास बहुत कम समय होता है और पैदा होने से लेकर बुढ़ापे तक आप न जाने कितना समय बर्बाद कर देते हैं। उसका हिसाब जोड़ेंगे, तो नीचे लिखे तथ्य सामने आएंगे:-

☞ जब आदमी पैदा होता है, तो सांख्यिकी आधार पर उसके पास लगभग 78 साल होते हैं।
☞ उसमें से एक-तिहाई वक्त लोग सोने में गुजार देते हैं, फिर उनके पास 49 साल बचते हैं।
☞ जब पढ़ने का वक्त आता है, तब वे 31,000 घंटे पढ़ाई में बिता देते हैं। जो साढ़े तीन साल के आस-पास बैठते हैं।
☞ शिक्षा पूरी होने के बाद 91,000 घंटे दफ्तर में बिताएंगे। जिसके साढ़े दस

साल बनते हैं।

- लगभग एक साल ट्रैफिक जाम में गुजर जाएगा। क्योंकि सड़कों पर ट्रैफिक बहुत ज्यादा है।
- दांत मांजने में, टॉयलेट में, नहाने में और कपड़े पहनने-उतारने में ही ढ़ाई साल का वक्त गुजर जाएगा।
- खाने में, पानी पीने में 4 साल गुजर जाएंगे।
- शॉपिंग में, परचून की दुकान से सामान लाने में, सब्जी खरीदने में, इन्टरनेट का उपयोग करने भी ढाई साल के आस-पास का समय गुजर जाएगा।
- बीवी से या पति से प्यार जताने और बढ़ाने में लगभग 6 साल गुजर जाएंगे।
- बच्चों को पढ़ाने में, उन्हें स्कूल छोड़ने में और उनसे लाड़ लड़ाने में डेढ़ साल का समय हवा हो जाएगा।
- टी.वी. देखने में, शौक पूरा करने में, दोस्तों के साथ गप-शप करने में भी वक्त जाया होगा। उसे 8 साल के बराबर मान सकते हैं।

अब बचे सिर्फ 10 साल, जो सिर्फ आपके लिए हैं। इतने समय में आपको उस नये विचार के बारे में सोचना है, उसे अमल में लाना है और सफलता के शिखर पर पहुंचना है। देश तरक्की कर रहा है, आपको उसके साथ चलना है।

तकनीक की दुनिया में भारत का डंका बज रहा है। 11 मई, 1998 में भारत ने पोखरण में परमाणु परीक्षण करके दुनिया को यह बता दिया था कि देश में संसाधनों की कमी नहीं है। जमीन से हवा में मार करने वाली मिसाइल 'आकाश' भी हमने बनाई है। 1980 में 'एसएलवी-3 सेटेलाइट' भी लांच किया है, 1992 में 'इनसेट 2A सेटेलाइट' भी फ्रेंचगुयाना से दागा गया है, 'परम युवा-2 सुपर कम्प्यूटर' भी हमने बना लिया है।

लड़ाकू विमान 'तेजस' वायु सेना में शामिल हो चुके हैं, 'आई.एन.एस. अरिहंत' एटमी पनडुब्बी भी 2013 में तैनात हो चुकी है, जो एटमी हथियारों से लैस है। देश का पहला स्वदेशी युद्धपोत 'आई.एन.एस. कर्मोटा' भी अगस्त 2014 को नौसेना में शामिल हो चुका है। यह रडार की पकड़ से बाहर रहता है और पनडुब्बी को मारने में सक्षम है। क्षेत्रीय नौवहन उपग्रह प्रणाली (आई.आर.एन.एस. एस-1A) का प्रक्षेपण भी 1 जुलाई, 2013 की रात को 11 बजे हो चुका है, जिसे स्टैंडर्ड पोजिशनिंग सिस्टम (एस.पी.सी.) नाम दिया गया है।

यह उपग्रह हिन्द महासागर के ऊपर तैनात है। वहां से वह विमानों, जहाजों, स्मार्टफोन और जी.पी.एस. प्रणाली से युक्त वाहनों की निगरानी करता है और विमान तथा जहाजों के पायलटों-कैप्टनों को दिशा की सही जानकारी देता है। अब मानव रहित विमान 'निशांत' और 'रुस्तम' पर तेजी से काम चल रहा है, जिसे

आपको पूरा करना है। हो सकता है आपका आइडिया उसे पूरा करने में काम आए। इसलिए अपने आइडिया को परखें और आगे बढ़ें।

ऐसे विचार जिन्होंने दुनिया बदल दी:

एक अच्छा आइडिया दुनिया को बदलने की ताकत रखता है। कई बार ऐसा होता है कि दूसरों के लिए काम करते हुए अचानक अपने लिए ही दिमाग में आइडिया आ जाता है।

☞ आई.आई.टी. खड़गपुर से शिक्षा प्राप्त करने के बाद 1990 में रवि कुचिमंची यूनिवर्सिटी ऑफ मैरीलैंड से फिजिक्स में पी.एच.डी. करने के लिए अमेरिका गए। वहां उन्हें एक अच्छी-सी नौकरी, बड़ा घर और खूबसूरत पत्नी मिल गई। जब इतनी सारी चीजें हों, तो किसी की भारत वापस लौटने की इच्छा भला कहां होती है, लेकिन रवि कुचिमंची ने जब 'स्वदेश' फिल्म देखी, तो उनका मन बदल गया। उस फिल्म में नायक शाहरुख खान नासा में काम करने के बाद अपने गांव लौट आता है। रवि भी फिल्म के हीरो की तरह वापस आंध्र प्रदेश में अपने गृह नगर राजमुंदरी आ गए। फिर उन्होंने भूमिहीन मजदूरों के लिए किचन गार्डन की शुरुआत की। वे निर्धन किसानों को 50 रुपए में सब्जियों की देसी प्रजाति के बीज देते थे। जिससे इतनी सब्जी पैदा हो जाती थी कि मजदूर के परिवार की जरूरत पूरी हो सके। फिर रवि ने अपने शहर के आस-पास स्थित 50 गांवों के 300 किसानों को वही बीज दिए। उसके बाद इलाके में भूख की समस्या काफी हद तक हल हो गई और वे देखते-ही-देखते कुछ ही सालों में लोकप्रिय हो गए।

☞ आज से दो दशक पूर्व एकता कपूर ने अपने बंगले के गैरेज में छोटा-सा दफ्तर बनाया, तब उनकी पूंजी मात्र दो लाख रुपए थी। उन्होंने कम लागत में ही 'हम पांच' सीरियल का निर्माण किया, जिसके निर्देशक थे कपिल कपूर, जो चरित्र अभिनेता कमल कपूर के बेटे थे। धीरे-धीरे मेहनत करके एकता कपूर ने सीरियल संसार में सास-बहू वाली कहानियों वाले धारावाहिकों की भरमार कर दी। यह उनका अपना आइडिया था, टी.वी. उद्योग में जमने का। लेकिन आइडिया नया था, जिसकी वजह से उन्होंने ऐतिहासिक सफलता प्राप्त की और 'टी.वी. की नं. वन महारानी' कहलाने का गौरव हासिल किया। जिसके धारावाहियों में काम करने के लिए छोटे से बड़े कलाकार लालायित रहते हैं।

अपने दिल की बात सुनो:

आमिर खान ने की 'थ्री इडियट्स' देखकर हर कोई यही कहता है, जो दिल कहे, वही करो। क्योंकि सफलता का फॉर्मूला कहता है:-

उत्साह + कर्म = सफलता

यहां पर उत्साह मनोवैज्ञानिक ऊर्जा है, जो मस्तिष्क, शरीर और इच्छा से काम करवाता है, ताकि आप मुश्किलों, प्रतियोगिता, सीमित धन और दूसरी कमियों के बावजूद जीत सकें। इसलिए जब आप किसी खिलाड़ी को रिकॉर्ड तोड़ते देखते हैं, तो आप उत्साह का भौतिक रूप देखते हैं। हर इंसान एक मनोवैज्ञानिक ऊर्जा के साथ पैदा होता है, जो उसके अंदर उत्साह पैदा करता है। यह पूरी तरह से अदृश्य होता है, लेकिन आप हर दिन उसके परिणाम देखते हैं।

तभी तो किसी शायर ने कहा था:-

कौन अमीर कौन गरीब, टेढ़ा सवाल है।
दोनों के बीच फैला, मोह-माया का जाल है॥
बिना योग्यता के, महाभारत होता है रोज।
किस्मत पर सदियों से, आइडिया का राज है॥

जो इस बात की ओर इशारा करता है कि इंसान के मन में काम के लिए जितना उत्साह होगा, वह अपने लक्ष्य को पाने में उसी अनुपात में सफल होगा। सफलता हमेशा महान उत्साह की बदौलत ही आती है। जबकि लोगों का मानना है कि असाधारण लोगों का मस्तिष्क 'सामान्य' लोगों की तुलना में बड़ा होता है। परन्तु 'महान' लोगों के मस्तिष्कों पर जब प्रयोग किए गए और उनका वजन तौला गया, तो उनमें और सामान्य लोगों के मस्तिष्क के वजन में कोई अंतर नहीं पाया गया।

अकसर कहा जाता है शिक्षा भी इस अंतर का कारण है। परन्तु यह भी सच नहीं है। भौतिक शास्त्र में क्रान्ति लाने वाले अल्बर्ट आइंस्टीन और अंतरिक्ष अन्वेषण के प्रवर्तक वॉन ब्रॉन के पास पी.एच.डी. की डिग्री नहीं थी। दूसरा उदाहरण सफल कलाकारों, व्यापारी, किसानों और दार्शनिकों का है, जिनमें से कइयों की स्कूली शिक्षा बहुत कम रही है, उसके बाद भी वे सफल हुए।

मेलकम मैक्लीन कम पढ़े-लिखे थे और बचपन में अपनी मां के साथ फुटपाथ पर अंडे बेचते थे। 1930 में दुनिया में छाई आर्थिक मंदी ने फार्मिंग सेक्टर को सबसे ज्यादा प्रभावित किया, जिससे उनकी कमाई का जरिया बंद हो गया। ऐसे में उनके पास करने को कुछ नहीं था।

काफी मिन्नतों के बाद एक पेट्रोल पंप पर उन्हें काम मिला। फिर दो-तीन साल वहां काम करने के बाद उन्होंने इतने पैसे बचा लिए थे कि एक सेकेंड हैंड ट्रक खरीद सके। उससे उन्होंने ट्रांसपोर्टेशन का नया काम शुरू किया, जिससे

मैक्लीन ट्रकिंग कम्पनी का जन्म हुआ।

जब बिजनेस चल पड़ा, तब उन्होंने पांच नए ट्रक खरीदे और उनके लिए ड्राइवर भी रखे, लेकिन खुद ट्रक चलाना नहीं छोड़ा। 1937 में एक दिन वे होबोकन बंदरगाह पर कॉटन के बंडल डिलीवर करने गए थे। मजदूर एक-एक बंडल को नीचे उतारकर क्रेट पर रख रहे थे और एक क्रेन इन्हें जहाज पर रख रही थी। इस काम में सुबह से शाम हो गई। पूरे दिन वे ट्रक में ही बैठे रहे। समय और पैसे दोनों का नुकसान उठाना पड़ा।

तभी मैक्लीन को आइडिया आया कि क्यों न कुछ ऐसा किया जाए कि बिना किसी सामान को छुए पूरे के पूरे ट्रेलर को जहाज पर एक बार में लोड कर दिया जाए। फिर उन्होंने बैंक से 500 मिलियन डॉलर का लोन लेकर द्वितीय विश्वयुद्ध के दो टी-2 टैंकर खरीद लिए। साथ ही बड़े-बड़े कंटेनर बनवाए, जो सीधे ट्रक से उतारकर जहाज पर रख दिए जाते थे। उनका आइडिया कामयाब रहा। उसके बाद सभी बंदरगाहों पर ऐसा होने लगा और मैक्लीन अपने आइडिया से अमीर बन गए।

अब बात करते हैं अरुणिमा सिन्हा की, जो युवा पीढ़ी के लिए हौसलों की मिसाल बन गई हैं। जबकि वे कभी नेशनल लेवल की वॉलीबॉल खिलाड़ी थीं, लेकिन एक हादसे में उनके पैर खराब हो गए। उसके बाद भी नकली पैर के सहारे दुनिया की सबसे ऊंची एवरेस्ट की चोटी पर चढ़ाई की और इतिहास रच दिया।

वह ऐसा करने वाली दुनिया की पहली विकलांग हैं। उन्होंने गीता पढ़कर यह जान लिया था कि अर्जुन ने कैसे उस अनिश्चितता का सामना किया और युद्ध में कैसे विजय प्राप्त की।

अमेरिकी फिल्म डायरेक्टर क्विंटिन टैरंटीनो दिन में एक बार जरूर गीता पढ़ते हैं। वे मशहूर फिल्म 'किल-बिल' सीरीज बना चुके हैं। उनकी फिल्मों को अब यूनिवर्सिटी के कोर्स में पढ़ाया जा रहा है। क्योंकि उनकी फिल्मों में कुछ ऐसे नियम भी छुपे हैं, जो किसी भी तरह के बिजनेस को सफल बना सकते हैं।

फिल्म अभिनेता संजय दत्त डायरेक्टर क्विंटीन टैरंटीनो के सबसे बड़े प्रशंसक हैं और उनके उसूलों पर चलते हैं। संजय दत्त जिस रोल को करने की ठान लेते हैं, वह उसमें पूरी तरह से डूब जाते हैं। यदि उन्हें लगता है कि मैं रोल के भीतर प्रवेश नहीं कर सकता, तो वे उस ऑफर को अस्वीकार कर देते हैं क्योंकि उत्साह विश्वास का बाई-प्रोडक्ट है। इसलिए जिस काम को करने में आपको विश्वास होगा, वह काम आपके अंदर उत्साह पैदा कर देगा। कुछ लोग सोचते हैं कि आज के दौर में बड़ी सफलता पाना मुश्किल है। इसलिए वे धोखाधड़ी या हेराफेरी से दौलत कमाने में जुट जाते हैं।

आई.पी.एल. में सट्टेबाजी की कहानी तो आपने सुनी होगी? यह काम बुकी के द्वारा किया जाता है और टॉस होने से लेकर मैच के दौरान फ्री हिट गेंद मिलने

तक, हर चीज पर सट्टा लगता है, क्योंकि खिलाड़ियों को जल्द-से-जल्द अमीर बनने का चस्का लग चुका है। यह अलग बात है कि ईमानदारी, जुनून और धीरज से भी बहुत कुछ हासिल किया जा सकता है।

इसका ताजा उदाहरण है 'रेनबैक्सी लैबोरेट्री' में नौकरी करने वाले दिनेश ठाकुर। वे कम्पनी में डायरेक्टर ऑफ प्रोजेक्ट एंड इन्फॉरमेशन के पद पर काम करते थे। उन्होंने 2005 में कुछ कारणों से कम्पनी छोड़ दी। उसके बाद अमेरिकी अधिकारियों को कुछ सबूत दिए, जो बताते थे कि दवाइयों को बनाने और प्रबंधन के स्तर पर किस तरह की गड़बड़ियां हो रही हैं। फिर भारत में रेनबैक्सी के दो मैन्यूफैक्चरिंग प्लांट में जांच शुरू हुई। उनमें हल्की गुणवत्ता की दवाइयां बनाने और उन्हें वितरित करने के आरोप सही पाए गए।

उसके बाद कम्पनी को करीब 50 करोड़ डॉलर (लगभग 2,739 करोड़ रुपए) का मुआवजा देना पड़ा। दिनेश ठाकुर को भी उसमें से 4.8 करोड़ डॉलर (लगभग 263 करोड़ रुपए) मिले, क्योंकि उन्होंने जांच में मदद की थी। ठाकुर को ये पैसे अमेरिकी सरकार से मिले। अमेरिकी कानून में भ्रष्टाचार उजागर करने वालों को इस तरह का इनाम देने का प्रावधान है।

दूसरा उदाहरण है ड्यूक यूनिवर्सिटी की बॉस्केटबॉल टीम में खेलने वाली स्यू हार्नेट की। वे 1980 और 90 के दशक में अच्छी खिलाड़ियों में गिनी जाती थीं। वह एक बेहतरीन खिलाड़ी थीं, क्योंकि उन्होंने सटीक शॉट लगाने के लिए खूब मेहनत की थी। उन्हें पता था कि अच्छे शॉट को किस तरह प्वाइंट में तब्दील किया जाता है। अमेरिका के डरहम में एक फोटो रिप्रोडक्शन कम्पनी की मालिक के तौर पर भी वह यही सब कुछ कर रही हैं। इसलिए 16 लोगों वाली उनकी कम्पनी में उन्हें 'शॉट डॉक्टर' कहा जाता है।

हार्नेट की कम्पनी का नाम है, 'रीप्ले फोटोज।' यह कम्पनी कॉलेजों में एथलेटिक्स डिपार्टमेंट्स और प्रोफेशनल स्पोर्ट टीमों के लिए उनकी तस्वीरों के ऑनलाइन प्रबंधन का काम करती है। क्योंकि हर कोई बड़े खेलों या आयोजनों की यादों को किसी-न-किसी तरह हमेशा के लिए सहेजकर रखना चाहता है। रीप्ले इस काम में उनकी मदद करती है। हार्नेट के दिमाग में रीप्ले शुरू करने का आइडिया 2002 में आया था, उस वक्त वे हेल्थकेयर प्रशासक के तौर पर काम करती थीं।

तब एथलेटिक डायरेक्टर ने उनसे कुछ ऐसे तरीके सुझाने को कहा, जिससे विभाग की आमदनी के संसाधन बढ़ाए जा सकें। काफी मशक्कत के बाद उन्हें आइडिया आया कि खेलों से जुड़ी पुरानी तस्वीरें काफी कारगार हो सकती हैं।

फिर उन्होंने अच्छी तस्वीरें जुटाईं और डाटाबेस तैयार किया। उसके बाद एक प्रोग्रामर ढूंढा, जो उनकी वेबसाइट के संचालन के लिए ई-कॉमर्स इंजन तैयार कर सके। धीरे-धीरे कम्पनी ने काम बढ़ाया। कुछ ऐसे लोग मिले, जिन्होंने इसमें

निवेश किया। फिर आमदनी बढ़ी और हार्नेट ने ज्यादा कर्मचारी अपनी कम्पनी के लिए जोड़े। ड्यूक के अलावा दूसरे स्कूल-कॉलेजों के एथलेटिक्स डिपार्टमेंट को भी साथ जोड़ा।

अब खेलों के प्रशंसक रीप्ले के ऑनलाइन फोटो स्टोर से हर तरह की तस्वीरें खरीद सकते हैं। साल 2011 की शुरुआत में रीप्ले ने दक्षिण अफ्रीका की फैनटेक के साथ पांच साल का करार किया है, ताकि फैनटेक की तस्वीरों को रीप्ले अमेरिका में बेच सकें। मार्च 2014 में रीप्ले का बिजनेस लाखों डॉलर का हो चुका है और स्यू हार्नेट अमीर महिलाओं में गिनी जाने लगी हैं।

बहुत कुछ सीख सकते हैं आप कॉरपोरेट जगत से:

अमेरिका में जब-जब मंदी आती है या वह किसी और संकट में फंसता है, तब उसे एक सुपर हीरो की जरूरत पड़ती है। पहली बार 'सुपरमैन' का कॉन्सेप्ट तब आया, जब अमेरिका विश्वव्यापी मंदी से परेशान था। उस 'सुपरमैन' ने फैंटेसी के जरिए अमेरिकियों को मुश्किलों से जूझने और जीतने का अहसास कराया।

आज भी अमेरिका कई तरह की आर्थिक परेशानियों से घिरा है। इसलिए अब 'आयरनमैन' के कारनामे लोगों को मानसिक तौर पर राहत दे रहे हैं। वहां एक कहानी काफी प्रचलित है। राजा जानता है कि सफल होने के लिए क्या करना जरूरी है? वह अपने राज्य के सबसे समझदार लोगों को उस रहस्य को खोजने के लिए एक साल का समय देता है। उसने आदेश दिया , 'मैं आप लोगों को जवाब खोजकर लाने के लिए एक साल का समय देता हूं।'

एक साल बाद समझदार लोग लौटे और उन्होंने राजा की टेबल पर 24 पुस्तकें रख दीं। राजा ने कहा, 'यह रहस्य बहुत जटिल दिख रहा है। संक्षिप्त जवाब खोजने के लिए आप एक साल और मेहनत करें।' एक साल बाद विद्वान दुबारा लौटे। इस बार उन्होंने राजा की मेज पर सिर्फ एक पुस्तक रखी। राजा ने कहा, 'यह अब भी थोड़ा जटिल लग रहा है। मैं आपको एक साल और देता हूं, ताकि आप सफलता का संक्षिप्त सिद्धांत पता कर सकें।'

एक साल और गुजर गया। समझदार लोगों ने इस बार राजा की मेज पर सिर्फ एक कागज रखा, जिसमें लिखा था, 'एक आइडिया किसी की भी किस्मत बदल सकता है।'

राजा ने खुश होकर कहा, 'इतने साल लगे रहने के बाद आप लोगों ने सफल होने का सिद्धांत ढूंढ लिया है, अब इसे अमल में लाओ और अमेरिका को मंदी के दौर से बाहर निकालो।'

लेकिन भारत के लोग राजा की कहानी से आगे की सोचते हैं, इसलिए हमारा देश आज अमेरिका को चुनौती दे रहा है। क्योंकि हम लोग नीचे लिखे सिद्धांतों

से अच्छी तरह से वाकिफ हैं:-

- ☞ जीवन में कुछ भी स्थायी नहीं है और खुशी या दु:ख जैसी कोई बात नहीं है। यह हमारी अपनी सोच और भावनाएं हैं, जो हमें इन दोनों बातों का एहसास कराती हैं। खुशी और दु:ख एक-दूसरे से जुड़े हुए हैं और एक के लिए दूसरे का आना जरूरी है।
- ☞ कई बार हम विफलताओं को अहमियत देते हैं, लेकिन विफलता का मतलब अयोग्य होना नहीं है। इसलिए विफलताओं पर जोर देने की बजाए हम रोज सुबह उन तीन ऐसी चीजों के बारे में सोचते हैं, जो जीवन में सही चल रही हैं। इससे सोच पॉजिटिव होती है।
- ☞ जो चीज हमें पहले से हासिल हैं, उससे संतुष्ट हो जाना आगे बढ़ने की राह में बाधा है। इससे हम आरामपसन्द हो जाते हैं। जबकि जीवन का मतलब आराम छोड़कर नई चीजों के बारे में जानना और उन्हें हासिल करना है। यह हमारी सोच पर निर्भर करता है कि हम समस्याओं से संघर्ष करके आगे बढ़ना चाहते हैं या उनसे असंतुष्ट होकर दुखी रहना चाहते हैं।
- ☞ मनुष्य अपनी धारणाओं की सीमाओं से नहीं, बल्कि पूर्वाग्रहों से बंधे होते हैं। लेकिन हमें जब हालात में सुधार की कोई उम्मीद नहीं दिखती, तो इसका मतलब यह नहीं है कि कोई उम्मीद है ही नहीं? बल्कि इसका मतलब यह है कि हम ऐसा सोचते नहीं हैं। यदि सोच सही हो, तो कई बार असम्भव काम भी हम आसानी से कर लेते हैं।
- ☞ जीवन में कोई चीज सुरक्षित नहीं है और न ही असुरक्षा उतनी बुरी है, जितनी हम महसूस करते हैं। जबकि असुरक्षा का मतलब है खुद को नए अवसरों और जीवन की खूबसूरती से रू-ब-रू कराना।

क्योंकि रोजगार के अवसर हमेशा बदलते रहते हैं। किसी जमाने में हमारी सरकार कहती थी पेड़ लगाओ, लेकिन अब सरकार खुद पेड़ लगा रही है। झारखंड के पुपुनकी और पावराटांड आदर्श ग्राम बनने जा रहे हैं। वहां लाखों-करोड़ों रुपयों का वृक्षारोपण हो रहा है, जिससे नए रोजगार का सृजन होगा। आम, कटहल, काजू, नींबू, बेर, पपीता, मिर्ची, केला और चीकू के पेड़ लग रहे हैं।

लेकिन पेड़ लगाने के बाद वन विभाग की जिम्मेदारी खत्म हो जाती है, क्योंकि उन्हें ग्रामीणों के हवाले कर दिया जाता है। ग्रामीण ही उन्हें सीचेंगे और बड़ा करेंगे, फिर उन पर आने वाले फलों को बाजार में बेचेंगे।

कोई फल तोड़ेगा, कोई उन्हें पैक करेगा, कोई बाजार तक पहुंचाएगा, कोई उसका हिसाब-पुस्तक रखेगा। कितने लोगों को रोजगार मिलेगा, इसका अंदाजा आप खुद लगा सकते हैं।

आज के दौर का यह सबसे अच्छा बिजनेस आइडिया है। क्योंकि यह भविष्य

की आवश्यकताओं को पूरा करेगा। इसलिए मानकर चलें:-

मेहनत + आइडिया = बिजनेस

कॉरपोरेट वर्ल्ड में यह फॉर्मूला सबसे ज्यादा लोकप्रिय है। क्योंकि जरूरत पूरी करने वाला आइडिया दौलत के अम्बार लगाता है।

सबसे अच्छे की तलाश करें:

प्रधानमंत्री नरेंद्र मोदी ने जो 'जन-धन योजना' शुरू की है, उसके पीछे 'अच्छे दिन आने वाले हैं' का फॉर्मूला काम कर रहा है। क्योंकि यह भविष्य के लिए बचत है, बैंक माध्यम है और लक्ष्य पैसा है।

यह वह पैसा है जो गरीबी से लड़ने में काम आता है, परिवार को पालने में काम आता है और बच्चों को पढ़ाने के काम आता है।

अर्थशास्त्री हैरान हैं कि 'जन-धन योजना' से पैसा कैसे आएगा? इससे तो पैसा जाएगा। लेकिन प्रधानमंत्री की सोच है, 'मनी इज व्हाइट मनी डज' यानी पैसा वो, जो पैसों का काम करे।

क्योंकि पैसे की सबसे बड़ी विशेषता यह है कि यह अनंत है। जितना हो, कम है। जितना बढ़े, उतना बढ़ाने की इच्छा प्रबल करता है। समूचे संसार में 12 महीने-32 घड़ी-10 दिशाओं में मनुष्य मन से, वचन से और कर्म से पैसा कमाने में जुटा है।

इसलिए किसी शायर ने कहा है:-

पैसा ताकतवर बनाता है, पैसे से चतुराई आती है।
पैसा किस्मत जगाता है, पैसे से सुरक्षा मिलती है॥
पैसा दोस्त बनाता है, पैसे से महल बनता है।
पैसा आइडिया देता है, पैसे से हिम्मत खुलती है॥

इसलिए प्रधानमंत्री चाहते हैं कि पैसे से, पैसा बने। गरीब, अमीर बने। अमीर और अमीर बने। कहावत है कि 'जिसके पास पैसा नहीं, वह गरीब है। जिसके पास पैसा है, वह राजा है।'

एक युवक गन्नौर स्थित 'गुप्तिधाम तीर्थ केंद्र' गया और जैन धर्म के महान संत गुप्तिसागर से बोला, 'महाराज, मैं जीवन में सर्वोच्च शिखर पाना चाहता हूं, लेकिन इसके लिए मैं निम्न स्तर से शुरुआत नहीं करना चाहता? क्या आप मुझे कोई ऐसा रास्ता बता सकते हैं, जो मुझे सीधा सर्वोच्च शिखर पर पहुंचा दे।'

गुप्तिसागर बोले, 'अवश्य बताऊंगा। पहले तुम बाहर के बगीचे से सबसे सुंदर गुलाब का फूल लाकर मुझे दो। लेकिन एक शर्त है। जिस गुलाब को तुम पीछे छोड़ जाओगे, उसे पलट कर नहीं तोड़ोगे।'

युवक यह आसान-सी शर्त मानकर बगीचे में चला गया। वहां एक से एक सुंदर

गुलाब खिले थे। जब भी वह एक गुलाब तोड़ने के लिए आगे बढ़ता, उसे कुछ दूर पर उससे भी अधिक सुंदर गुलाब नजर आते और वह उसे छोड़कर आगे बढ़ जाता। ऐसा करते-करते वह बगीचे के मुहाने पर आ पहुंचा। लेकिन उसे यहां जो फूल नजर आए, वे एकदम मुरझाए हुए थे। अंत में वह फूल लिए बिना ही वापस आ गया। उसे खाली हाथ देखकर गुप्तिसागर ने पूछा, 'क्या हुआ बेटा, गुलाब नहीं लाए?'

युवक बोला, 'बाबा, मैं बगीचे के सुंदर और ताजा फूलों को छोड़कर आगे बढ़ता रहा, मगर बाद में केवल मुरझाए फूल ही बचे थे। आपने मुझे पलटकर फूल तोड़ने से मना किया था। इसलिए मैं गुलाब के ताजा और सुंदर फूल नहीं तोड़ पाया।'

गुप्तिसागर मुस्कराकर बोले, 'जीवन भी इसी तरह से है। इसमें शुरुआत में भी सफलता मिल सकती है और अंत में भी।'

13 जुलाई, 2014 को ब्राजील में रियो डि जेनेरियो के मरकाना स्टेडियम में जब फुटबॉल वर्ल्डकप का फाइनल मैच चल रहा था, तब अर्जेंटीना के गोलकीपर सर्जियो रोमेरो, गोलपोस्ट पर दीवार की तरह खड़े हुए थे। ईसा मसीह की प्रतिमा की तरह दोनों बाहें फैलाए हुए। उस दीवार का भेद पाना जर्मनी के खिलाड़ियों के लिए बहुत मुश्किल हो रहा था। पूरे 112 मिनट वे संघर्ष करते रहे, लेकिन 113वें मिनट में उनकी मेहनत रंग लाई। जर्मनी के आंद्रे शुर्ले ने बेहतरीन मूव बनाया और अर्जेंटीना के स्टार स्ट्राइकर लियोनेस मेसी के साथ दौड़ रहे अपनी टीम के युवा खिलाड़ी गोएत्ज की तरफ गेंद उछाल दी। गोएत्ज पूरी तरह से तैयार थे। उसी बीच अर्जेंटीना के गोलकीपर रोमेरो कुछ आगे आ गए। गोएत्ज ने उन्हें छकाया और क्रॉस किक लगाते हुए गेंद को गोलपोस्ट में डाल दिया।

पूरे स्टेडियम में खुशी और तनाव की लहर दौड़ गई। खुशी जर्मनी के खेमे में थी और तनाव अर्जेंटीना के। यह मैच का गोल निर्णायक था। जर्मनी ने 1-0 से अर्जेंटीना को हरा दिया और चौथी बार वर्ल्ड कप पर कब्जा जमा लिया। जर्मनी की जीत इस बात को साबित करती है कि सफलता अंतिम क्षणों में भी मिल सकती है।

'ओकुलस रिफ्ट' कम्पनी जॉन कारमेक ने थ्री डायमेंशन वीडियो गेम की प्रोग्रामिंग की थी। उन्होंने पहला वास्तविक थ्री-डी गेम 'क्वेक' बनाया था। वे ऐसे माध्यम के शिल्पकार हैं, जिन्होंने लोगों को अंतहीन मनोरंजन मुहैया कराया और दो साल में 'ओकुलस रिफ्ट' को जमीन से आसमान तक पहुंचा दिया। अब फेसबुक ने 'ओकुलस रिफ्ट' को 120 अरब रुपए में खरीद लिया है।

इसे कहते हैं अरबों का आइडिया। सौदे के बाद फेसबुक के मालिक मार्क जकरबर्ग ने कहा था, 'मोबाइल वर्तमान दौर का प्लेटफार्म है। अब हम भविष्य के

प्लेटफार्म की तैयारी कर रहे हैं। ओकुलस हमारे काम करने, मनोरंजन और संवाद के तरीकों को बदल सकता है।'

यह सौदा इस बात को साबित करता है कि सफलता शुरुआत में भी मिल सकती है।

अच्छे-बुरे को परखते रहें:

कभी आपने महाभारत के युधिष्ठिर के बारे में सोचा है? लोग उसे बुद्धिमान मानते हैं, परन्तु उसका एक भी फैसला सही नहीं निकलता। वह जानता था कि दुर्योधन उसे बर्बाद करने पर तुला है, लेकिन जितने भी मौके उसको सजा देने के आते हैं, हर बार उसे बचा लेता है। यह कह कर कि घर में हम 100 और 5 हैं, लेकिन बाहर के लिए 105 हैं।

जब उस पर और उसके परिजनों पर मार पड़ती है, तब भी शांति-शांति चिल्लाता है। अपना सब कुछ दांव पर लगा देता है- पत्नी को भी जुए में हार जाता है। उसके बाद भी खुद को बुद्धिमान मानता है।

इसके विपरीत हनुमान का चरित्र रामायण में प्रेरणादायक है। जिस अशोक वाटिका में रावण ने सीताजी को रखा था, हनुमान उसी के एक पेड़ पर बैठे थे। लंका पहुंचने के बाद विभीषण ने उन्हें वहां का पता दिया था। सीता जी की हालत दयनीय थी। उन्हें कई राक्षसियां परेशान कर रही थीं।

तभी रावण वहां पहुंचा । उसने सीता जी के सामने शादी का प्रस्ताव रखा। साथ ही धमकी दी कि अगर उन्होंने यह प्रस्ताव नहीं माना तो नतीजे खतरनाक होंगे। सीता जी ने विरोध किया, तो रावण उन्हें मारने के लिए दौड़ा। त्रिजटा नामक एक राक्षसी ने रावण को रोका और समझाया कि सीता जी को कुछ वक्त और देना चाहिए।

रावण को उसकी बात ठीक लगी। उसने सीता जी को थोड़ा-सा समय सोचने के लिए दिया ताकि वे रावण के प्रस्ताव पर फैसला कर सके। उसके बाद रावण अपने हिसाब से निर्णय लेने के लिए आजाद होगा।

रावण के जाते ही सीता जी रोने लगीं। त्रिजटा ने उन्हें ढांढस बंधाया। उस घटनाक्रम को हनुमान देख रहे थे। सीता जी की दशा ने उन्हें भावुक कर दिया, लेकिन उन्होंने भावनाओं को अपने ऊपर हावी नहीं होने दिया। वे चाहते तो सीधे रावण को मुकाबले के लिए ललकार सकते थे अथवा उसके जाते ही सीता जी के सामने आ सकते थे। उन्होंने ऐसा कुछ नहीं किया, बल्कि समझदारी से सही वक्त का इंतजार किया।

जब सभी राक्षसियां सीता जी को अकेला छोड़कर चली गईं, तो उन्होंने पहले भगवान राम की ओर से दी गई अंगूठी वृक्ष पर से उनकी गोद में गिराई। फिर

रामचरित सुनाया और उसके बाद सीता जी के सामने आए।

यह सब इसलिए किया, क्योंकि सीता जी वहां मायावी शक्तियों से घिरी हुई थीं। इसलिए अगर हनुमान सीधे उनके सामने आते, तो वे शायद उन पर भरोसा न कर पातीं। ऐसे में उनका उद्देश्य अधूरा रह जाता। वे सीता जी को भगवान राम का संदेश भी नहीं दे पाते।

किसी शायर ने कहा है:-

ऐसे ही नहीं मिलती किसी राही को मंजिल।
जुनून सा दिल में जगाना पड़ता है।।
भरनी पड़ती है उड़ान बार-बार।
तिनका-तिनका उठाना पड़ता है।।

गीता में कहा गया है कि इंसान तीन मूलभूत तत्त्वों का मिश्रण है, इच्छा, अनुभव और ज्ञान। तीन तरह के स्वभाव होते हैं, क्रियाशील, भावुक और तर्कसंगत। इन तीनों तरह के स्वभाव के लिए तीन तरीके हैं। तर्कसंगत स्वभाव के लिए जनन योग, जिसे ज्ञान योग भी कहते हैं। भावुक व्यक्तित्व के लिए भक्ति योग और क्रियाशील व्यक्तित्व के लिए कर्म योग।

यदि आप सफलता पाने के लिए क्रियाशील हैं, तो खुद को कर्मयोगी मान सकते हैं।

■■■

छठा अध्याय

क्या आपका आइडिया सर्वश्रेष्ठ प्रदर्शन कर सकता है?

'कुछ लोगों के लिए दौलत कमाना एक युद्ध की तरह होता है, जिसे उन्हें हर हाल में जीतना होता है। इसलिए यह न सोचें कि जिंदगी में कितना ऊंचा उठें, बल्कि यह सोचें कि गिरकर हम कितनी बार उठें।'

-**शिवशंकर मेनन** (राष्ट्रीय सुरक्षा सलाहकार)

ग्लोब हमेशा घूमता रहता है। जब फारस की तरफ घूमा था, तब दुनिया में फारस का डंका बजता था। लेकिन फारस भोग-विलास में ऐसा डूबा कि सारी दौलत हवा में उड़ गई। फिर ग्लोब यूनान की तरफ घूमा, तब वह समृद्ध देश के रूप में उभरा था, लेकिन आलस्य ने उसे तबाह कर दिया।

क्योंकि समृद्धि जहां जाती है, अपने साथ आलस भी लाती है। उसके बाद ग्लोब ब्रिटेन की तरफ घूमा, तब कहावत बनी कि ब्रिटिश राज में सूरज कभी नहीं डूबता। क्योंकि उनके राज्य में जहां सूरज की रोशनी होती तो दूसरी ओर किसी अन्य राज्य में रात का अंधेरा। अंग्रेज खूब मेहनत करते थे, खूब जोखिम लेते थे और लंबी-लंबी समुद्री यात्राएं करके नए-नए देशों पर यूनियन जैक फैहरा देते, लेकिन ब्रिटेन के लोगों को भी भोग-विलास और आसन का रोग लग गया था।

ब्रिटेन के बाद ग्लोब अमेरिका की तरफ घूमा। पहले तो अमेरिका दुनिया का

नंबर वन अमीर देश बना, लेकिन युद्ध करो और कब्जा करो वाली नीति ने उसे कंगाली की ओर धकेल दिया। अब ग्लोब धीरे-धीरे भारत की तरफ घूम रहा है। लेकिन हमें वे गलतियां नहीं करनी, जो फारस, यूनान, ब्रिटेन और अमेरिका ने की हैं। बल्कि उस आइडिया पर काम करना है, जो भारत को सुख-शांति और समृद्धि की ओर ले जा सके।

चीन में सुपरपावर बनने की तैयारियां युद्ध स्तर पर चल रही हैं। एक ओर जहां वह खुद को अत्याधुनिक सैनिक साजोसामान से लैस कर रहा है, वहीं अपनी आबादी में ज्यादा-से-ज्यादा बुद्धिमान लोगों को शामिल करने की कोशिश कर रहा है। यह कोशिश दूसरे देशों से लोगों को अपने यहां माइग्रेट करवाने की नहीं है, बल्कि जिनेटिक इंजीनियरिंग के जरिए सबसे समझदार भ्रूण बनाने की है।

बीजिंग जिनोमिक्स इंस्टीट्यूट (बीजीआई) दुनिया का नामी जीनोम सीक्वेंसिंग सेंटर है। वहां दुनिया के सबसे स्मार्ट माने जाने वाले 2000 वैज्ञानिक हैं।

सफलता के तीन सूत्र हैं। प्रोसेस यानी प्रक्रिया। प्रैक्टिस यानी अभ्यास और परफेक्शन यानी जो भी करें, वह 100 प्रतिशत सही हो। बिजनेस में भी यही सूत्र काम आते हैं। अमेरिका के जार्जिया में रहने वाले रॉबी व्हिटेन ने उन्हीं सूत्रों को अपनाकर सामान गिरवी रखने की दुकान 'मनी माइजर' खोली और लोगों की समस्या दूर कर रहे हैं, उन्हें घर बैठे कर्ज दे रहे हैं।

जबकि अमेरिका में 2008 में आई मंदी के बाद बैंक पर्सनल लोन देने से कतरा रहे हैं। उसके बाद मनी माइजर लोगों को लोन दे रहा है। अब तक उसके सात रिटेल शॉप खुल चुके हैं। वहां लोग रिटेल शॉपिंग तो करते ही हैं, साथ ही अपनी कीमती चीजें बिना किसी परेशानी के गिरवी भी रख सकते हैं।

मनी माइजर ने पॉनकॉन्फिडेंशियल डॉट कॉम नाम की एक वेबसाइट भी शुरू की है, जिसमें सिर्फ इतना ही करना होता है कि उस सामान की, जिसे वे गिरवी रखना या बेचना चाहते हैं, एक तस्वीर लें और उस तस्वीर को वेबसाइट पर डाल दें। साथ में यह भी बता दें कि वे उसे कितने में गिरवी रखना या बेचना चाहते हैं। दुकान के पारखी लोग उसका आकलन करते हैं। यदि वे ग्राहक के दिए गए विवरण और बताई गई रकम से संतुष्ट होते हैं, तो उस वस्तु के बदले लोन की रकम खाते में ऑनलाइन ट्रांसफर कर देते हैं।

यह आइडिया अब अमेरिका में सुपरहिट है। क्योंकि रॉबी व्हिटेन ने अपने शोरूम फ्लोरिडा, अलबामा, सैन फ्रांसिस्को जैसे महानगरों में भी खोल लिए और करोड़ों डॉलर की संपदा खड़ी कर ली है।

अब बात करते हैं तमिलनाडु के कोयंबटूर की रहने वाली आर. चेल्लामल की। वे 20 साल की उम्र में एक चुलबुली-सी लड़की थीं। टेबल टेनिस और बैडमिंटन खेलती थीं। कई टूर्नामेंट में भी हिस्सा लिया। फिर कुछ दिन बाद शादी

हो गई और पांच गज की साड़ी संस्कृति में कैद हो गई। उन दिनों यही रिवाज था। लेकिन वे कुछ अलग करना चाहती थीं। इरादा पक्का था, इसलिए उन्होंने महिलाओं के काम आने वाला प्रोडक्ट बनाने की सोची। वह प्रोडक्ट बनाने का फैसला उन्होंने इसलिए किया, क्योंकि वे महिलाओं की भावनाओं को बेहतर समझ सकती थीं। उसके बाद उन्होंने प्रोडक्ट की क्वालिटी पर फोकस किया और क्वालिटी को ही उन्होंने सर्वोपरि माना।

प्रोडक्ट तैयार करने में जुटे हर कर्मचारी को उन्होंने उससे जुड़े हर पहलू में परफेक्ट बना दिया, क्योंकि वे अपने प्रोडक्ट को बाजार में उतारने से पहले किसी भी तरह का समझौता नहीं करना चाहती थीं।

उन दो मूलभूत नीतियों के साथ उन्होंने मेहनत भी खूब की और नतीजा ये हुआ कि उनके बनाए हेयर ऑयल और शैम्पू न सिर्फ भारत में, बल्कि आसपास के देशों में भी लोकप्रिय हो गए। वे देश थे-श्रीलंका, म्यांमार, मलेशिया और इंडोनेशिया। तब वे अपने प्रोडक्ट की मार्केटिंग और डिस्ट्रीब्यूशन में भी दिलचस्पी लेती थीं। वैज्ञानिक तौर पर उनका परीक्षण करातीं। जरूरत पड़ने पर पेशेवरों की मदद भी लेती थीं।

हम 'केशवर्धनी हेयर ऑयल' की बात कर रहे हैं। चेल्लामल ने करीब सात दशक पहले इस प्रोडक्ट से शुरुआत की थी। यह पहला प्रोडक्ट था, जिसने भारत को विदेशों में नई पहचान दिलाई।

इसलिए अपने आइडिया को परखने के लिए सर्वे करें, लोगों की जरूरतों पर ध्यान दें। फिर सोचें कि मेरा आइडिया उनके लिए क्या कर सकता है।

भारत दुनिया की तीसरी बड़ी अर्थव्यवस्थाः

आर्थिक शब्दावली में एक शब्द होता है-परचेजिंग पावर पैरिटी (पीपीपी)। यह लोगों की खरीददारी की क्षमता आंकने के लिए होता है। एक अच्छी खबर यह है कि परचेजिंग पावर पैरिटी (पीपीपी) के आधार पर भारत सिर्फ छह साल में जापान को पछाड़कर दुनिया की तीसरी बड़ी अर्थव्यवस्था बन गया है।

परचेजिंग पावर पैरिटी का इस्तेमाल अलग-अलग देशों में चल रही कीमतों में अंतर को एडजस्ट करके लोगों की आय और अर्थव्यवस्था की तुलना करने में भी होता है। भारत में ऊंची महंगाई दर के बावजूद कीमतें अब भी विकसित देशों के मुकाबले कम हैं। यह ग्लोबल लेवल पर भारत के लगातार बढ़ते रुतबे को दर्शाता है।

अमेरिका में उच्च शिक्षा के स्तर में गिरावट आई है। अमेरिकन काउंसिल ऑफ ट्रस्टीज और एल्यूमनी द्वारा पिछले साल कराए गए कॉलेज ग्रेजुएट्स के एक सर्वे के निष्कर्ष चौंकाने वाले थे। आधे से ज्यादा लोगों को अमेरिकी संविधान में

दिए अधिकारों की जानकारी तक नहीं थी। 43 प्रतिशत लोग सुप्रीम कोर्ट के चीफ जस्टिस जॉन रॉबर्ट्स को नहीं पहचान पाए। 62 प्रतिशत लोग अमेरिकी संसद की अवधि के बारे में नहीं जानते थे।

हायर एजुकेशन और अमेरिकन पब्लिक मीडिया मार्केट प्लेस क्रॉनिकल के अनुसार लगभग आधी कम्पनियों का कहना है कि उन्हें योग्य कॉलेज ग्रेजुएट खोजने में कठिनाई होती है। बिल गेट्स इंजीनियरिंग कॉलेज, विज्ञान स्नातकों की कमी से चिंतित हैं। अमेरिकी कला और विज्ञान अकादमी ने मानविकी से जुड़े विषयों के भविष्य पर चिंता जताई है।

इसलिए भारतीय प्रतिभाओं की मांग अमेरिका में तेजी से बढ़ रही है। यही वजह है कि राष्ट्रपति बराक ओबामा ने कहा, 'भारतीय प्रतिभाएं अमेरिका में संपत्ति की तरह हैं और उन्हें अपने ही देश में रोके रखने के लिए वे आव्रजन नियमों में सुधार लाना चाहते हैं। अमेरिकी छात्रों को नई विश्व अर्थव्यवस्था के लिए तैयार रहना होगा, क्योंकि आने वाले समय में भारत के विद्यार्थी गणित और प्रौद्योगिकी में अमेरिकियों को पीछे छोड़ देंगे।'

वित्तीय शोध संगठन स्टैंडर्ड चार्टर्ड की प्रकाशित रिपोर्ट के अनुसार, 'अब भारतीय अर्थव्यवस्था 15 ट्रिलियन डॉलर की बन चुकी है। इसमें भारत की युवा पीढ़ी का योगदान सबसे ज्यादा है।'

ध्यान दें कि नई वैश्विक अर्थव्यवस्था में सिर्फ उच्च शिक्षित प्रोफेशनल्स के लिए ही अच्छे अवसर नहीं हैं, बल्कि कम शिक्षित लोगों के लिए भी अच्छे अवसर हैं। शर्त यह है कि आइडिया जबरदस्त होना चाहिए, तब मिट्टी से सोना बन सकता है, लेकिन कुछ विचार ऐसे होते हैं, जिनके बारे में सोचने की ज्यादा जरूरत नहीं पड़ती, क्योंकि वे पैसे से नहीं दिमाग से शुरू किए जाते हैं।

एक सर्वे के अनुसार, भारत में एटीएम मशीनों का आंकड़ा एक लाख पार कर चुका है और सार्वजनिक क्षेत्र के बैंकों द्वारा रोज नई मशीनें लगाई जा रही हैं। नौ फर्मों को यह काम सौंपा गया है। इनका तेजी से विस्तार हो रहा है और अगले दो साल में यह आंकड़ा दो लाख पार कर सकता है।

इन मशीनों की खुराक पूर्ति के लिए कैश ले जाने वाली गाड़ियां, ड्राइवरों और विशेष सुरक्षाकर्मियों की जरूरत पड़ेगी, जो तिजोरियों से कैश एटीएम मशीनों तक ले जाएंगे। उन एटीएम मशीनों की देख-रेख के लिए सुरक्षाकर्मियों की भी जरूरत पड़ेगी और काउंटरों में कैमरों की भी जरूरत होगी, ताकि कोई इनमें से नकदी न उड़ा ले जाए।

रिजर्व बैंक के अनुसार देश में लगभग 29.15 करोड़ एटीएम कार्ड हैं, उनमें से 22.69 करोड़ कार्ड पब्लिक सेक्टर के बैंकों द्वारा जारी किए गए हैं। इसलिए ये बैंक ऐसे लोगों की तलाश में हैं, जो उन्हें बड़ी संख्या में प्रशिक्षित सुरक्षा गार्ड्स

मुहैया करा सकें, सी.सी.टी.वी. लगा सकें और पैसे को एटीएम तक पहुंचा सकें।

म्युचअल फंड्स कम्पनियों ने भी दूरदराज के इलाकों तक अपनी पहुंच बढ़ाने के लिए छोटे शहरों और कस्बों में नए डिस्ट्रीब्यूटर बनाने शुरू कर दिए हैं। वे पहले से ज्यादा कमीशन देने पर भी विचार कर रहे हैं। इसलिए इन आइडियों को भी अपनी सूची में जोड़ लें। इनमें ज्यादा पैसा लगाने की जरूरत नहीं पड़ेगी और रिस्क फैक्टर भी बहुत कम है। उन लोगों को इम्पोर्ट-एक्सपोर्ट का बिजनेस ज्यादा फायदा पहुंचा सकता है, जो कम समय में ज्यादा दौलत कमाना चाहते हैं। इस बिजनेस में विदेशों में घूमने के अवसर भी मिलते हैं।

इसलिए इस बिजनेस के बारे में समझें। अपने देश में कई ऐसे छोटे मैन्युफैक्चरर हैं, जो अपना माल विदेश में बेचना चाहते हैं, लेकिन उनके पास इतने साधन नहीं हैं कि वे उसे अंजाम दे सकें।

विदेशी चीजों की भी यहां काफी मांग है, जिनके लिए वहां के निर्माता अच्छा कमीशन चुकाने को तैयार हैं। आपको सिर्फ उनके लिए ग्राहक ढूंढने हैं। फिर आपका कमीशन पक्का, लेकिन आपके अंदर नीचे लिखे गुणों का होना जरूरी है:-

☞ कुशलता के साथ चीजें व्यवस्थित करने की कला।
☞ बातों और बर्ताव से दूसरों का भरोसा जीतने का गुण।
☞ माल बेचने का हुनर।
☞ अपने देश में दूसरे देशों के दूतावास हैं, जिनमें आर्थिक सलाहकार होते हैं। वे अपने देशों में आउटलेट्स स्थापित करना चाहते हैं और आपको अपने देशों के इम्पोर्ट-एक्सपोर्ट एंटरप्राइज ढूंढने में मदद करते हैं। दूसरे देशों के दूतावासों की सूची india.gov.in/overseas/embassies पर देख सकते हैं और विदेशी कम्पनी की साख तथा वित्तीय स्थिति का जायजा ले सकते हैं।
☞ जहां आप एक्सपोर्ट शुरू करना चाहते हैं, वहां के चैंबर्स ऑफ कॉमर्स से अनुबन्ध हासिल कर सकते हैं। अनुबन्ध जुटाने का काम करते समय आपको सतर्क रहना पड़ेगा। यानी आप कौन से उत्पाद कहां बेचना चाहते हैं और कहां से कौन-सा उत्पाद लाना चाहते हैं, इस बारे में आपको गंभीर होकर फैसला करना होगा।
☞ हर अनुबन्ध पर ई-मेल लिखें। उसमें अपनी कम्पनी का परिचय देते हुए कंसुलेट्स, दूतावासों और चैंबर्स से अनुरोध करें कि वे अपने मासिक बुलेटिन में आपका नोटिस छापें।
☞ इस प्रक्रिया के बाद आपको जिन कम्पनियों के नाम मिलते हैं, उन्हें आप ई-मेल करें।

फिर उन महत्त्वपूर्ण शिपिंग लैंग्वेज को जोड़ने की कोशिश करें, जिनका इस्तेमाल इम्पोर्ट-एक्सपोर्ट में होता है।

शिपिंग एग्रीमेंट: यह एक अहम दस्तावेज है, जिसकी शर्तों का सीधा असर आपके प्राइस कोटेशन और सामान की डिलिवरी पर पड़ता है। फ्रेट फॉरवॉर्डर के साथ किए गए आपके इसी अनुबंध के आधार पर यह तय होता है कि आपकी जिम्मेदारियां क्या होंगी।

फ्रेट फॉरवॉर्डर: यह आपके लिए शिपिंग और मर्चेंडाइज के कामों को पूरा करता है। शिपिंग दरें कोट करना, रूटीन इन्फॉर्मेशन मुहैया कराना और कार्गो स्पेस बुक करना भी उसी के काम हैं। फ्रेट फॉरवॉर्डर डॉक्यूमेंट्स, कॉन्ट्रैक्ट शिपिंग इंश्योरेंश और सबसे कम कस्टम चार्ज वाले रूट कार्गो की जानकारी तैयार करता है। इसकी जरूरत आपको माल दूसरे देशों में पहुंचाने और अपने देश में माल मंगाने में पड़ेगी।

बिल ऑफ लैडिंग: जिन सामनों को जहाज किया जाता है, उनकी रिसीट 'बिल ऑफ लैडिंग' कहलाती है। इस पर जहाज का एजेंट साइन करता है और इसी से सुनिश्चित होता है कि खरीददार को सामन बिलकुल उसी हालात में मिलेगा, जैसा वह लोडिंग के समय था। शिपिंग अनुबंध और बिल ऑफ लैडिंग के आधार पर ही आपका बैंकर लेटर ऑफ क्रेडिट रिलीज करेगा।

एफओबी: फ्री ऑन बोर्ड। बेचने वाली पार्टी माल को एक खास स्थान तक ले जाने की जिम्मेदारी लेती है, जिसके लिए वह कोई अतिरिक्त शुल्क नहीं लेती। लेकिन वहां से माल आगे ले जाना खरीदने वाली पार्टी की जिम्मेदारी होती है। जैसे एफओबी दिल्ली का मतलब हुआ कि बेचने वाली पार्टी के प्राइस कोटेशन में माल को दिल्ली पोर्ट तक ले जाने का पूरा खर्च शामिल है।

एफओएस: फ्री अलांग साइड। इसमें बेचने वाली पार्टी माल को जहाज तक पहुंचाने की जिम्मेदारी लेती है। उसके जिम्मे माल जहाज पर लोड होने तक सुरक्षित रखने का भी काम होता है। वहां से माल को जहाज पर चढ़ाने और उसे आगे ले जाने की जिम्मेदारी खरीदने वाली पार्टी की होती है।

सी एण्ड एफ: कॉस्ट एंड फ्रेट। इसमें बेचने वाली पार्टी माल भाड़ा देती है और बायर इसका इंश्योरेंस कराता है। इसके बाद माल की पूरी जिम्मेदारी बायर की होती है।

कैसे लें इम्पोर्ट-एक्सपोर्ट कोड (IEC):

- इम्पोर्ट-एक्सपोर्ट का बिजनेस शुरू करने के लिए सरकार से आईईसी कोड लेना जरूरी है।
- इसे विदेश व्यापार महानिदेशालय (डीजीएफटी) से एप्लीकेशन फीस देकर हासिल किया जा सकता है।
- आईईसी का फॉर्म भरने के लिए पैन कार्ड होना अनिवार्य है। कोड दो दिनों

में बन जाता है और स्पीड पोस्ट से आ जाता है।

- ☞ कुछ खास तरह के उत्पाद, प्रॉडक्ट्स, जैसे दवाएं, शराब, केमिकल, हथियार, कुछ खास तरह के खद्य पदार्थ और कुछ खास तरह के कपड़ों के एक्सपोर्ट या इम्पोर्ट में स्पेशल लाइसेंस की जरूरत पड़ सकती है। इसके लिए विदेश व्यापार महानिदेशालय यानी डीजीएफटी से पूरी जानकारी जरूर हासिल कर लें।

लेटर ऑफ क्रेडिट: यह एक अहम दस्तावेज है, जो सुनिश्चित करता है कि डिस्ट्रीब्यूटर के पास कितना फंड उपलब्ध है। जिससे आपके द्वारा कोट किया गया खर्च पूरा हो जाएगा। इस लेटर ऑफ क्रेडिट को रद्द नहीं किया जा सकता। लेकिन जब यह लेटर ऑफ क्रेडिट आपके बैंक से सुश्चित होता है, तब डिस्ट्रीब्यूटर को डिलिवरी सुनिश्चित हो जाती है। इस कंफर्मेशन के साथ ही करेंसी एक्सचेंज भी कंफर्म हो जाता है, जिसके बाद आपको डॉलर के मुकाबले रुपए की वैल्यू में उतार-चढ़ाव के बारे में चिंता करने की जरूरत नहीं होती।

क्रेडिट इंश्योरेंस: यह एक अहम इंस्ट्रूमेंट है, जो आपको खरीददार के दिवालियापन होने वाले जोखिम से बचाता है। यह इंश्योरेंस तीन तरह की सेवाएं देता है: जोखिम से बचाव, कर्ज की वसूली और दावों का भुगतान।

ईसीजीसी: एक्सपोर्ट क्रेडिट गारंटी कॉरपोरेशन ऑफ इंडिया यानी ईसीजीसी का गठन भारत सरकार ने सन 1957 में किया था, ताकि एक्सपोर्ट्स के क्रेडिट रिस्क को खत्म किया जा सके और उन्हें बढ़ावा दिया जा सके। यह संस्था एक्सपोर्ट्र्स को नीचे लिखी सेवाएं देती है:-

- ☞ गुड्स और सर्विसेज के एक्सपोर्ट में नुकसान होने पर क्रेडिट रिस्क इंश्योरेंस को मुहैया कराना।
- ☞ बैंकों और फाइनेंशियल इंस्टीट्यूशंस को गारंटी मुहैया कराना, ताकि वे एक्सपोट्र्स को बेहतर सेवाएं दे सकें।
- ☞ विदेश में लोन के हिस्सेदार के तौर पर जॉइंट वेंचर बनाने वाली भारतीय कम्पनियों को ओवरसीज इन्वेस्टमेंट इंश्योरेंस मुहैया कराना।

सरकारी स्कीमों के बारे में जानें:

सरकार ने बहुत-सी एक्सपोर्ट प्रमोशनल स्कीम चलाई हुई हैं, जिनमें से कुछ के बारे में आपको जानना जरूरी है। जैसे-एक्सपोर्ट प्रमोशन कैपिटल गुड्स स्कीम, विशेष कृषि एंड ग्राम उद्योग योजना (सीकेजीयूवाई), फोकस प्रोडक्ट स्कीम (एफपीएस), मार्केट लिंक्ड फोकस प्रोडक्ट स्कीम (एमएलएफपीएस), स्पेशल बोनस बेनेफिट स्कीम। स्कीमों की और जानकारी के लिए आप www.

eximguru.com की मदद ले सकते हैं।

सरकार की कई ऐसी एजेंसियां हैं, जो एक्सपोर्ट प्रमोशन के लिए काम कर रही हैं। उनमें से एक है एग्जिम बैंक ऑफ इंडिया (eximbankindia.com) लेकिन एक्सपोर्ट प्रमोशन काउंसिल में हर सेक्टर के लिए अलग-अलग काउंसिल हैं। इन सभी सेक्टरों की लिस्ट commerce.nic.in/epc.html से ले सकते हैं।

फ्रेट फॉरवॉर्डर की भूमिका अहम है:

आपको सथानीय मैन्युफैक्चरर से एक्सपोर्ट प्रॉडक्ट की निश्चित की गई मात्रा के लिए प्राइस कोटेशन लेना होगा, जो एक निश्चित अवधि के लिए मान्य होगा। मैन्युफैक्चरर दो तरह के होते हैं। पहले वे, जो अपना माल जहाज तक पहुंचा दें और आप वहां से उसे ग्राहक तक पहुंचाएं। दूसरे वे, जिनका माल आपको फैक्ट्री से लेकर ग्राहक तक खुद पहुंचाना होगा।

इसी तरह ग्राहक भी दो तरह के होंगे। पहले वे, जिनका माल आपको केवल जहाज से उतारना होगा और वहीं से डिस्ट्रीब्यूटर उसे उठा ले। दूसरे वे, जिनका माल आपको उसके गोदाम तक पहुंचाना होगा। आपका कमीशन इसी बात पर निर्भर करता है कि आपका मैन्युफैक्चरर और ग्राहक पहली तरह का है या दूसरी तरह का। अगर दोनों ही पहली तरह के हैं, तो आपको पैकेजिंग और ट्रांसपोर्टेशन की पूरी व्यवस्था करनी होगी।

इसके लिए इम्पोर्ट-एक्सपोर्ट से बातचीत करने के बाद ही फैसला करें। क्योंकि आपके माल की सही-सलामत डिलिवरी में फ्रेट फॉरवॉर्डर की महत्त्वपूर्ण भूमिका होती है।

कुछ खास बातें, जो आपको सीखनी होंगी:

- ☞ आपको दुनिया के बाजारों पर पूरी नजर रखनी होगी।
- ☞ विश्व व्यापार के बारे में जो भी मिले, पढ़ते जाएं। ट्रेड पब्लिकेशंस, इंटरनेशनल मैगजीन और फाइनेंशियल रिपोर्ट-सब पर नजर रखें और यह भी जानें कि कहां क्या बिक रहा है?
- ☞ रुपए और डॉलर के एक्सचेंज रेट पर नजर रखें और यह भी समझें कि कोई उत्पाद किस भाव पर यहां के ग्राहक खरीदेंगे और किस भाव पर कोई प्रोडक्ट विदेशी बाजारों में बिक सकता है।
- ☞ एक्सपोर्ट का व्यवसाय शुरू करते वक्त एसोचैम और सीआईआई जैसी संस्थाओं की सस्यता भी लें और बाजार की जानकारी, अपने लक्ष्य, ग्राहक का आकलन और अपने कारोबार के प्रतिस्पर्द्धियों के बारे में जानें।

ट्रेंड और मिजाज के बारे में जानकारी रखें:

एक्सपोर्ट मार्केट को समझने में अहम बात उसके ट्रेंड और मिजाज को समझना है। हो सकता है ब्रिटेन में कोई पैकेजिंग खूब सफल हो, लेकिन मलेशिया में उसी पैकेजिंग का कोई खरीददार न हो।

अगर आप एक ही प्रोडक्ट चार देशों में एक्सपोर्ट कर रहे हैं, तो आपको चारों के ट्रेंड को अलग-अलग समझना होगा। साथ ही उन बाजारों में प्रतिबंधित इंग्रेडिएंट्स और लोकल ग्रेड्स के हिसाब से अपने प्रोडक्ट में बदलाव भी करना होगा। उसके बाद टार्गेट मार्केट, कस्टमर और उनकी जरूरतों को निजी तौर पर महसूस करना भी जरूरी है।

कैसे शुरू करें इम्पोर्ट-एक्सपोर्ट:

आप इस कारोबार की शुरुआत अपने घर से एक फोन के साथ कर सकते हैं लेकिन आपको डाटा रखने के लिए बस एक कंप्यूटर, बिजनेस कार्ड और फैक्स मशीन की व्यवस्था करनी होगी।

इस व्यवसाय में आपका लेटर हेड खास अहमियत रखता है। रिश्ते बनाने में कम्पनी के लेटर हेड से प्रभाव पड़ता है और प्रोफेशनल टच आता है। इस बिजनेस में आपका सबसे अहम साथी बैंक है, इसलिए आपको किसी ऐसे बैंक का चुनाव करना होगा, जो आपका अंतर्राष्ट्रीय कारोबार संभाल सके। वह आपको बिजनेस के सिलसिले में विदेश जाने पर कैश की चिंता से मुक्त कर दे और आपके लिए क्रेडिट मैनेजर का भी काम करे। जब इतना हो जाए, तब समझो कि आधा काम पूरा हो गया। मैंने भी अपना इम्पोर्ट-एक्सपोर्ट का व्यवसाय ऐसे ही शुरू किया था। इसलिए मैं दावे के साथ कह सकता हूं कि यह आपकी कसौटी पर खरा उतरेगा।

राज चेट्टी को अमेरिका में ऐसा पुरस्कार मिला है, जिसे **'बेबी नोबेल'** कहा जाता है, जबकि उनका जन्म 4 अगस्त, 1979 को दिल्ली में हुआ था। जब वह नौ साल के थे, तभी उनके माता-पिता अमेरिका जाकर बस गए थे। फिर 23 साल की उम्र में यूनिवर्सिटी ऑफ बर्कले में असिस्टेंट प्रोफेसर बनने से पहले उन्होंने मिलवाकी में यूनिवर्सिटी स्कूल और हार्वर्ड यूनिवर्सिटी में पढ़ाई की।

चेट्टी ने सन 2000 में हार्वर्ड यूनिवर्सिटी से बीए किया, फिर वहीं यूनिवर्सिटी से पीएचडी की उपाधि ली। उसके बाद चेट्टी कैलिफोर्निया की उसी यूनिवर्सिटी में अर्थशास्त्र के असिस्टेंट प्रोफेसर बने। उसके बाद वे लैब फॉर इकोनॉमिक एप्लीकेशंस एंड पॉलिसी विभाग में निदेशक बन गए।

2008 में जानी-मानी पत्रिका 'द इकोनॉमिस्ट' ने चेट्टी को विश्व के आठ युवा अर्थशास्त्रियों में शुमार किया, फिर उन्हें उनके शोध पत्र 'मॉरल हैजार्ड वर्सेस

लिक्विडिटी एंड ऑप्टिमल अनइंप्लॉयमेंट इंश्योरेंस' के लिए युवा अर्थशास्त्री का पुरस्कार मिला और अमेरिकी राष्ट्रपति बराक ओबामा ने भी शिक्षा के क्षेत्र में उनके काम की सराहना की।

2015 में जब वित्तमंत्री अरुण जेटली ने अपनी सरकार का पहला बजट पेश किया था, तब उनका मुख्य जोर युवाओं के लिए अवसर पैदा करने पर था। अब गुजरात को-ऑपरेटिव मिल्क मार्केटिंग फेडरेशन, बिहार रूरल लाइवलीहुड्स प्रमोशन सोसायटी, राज्य गरीबी उन्मूलन अभियान केरल, आदित्य बिरला ग्रुप और हिन्दुस्तान यूनीलिवर ऐसे लोगों की तलाश कर रहे हैं, जो मेट्रो शहरों के वातानुकूलित केबिन की जगह ग्रामीण क्षेत्रों में गरीबों के हित के लिए मेहनत करने को तैयार हों।

दूसरी तरफ भारत में कॉरपोरेट घराने सामाजिक जिम्मेदारियों को गंभीरता से लेने लगे हैं और समाज के लगभग सब तबकों को विकास के मौके उपलब्ध करा रहे हैं। वे बड़ी संख्या में ऐसे लोगों की तलाश कर रहे हैं, जो जमीनी स्तर पर काम करने को तैयार हों, स्मार्ट हों और स्किल्ड हों। पैसे भले ही ज्यादा लें, लेकिन सामान्य कर्मचारी की तुलना में बेहतर और ज्यादा काम करके दिखाएं।

इन कम्पनियों को कर्मचारियों की भीड़ नहीं चाहिए, बल्कि शानदार काम करने वाले लोग चाहिए। ऐसे लोग जो ज्यादा प्रोजेक्ट हैंडल करें और जो अधिक कुशल हों। यानी कैंपस इंटरव्यू के सलेक्शन क्राइटेरिया में अब एक और अहम चीज जुड़ गई है। यानी कि आप उच्च कोटि के कुशल कर्मचारी के सांचे में फिट हैं या नहीं?

उद्योग मंत्रालय ने जैविक तौर पर नष्ट की जा सकने वाली कम कीमत की सैनिटरी नैपकिन्स बनाने का प्लान तैयार किया है और काउंसिल ऑफ साइंटिफिक एंड इंडस्ट्रियल रिसर्च (सीएसआईआर) तथा नेशनल इनोवेशन फाउंडेशन की मदद से एक ऐसी मशीन बनाई है, जो जैविक तौर पर नष्ट की जा सकने वाली सैनिटरी नैपकिन बनाती है। उसमें केले के छिलके, जूस निकालने के बाद गन्ने की खोई, बांस और गुलाबी तुरसावा (हाइसिंध) के पानी का इस्तेमाल होता है।

नैपकिन बनाने के लिए जिस फाइबर टेक्नोलॉजी का इस्तेमाल किया है, उसे 'डीएसटी लॉकहीड मार्टिन इंडिया इनोवेशन्स ग्रोथ प्रोग्राम 2013' ने भी शीर्ष तीन इनोवेशन में शामिल किया है और सरकार की योजना अगले पांच सालों में 10 करोड़ महिलाओं तक पहुंचने की है।

इसलिए आप सैनिटरी नैपकिन बनाने का उद्योग भी लगा सकते हैं। पिछले महीने यूरोप के सात देशों ने एक सर्वे कराया था, जिससे पता चला कि स्वास्थ्य और तंदरुस्ती से जुड़े बिजनेस का आने वाले समय में बोलबाला रहेगा।

जिस तरह से आज लोगों में फैशन के प्रति दीवानगी बढ़ रही है, उसी तरह हेल्थ के विकास की रफ्तार भी दोगुनी हो गई है। पिछले कुछ वर्षों के दौरान

भारतीय हेल्थ इंडस्ट्री में तेजी से उछाल आया है। यह इंडस्ट्री 2013 से 2014 के बीच तकरीबन 10 फीसदी की दर से बढ़ी है। जो साबित करती है कि आने वाले सालों में हेल्थ इंडस्ट्री की विकास दर में काफी बढ़ोतरी होगी।

करोड़पति नहीं, अरबपति बनने की प्लानिंग करें:

शेयर बाजार की तेजी से पिछले एक साल में देश में 10 नए अरबपति बन गए हैं। इससे अब 6000 करोड़ या उससे ज्यादा की संपत्ति वाले लोगों की संख्या बढ़कर 55 हो गई है। पिछले साल 1 जुलाई से शेयर बाजार 28 प्रतिशत चढ़ चुका है। इस दौरान 10 उद्योगपतियों की संपत्ति भी बढ़कर 6000 करोड़ रुपए के पार पहुंच गई।

अब आप सोचिए कि आप करोड़पति बनना चाहेंगे या अरबपति? फैसला आपके हाथ में है, क्योंकि कुछ ऐसे उद्योग और बिजनेस ऐसे हैं, जो आपको सीधे अरबपति बना सकते हैं।

कभी-कभी आपके मोबाइल पर ऐसे संदेश भी आते होंगे, जो आपको किसी विशेष नंबर पर मिस कॉल देने के लिए बोलते होंगे या मोबाइल नंबर रजिस्टर कराने के लिए कहते होंगे। सोचिए कि जो लोग आपसे ऐसा करने के लिए कहते हैं, वे आपके मोबाइल नंबर का इस्तेमाल किस तरह से कर सकते हैं।

आपको याद होगा कि जब अन्ना हजारे ने दिल्ली के रामलीला मैदान में जनलोकपाल की मांग को लेकर उपवास किया था, तब रवि उस आयोजन में सक्रिय कार्यकर्ता थे और 'इंडिया अगेंस्ट करप्शन' के बैनर तले चल रहे आंदोलन में भागीदार थे। उस आंदोलन में रजिस्ट्रेशन कराने के लिए लोगों को मोबाइल से निर्धारित नंबर पर मिस कॉल करने के लिए कहा गया था। लोगों ने बढ़-चढ़ कर नंबर रजिस्टर कराए। दिल्ली की 'नेटकोर' नामक कम्पनी नंबरों को रजिस्टर कर रही थी। देशभर से आए करोड़ों नंबर उसके पास रजिस्टर हो चुके थे।

अब वही 'नेटकोर' उन नंबरों का पैकेज बनाकर राजनैतिक पार्टियों को, उद्योगपतियों को और बिजनेसमैनों को बेच रही है, ताकि वे अपना और अपने उत्पादों का प्रचार और प्रसार कर सकें।

'नेटकोर' जो कभी डाटा कलेक्शन सेंटर था, वह अब अरबों रुपयों के टर्नओवर वाली कम्पनी में तब्दील हो चुकी है और वो भी सिर्फ 3 साल में। इसलिए करोड़पति बनने की नहीं, अरबपति बनने की प्लानिंग करें।

खेतों में सोना पैदा करने का तरीका जानें:

चीन 1950 से खाद्यान्न में आत्मनिर्भरता की नीति पर चल रहा है। माओ को डर था कि अगर चीन चावल-गेहूं के मामले में आत्मनिर्भर नहीं हुआ, तो ताकतवर

देश चीन की अर्थव्यवस्था को पंगु बना देंगे।

चीन में अनाज की अहमियत सोने से भी ज्यादा है। यह उनकी सोच का नतीजा है। क्योंकि वहां पालतू जानवरों के भोजन की समस्या व्यापक है। खासकर मक्के की कमी है। बढ़ती मध्यमवर्गीय आबादी के बीच वहां मांस की खपत खूब हो रही है। ऐसे में पालतू जानवरों के लिए मक्के की भी मांग बढ़ी है। जिसका आयात विदेशों से होता है। संभावना है कि 2017 तक यह आयात बढ़कर दो करोड़ मीट्रिक टन हो जाएगा। इसलिए आप मक्के की खेती करके चीन को एक्सपोर्ट कर सकते हैं।

सोचिए कि 48 डिग्री सेल्सियस तापमान में क्या कोई किसान अच्छे कपड़े पहनकर खेती कर सकता है? लेकिन एक किसान है, जो शानदार कपड़े पहनकर खेत जोतने जाता है। परफ्यूम भी ऐसा लगाता है कि काम खत्म करने के बाद भी खुशबू बनी रहती है। उस किसान का नाम है–विकास राय। करीब 4352 लोगों की आबादी वाले निहल खेड़ा गांव में वह रहता है, जो पंजाब के फिरोजपुर जिले में भारत–पाकिस्तान की सीमा पर स्थित है।

उसके गांव में मोबाइल नेटवर्क बहुत खराब है। इसलिए उसके पास मोबाइल भी साधारण ही है। लेकिन जब बात खेतीबाड़ी की हो, तो कोई समझौता नहीं करता। खेती के काम आने वाली आधुनिकतम मशीनें उसके पास हैं। ये वे मशीनें हैं, जो अमेरिका की जॉन डीयर कम्पनी सप्लाई करती है और भारत में उन मशीनों को खरीदने वाला विकास राय शायद पहला किसान है।

उसे देखकर ऐसा लगता है, जैसे कि वह कोई आईटी कम्पनी का मालिक हो। क्योंकि उसने खेतों में सोना पैदा करने का हुनर सीख लिया है। वह अनाज नहीं, आइडिया बेचता है। खेतों में पैदा होने वाले गेहूं से डबल रोटी बनाता है और अमेरिका, कनाडा, फ्रांस, जर्मनी जैसे देशों को एक्सपोर्ट करता है।

कहते हैं कि 1975 में भारत की जनसंख्या एक समस्या बन गई थी, लेकिन अब वही जनसंख्या भारत की 'मानव पूंजी' बन चुकी है। आज सवा अरब से अधिक की जनसंख्या है भारत की, जो पृथ्वी की समूची मानव जाति का छठा हिस्सा है और दुनिया का तीसरे नंबर का उपभोक्ता बाजार है।

सब की निगाहें अब भारत पर टिकी हैं, क्योंकि भारत की ताकत है, लगातार बढ़ती अर्थव्यवस्था, बढ़ती सामरिक क्षमता, अपार सौर ऊर्जा भंडार, विज्ञान के क्षेत्र में नई प्रगति और तेजी से उभरते उद्योग।

भारत इम्पोर्ट का नहीं एक्सपोर्ट का केंद्र बनेगा:

प्रधानमंत्री नरेंद्र मोदी ने कुछ दिनों पहले एक नया नारा दिया था, 'मेक इन इंडिया' और दुनिया भर की कम्पनियों से भारत आकर मैन्यूफैक्चरिंग करने का

अनुरोध किया था।

यह सही है कि भारत में तेज आर्थिक विकास तथा नए रोजगारों के लिए सूझ, समझ और सोच की केमिस्ट्री बदलना जरूरी है, तो 'मेक इन इंडिया' का आइडिया आजमाना बहुत जरूरी है। भारत को ग्रोथ का इंजन शुरू करने के लिए निवेश का नया ईंधन चाहिए। विदेशी निवेशकों को भारत में निवेश के लिए दीर्घकालिक विकास की उम्मीद है। वैसे भी दुनिया को चाहिए एक ऐसा नया उत्पादन केंद्र, जो चीन से प्रतिस्पर्धा कर सके।

पुराने अर्थशास्त्रियों को भले ही यह बात हजम न हो, लेकिन एक्सपोर्ट की दुनिया में कमजोर मुद्रा ही असली ताकत होती है। संयोग से भारतीय रुपया भी दुनिया की मुद्राओं के मुकाबले इतना प्रतिस्पर्धी हो चुका है कि वह मोदी के 'मेक इन इंडिया' सपने की बुनियाद बन सकता है।

कहते हैं जापान ने 1960 में कमजोर येन की ताकत चमकाई और एक्सपोर्ट में चार गुना बढ़ोतरी के साथ 70 के दशक में दुनिया पर छा गया था।

ब्रिटिश उच्चायुक्त जेम्स बेवन ने एक बार कहा था, 'भारत में जन्म लेना लॉटरी जीतने जैसा है। ऐसा इसलिए है, क्योंकि भारत में तमाम खूबियां हैं, जो दूसरे देशों में नहीं हैं।'

पिछले साल आई.आई.एम. बंगलुरु के दो लड़कों को अमेरिकी मल्टीनेशनल ई-कॉमर्स कम्पनी एमेजॉन ने एक-एक करोड़ का पैकेज ऑफर किया है। वे दोनों फुल टाइम पोस्ट ग्रेजुएट एम.बी.ए. के स्टूडेंट्स थे और अब राष्ट्रपति से भी ज्यादा वेतन लेने वालों में अपना नाम दर्ज करा चुके हैं।

इसलिए एक बार फिर सोचें कि क्या आपका आइडिया सर्वश्रेष्ठ प्रदर्शन कर सकता है? यदि आपका उत्तर 'हां' में है, तब आगे पढ़ें और व्यापार की आधारशिला रखने के लिए तैयार हो जाएं।

■■■

सातवां अध्याय

आइडिया को हकीकत में बदलने के तरीके जानें

'सोचो कि मैं सुंदर हूं, स्मार्ट हूं, होशियार हूं। तब आपके शरीर में ऊर्जा पैदा हो जाएगी और आप दुनिया के सर्वश्रेष्ठ व्यक्ति बन जाएंगे। व्यक्ति बीमार तभी होता है, जब वह बीमारी के बारे में सोचता है।'

–**फिरोज अफरीदी** (शायर)

कभी आपने सोचा है कि गुजरात में सबसे ज्यादा हीरों के व्यापारी क्यों हैं? जबकि एंटवर्प हीरों के कारोबार का केंद्र है और इस पर सदियों से पुरातनपंथी यहूदियों का कब्जा रहा है।

लेकिन अब यह बिजनेस यहूदियों के हाथ से निकलकर गुजरातियों के पास आ गया है, क्योंकि गुजरात में हीरा तराशने के काम में निपुण कारीगरों की भरमार है और यूरोप की तुलना में मजदूरी भी बहुत कम है।

आज लगभग 400 गुजराती परिवारों के हाथ में एंटवर्प का 70 प्रतिशत हीरा व्यापार है। गुजरातियों ने वहां के व्यापार में 1960 से दखल देना शुरू किया था। उस समय गुजरातियों को एंटवर्प में छोटी-मोटी चीज माना जाता था। तब वहां गुजराती निचले दर्जे के अनगढ़ पत्थरों तक ही सीमित थे, जिस पर गौर करना यहूदियों के लिए मामूली बात थी।

फिर वही, अनगढ़ पत्थर तराशने के लिए गुजरात आने लगे और हीरा बनकर एंटवर्प जाने लगे। इस काम में गुजरात के लोगों ने खूब नाम कमाया और धीरे-

धीरे हीरों के 70 प्रतिशत व्यापार पर अपना कब्जा जमा लिया। उसके बाद बॉस्टन कंसल्टिंग ग्रुप के चेयरमैन हैंस बर्कनर ने कहा था, 'अगले 10 सालों में भारत दुनिया की बड़ी ताकत बनकर उभरेगा, क्योंकि भारत के लोग क्रिएटिव हैं और दौलत कमाना जानते हैं।'

कुछ दिनों पहले जयपुर के अरविंद जुनेजा ने ई-बे पोर्टल पर 3.69 कैरेट का माणिक यानी रूबी 8,20,000 में बेचा, तब से हैंस बर्कनर भारत के लोगों का लोहा मानने लगे हैं। यह ई-बे पर ई-कॉमर्स के जरिए बिकने वाला सबसे महंगा रत्न था। इसलिए आपको यह जानना जरूरी है कि बिजनेस की शुरुआत कैसे की जाए और आइडिया को हकीकत में कैसे बदला जाए?

इसलिए जब भी कोई मुझसे पूछता है, 'कौन से तीन महान गुण हैं, जो लोगों को अमीर बनाते हैं।'

तब मैं कहता हूं, 'आइडिया, जोखिम और उम्मीद।'

इन तीनों के बिना कोई अमीर नहीं बन सकता। भारतीय फिल्मों की सफलता का आधार भी यही है। वहां भी आइडिया बिकता है, जोखिम दिखता है और फिल्म के सफल होने की उम्मीद रखनी पड़ती है।

इसलिए आज भारतीय सिनेमा हॉलीवुड को टक्कर दे रहा है। प्राइस वाटरहाउस कूपर्स का मानना है, 'भारतीय फिल्म इंडस्ट्री ने पिछले पांच सालों में 11.6 प्रतिशत की दर से विकास किया है। 2008 में भारत के कुल जीडीपी में 6.2 अरब डॉलर (28,305 करोड़ रुपये) का योगदान फिल्म इंडस्ट्री ने दिया था और इस इंडस्ट्री से लगभग 18 लाख लोगों को सीधे रोजगार मिल रहा है।'

जबकि गांधी जी को फिल्में पसन्द नहीं थीं। उनकी मर्जी चलती, तो सारे सिनेमा हॉल कताई मिल में बदल देते; लेकिन आज गांधी जी जीवित होते, तो पिछले 100 सालों में बॉलीवुड की तरक्की को देखकर अपना विचार बदल लेते।

आज साल में हिन्दी और दूसरी प्रांतीय भाषाओं में हर साल करीब 900 फिल्में बनती हैं। यदि मुम्बई फिल्म इंडस्ट्री को लें, तो भी यह दुनिया की सबसे बड़ी फिल्म इंडस्ट्री है। बिना किसी सरकारी संरक्षण और सहायता के बॉलीवुड की फिल्मों का एक्सपोर्ट करीब 100 देशों में हो रहा है। 1999 में रिलीज हुई सुभाष घई की फिल्म 'ताल' ने पहली बार कमाई के हिसाब से अमेरिका में टॉप 20 और यूके में टॉप 10 में जगह बनाई थी।

यह हाल तब है, जब हमारी ज्यादातर फिल्में जालंधर, लुधियाना, इलाहाबाद, बिजनौर, पटना और धनबाद को ध्यान में रखकर बनाई जाती हैं। न ही हमारा बजट हॉलीवुड जितना होता है और न ही फिल्म इंडस्ट्री इंटरनेशनल पब्लिसिटी के लिए भी उतना पैसा खर्च करती है, जितनी कि हॉलीवुड की फिल्में करती हैं। फिर भी हॉलीवुड को सीधे टक्कर दे रही हैं।

फिल्म 'दिलवाले दुल्हनिया ले जाएंगे' (डीडीएलजे) को भारतीय सिनेमा के पिछले 100 वर्षों के इतिहास की सबसे पसन्दीदा फिल्म चुना गया है। भारतीय फिल्मों के लिए इंग्लैंड की सबसे बड़ी 'पे पर व्यू' (पीपीवी) सर्विस प्रदान करने वाली वेबसाइट 'सोनाना' ने कुछ समय पहले एक ऑनलाइन मतदान आयोजित किया था, जिसमें सिनेमा प्रेमियों ने सोशल नेटवर्किंग साइट्स, ई-मेल और मूवी पोर्टल के जरिए अपना मत दिया। उसमें 'डीडीएलजे' पुरानी तीन सदाबहार फिल्में 'आवारा', 'मदर इंडिया' और 'शोले' को पछाड़कर नंबर-वन बनी।

इस फिल्म में ग्लोबलाइजेशन और लिबरलाइजेशन को कहानी का विषय बनाया गया था, जो दर्शकों के लिए एकदम नया था। वैसे तो भारतीयों के विदेश जाने का सिलसिला पहले से चला आ रहा है, लेकिन अब तेज हो गया है। विदेश नजदीक लगने लगा है और आम मध्यवर्गीय लोगों के सपनों का हिस्सा बन चुका है। इसकी वजह से एक ऐसे भारतीयों का समूह तैयार हुआ है, जो रहता तो अमेरिका या यूरोप में है, परन्तु उसका मन हमेशा भारत में पड़ा रहता है। विदेश की भौतिक समृद्धि उसे आकर्षित करती है, लेकिन भारतीय जीवन शैली उसका पीछा नहीं छोड़ती। यही फिल्म की कहानी थी। लेकिन साथ में भारतीय जीवन की झांकी भी डाली गई थी, जिसने फिल्म को हिट कर दिया।

इसलिए आइडिया को हकीकत में बदलने का तरीका जानें। शास्त्रों में लिखा है, 'मनुष्य में दो तत्व विराजमान हैं-एक जड़ और दूसरा चेतन। जड़ मनुष्य में तन, मन, बुद्धि से आते हैं और चेतन तत्व आइडिया है।'

इसे बिजली और बल्ब के उदाहरण से भी समझ सकते हैं। आपके घर में 25 वॉट के भी बल्ब होते हैं और 100 वॉट के भी। हर बल्ब का बाहरी शीशे का ढांचा लगभग एक जैसा होता है। पीछे से मिलने वाली बिजली भी बराबर होती है। परन्तु 25 वॉट के बल्ब की चमक कम होती है, 40 वॉट की अधिक होती है और 100 वॉट की और अधिक होती है। इस भिन्नता का कारण है बल्ब के अंदर का फिलामेंट। क्योंकि बल्ब की रोशनी, पीछे से आती हुई बिजली तथा शीशे के कवर पर निर्भर नहीं करती। वह तो निर्धारित होती है उसके अंदर के फिलामेंट से।

आपका तन बल्ब के शीशे के कवर की तरह है, मन-बुद्धि फिलामेंट की तरह और आइडिया बिजली की तरह। यानी मन और बुद्धि तब विकसित होती है, जब आप किसी भी काम में सफलता पा लेते हैं। इसलिए अपने मन-बुद्धि को विकसित करें और आगे बढ़ने के लिए तैयार हो जाएं।

सफलता जगह के चयन पर निर्भर करती है:

यदि आपका आइडिया बिजनेस करने का है या कोई उद्योग लगाने का है, तब सोचें कि उसे कहां शुरू करना है? क्योंकि ऊनी और सूती होजरी का गढ़

तिरूपुर, लुधियाना, कलकत्ता तथा दिल्ली में है। खेल सम्बंधी सामान मेरठ और जालंधर में अधिक बनते हैं।

हाथ के औजार ज्यादातर जालंधर तथा नागपुर में बनते हैं। शीशा और सिरामिक खुरजा तथा फरूखाबाद में अधिक बनते हैं। ताले बनाने का गढ़ अलीगढ़ में है। वैज्ञानिक औजार अंबाला और अजमेर में बनते हैं। दियासलाई शिवकासी में बनती है।

साइकिल तथा उसके पुर्जे लुधियाना में अधिक बनते हैं। तांबे के पुर्जे जामनगर, डीजल इंजन वाराणसी, बिजली का सामान मुम्बई, पुणे और बैंगलुरु में तथा घरेलू बिजली के उपकरण दिल्ली में ज्यादा बनते हैं।

मार्केट का चयन हो जाने के बाद अपने आइडिया को हकीकत में बदलने के लिए ऑफिस, दुकान या फैक्ट्री की जमीन का चयन करें। लेकिन चयन करते समय नीचे लिखी बातों का ध्यान रखें:-

अ) क्या वहां पर यातायात की सुविधा है? हां ☐

इ) क्या वहां पर बिजली की स्थिति अच्छी है? हां ☐

ब) क्या वहां पर टेलीफोन कनेक्शन मिल सकता है? हां ☐

क) क्या वहां पर लोन मिल सकता है? हां ☐

यदि आप फैक्ट्री लगाने जा रहे हैं, तो उससे सम्बंधित प्राधिकरण से अनुमति लेनी जरूरी है।

कम्पनी को रजिस्टर्ड करने की प्रक्रिया जानें:

भारत में कम्पनी का निगमीकरण, कम्पनी अधिनियम 1956 द्वारा अधिशासित होता है और केंद्रीय सरकार द्वारा क्रियान्वित होता है। नई कम्पनियों का पंजीकरण कम्पनी रजिस्टार के द्वारा होता है।

कम्पनी के पंजीकरण के लिए आवेदन पत्र के साथ चुनिंदा नाम, संघ का ज्ञापन, संघ के लेख और दूसरे आवश्यक दस्तावेज राज्य के कम्पनी रजिस्टार के पास फाइल करने होते हैं। कम्पनी प्राइवेट लिमिटेड भी हो सकती है और सार्वजनिक भी हो सकती है।

वर्किंग कैपिटल के बारे में सोचें:

इससे किसी कम्पनी की परिचालन क्षमता का पता चलता है। अगर किसी कम्पनी के पास पर्याप्त मात्रा में वर्किंग कैपिटल है, तो इसका मतलब है कि वह ठीक से अपना परिचालन कर पाएगी। यदि कम्पनी के पास इसकी कमी है, तो उसके परिचालन में दिक्कत आएगी। वर्किंग कैपिटल का कम्पनी के विस्तार में भी अहम रोल होता है। अगर किसी कम्पनी के पास वर्किंग कैपिटल अधिक मात्रा

में है, तो कम्पनी अच्छा लाभ कमाएगी और तेजी से विस्तार करेगी।

बिजनेस के लिए डिग्री का होना जरूरी नहीं है:

यदि आप अधिक पढ़ नहीं पाए, तो निराश न हों, सिर्फ अपने भविष्य के प्रति सजग रहें। दुनिया में बहुत सारे ऐसे लोग हैं, जो स्टडीज में कुछ खास नहीं कर सके। लेकिन जुनून और दूरदर्शिता के सहारे आज कामयाबी की बुलंदियों पर हैं:-

- ☞ वर्जिन एटलांटिक एयरवेज के मालिक रिचर्ड ब्रेंसन पढ़ाई में अच्छे नहीं थे। उन्होंने 16 साल की उम्र में स्कूल छोड़ दिया और लंदन चले गए। वहां उन्होंने अपना खुद का काम शुरू किया और 'स्टूडेंट' नाम की एक मैगजीन निकाली।
- ☞ ब्रिटिश प्रधानमंत्री रह चुके जॉन मेजर एक साधारण विद्यार्थी थे। उन्होंने हाईस्कूल O-level (बेहद औसत मार्क्स) से पास की थी। बाद में 16 की उम्र में उन्होंने पढ़ाई छोड़ देने का फैसला किया।
- ☞ मोबाइल और कम्प्यूटर टेक्नोलॉजी की दुनिया में क्रान्ति लाने वाले स्टीव जॉब्स ने कॉलेज जाने के 6 महीने बाद ही पढ़ाई छोड़ दी, क्योंकि उनकी समझ में नहीं आ रहा था कि पढ़ाई उनके लिए किस तरह से फायदेमंद साबित होगी।
- ☞ डेविड कार्प के सफल होने की कहानी एक दम अलग है। क्योंकि उनकी पुस्तकों से दोस्ती कभी नहीं हो पाई थी।

कहावत है कि पढ़ें नहीं, कढ़ें। इन चारों के बारे में यह बात सच लगती है। ये पढ़े नहीं, कढ़े थे। किसी को खेल पसन्द था, किसी को कंप्यूटर पर खेलना अच्छा लगता था और किसी को प्लेन में उड़ना अच्छा लगता था।

डेविड के माता-पिता ने उन्हें न्यूयॉर्क के एक स्कूल में शुरुआती पढ़ाई के लिए भेजा था। कुछ सालों तक पढ़ाई करने के बाद डेविड का मन पुस्तकों से ऊब गया, फिर वे कंप्यूटर से सम्बंधित तमाम चीजों को सीखने में दिलचस्पी दिखाने लगे। बच्चे का ध्यान पढ़ाई से हटाने पर माता-पिता शुरू में थोड़ा परेशान हुए। लेकिन कुछ समय बाद उनकी मां ने ही कह दिया कि वह स्कूल जाना बंद करें और घर से पढ़ाई करें। इसके लिए उन्हें सुविधाएं भी दी गईं, लेकिन 10वीं पास भी नहीं कर पाए कि डेविड को एनिमेशन में मजा आने लगा।

उन्होंने एनिमेशन की बारीकियां सीखीं और फ्रेडरेटर स्टूडियो में काम शुरू कर दिया। फिर जब वे 17 साल के हुए, तब उनके माता-पिता में अलगाव हो गया। उसके बाद डेविड ने ऑन लाइन पैरेंटिक फोरम (माता-पिता को ऑन लाइन सलाह) 'अर्बन बेबी' के नाम से शुरू किया। वे इस फोरम से 2006 तक जुड़े

रहे, फिर डेविड ने अपनी सॉफ्टवेयर कंसलटेंट कम्पनी खोली। कुछ समय बाद वही कंसलटेंट कम्पनी 'टम्बलर' के नाम से काम करने लगी। धीरे-धीरे उस पर करोड़ों ब्लॉग्स बन गए। 'टम्बलर' की इसी प्रसिद्धि और हिट का परिणाम था कि याहू ने डेविड के साथ करार किया।

कुछ ऐसा ही हावर्ड यूनिवर्सिटी में पढ़ने वाले डस्टिन और मोस्कोविट्ज के साथ हुआ था। उन्होंने 2008 में फेसबुक छोड़ने के बाद मोबाइल एप्लीकेशन आसान बनाया, जिसकी वजह से मोस्कोविट्ज को 2011 में फोर्ब्स मैग्जीन ने सबसे छोटे बिलियनेयर का दर्जा दिया था। अब उनकी उम्र 29 साल है और संपत्ति है 148 अरब डॉलर।

इसलिए यह जान लें कि सफल और असफल लोगों में क्या अंतर होता है:-

	सफल लोग	**असफल लोग**
1.	दूसरों के प्रति आभार व्यक्त रहते हैं।	अधिकार की बात करते हैं, कर्त्तव्य की नहीं।
2.	अपनी सफलता का श्रेय सबमें बांटते हैं।	सफलता का सारा श्रेय खुद ही लेते हैं।
3.	रोज कुछ नया पढ़ते हैं।	सारा समय व्यर्थ गंवाते हैं।
4.	नए आइडिया की बात करते हैं।	बदलाव से डरते हैं।
5.	अपने विचार और ज्ञान का साझा करते हैं।	जमीनी हकीकत से दूर अतिउत्साह में रहते हैं।
6.	खुशी बांटते हैं।	दूसरों के बारे में नकारात्मक सोच रखते हैं।
7.	परिवर्तन लाते हैं।	अपना ज्ञान किसी में नहीं बांटते।
8.	लगातार सीखते हैं।	अकड़ में रहते हैं।

इसलिए उद्योग या व्यापार शुरू करने से पहले अपनी आदतों में सुधार कर लें और अपने शब्दकोष से 'असम्भव' शब्द पूरी तरह से निकाल दें। सड़क पर युद्ध हिम्मत से लड़ा जाता है, हथियारों से नहीं।

कोडैक की कहानी याद कीजिए। अमेरिका के रोचेस्टर शहर की इस कम्पनी को किसी जमाने में बड़ा गुमान हुआ करता था। क्योंकि दुनिया में शायद ही ऐसा कोई हो, जो साल में कम-से-कम एक बार उसके कैमरे इस्तेमाल न करता हो। कभी बीवी या बच्चों की तस्वीरें लेने के लिए, तो कभी शादी, बर्थडे या ऐसे ही किसी और फंक्शन की यादें सहेजने के लिए। दुर्घटना या युद्ध में भी इससे तस्वीरें

ली जाती थीं।

लेकिन आगे चलकर क्या हुआ? मोबाइल पर कैमरा आते ही कोडैक का गुमान छिन्न-भिन्न हो गया। इसी तरह जब वीडियो आया तो रेडियो पीछे रह गया। सीडी ने ऑडियो-वीडियो टेप को खत्म कर दिया। डिजिटलाइल्ड म्यूजिक ने सीडी को पीछे छोड़ दिया। मोबाइल फोन में तो यह सभी चीजें हैं। इसलिए यह छोटा-सा खिलौना लैंडलाइन फोन को लगभग खत्म कर चुका है।

यह कहानी संदेश देती है कि यदि आप तेजी से विकसित होती तकनीक के प्रति सतर्क नहीं हैं, तो आपको धक्का लग सकता है। आपका बिजनेस प्रतिस्पर्धी आपके इर्द-गिर्द ही है। आपको उससे सचेत रहना होगा।

गलती से सीखें और आगे बढ़ें:

एक बार एक महिला ओशो से मिलने आई। ओशो उस समय हर व्यक्ति से मिलकर उसकी छोटी-छोटी समस्याओं का हल बताते थे। उस महिला ने कहा, 'मुझे उदासी के झोंके आते हैं। वे लहरों की तरह आते हैं और मैं उनमें डूब जाती हूं। तब मैं न तो उदासी से लड़ पाती हूं और न ही उस समय खुश रहने का नाटक कर सकती हूं।'

ओशो ने उससे जो कहा, वह आपके बहुत काम आएगा, क्योंकि उदासी हमारी बचपन की सहेली है। यूं ही बैठे-बैठे अचानक उदासी के बादल घेर लेते हैं। कहां से आते हैं, क्यों आते हैं, कुछ समझ में नहीं आता। उस समय दुनिया बिलकुल स्याह नजर आती है, जीने में कोई सार नहीं लगता। ऐसे में करें तो क्या करें?

जबकि सबसे पहला उसूल यह है कि उस अंधियारे से भागने की कोशिश न करें। किसी भी स्थिति से भागना केवल उसे मजबूत करना और आग को हवा देने जैसा है। इसलिए जब भी उदासी घेर ले, कमरा बंद करके बैठ जाएं और पूरी तरह से उदास हो जाएं। रोना है तो रो लें, उदासी का पूरा स्वाद लें। उदासी सिर्फ मन के अंदर नहीं है, वह शरीर के रोएं-रोएं में बैठी हुई है। शरीर को उदासी का पूर्ण अनुभव करने दें। जमीन पर गिर पड़ें, सिकुड़ जाएं, लोटपोट हो जाएं। इससे बचने की कोशिश न करें।

कुछ ऐसी स्थिति बिजनेस में भी आ जाती हैं। गलतियां सबसे होती हैं, लेकिन आप गलती कर रहे हैं, यह आभास हो रहा है या नहीं, यह देखना बहुत महत्त्वपूर्ण है। यदि गलतियों के प्रति आप सजग हैं और वे आपको दिखाई देती हैं, तो समझना चाहिए कि आप अपने जीवन के प्रति लापरवाह नहीं हैं।

एक बार जैन धर्म के महान संत गुप्तिसागर के पास एक युवक आया और बोला, 'तेजी से सफलता पाने का कोई गुरुमंत्र बताइए।'

गुप्तिसागर ने कहा, 'तुम सार्वजनिक क्षेत्र में काम करते हो। इस क्षेत्र में सफल

होने के लिए दो फैक्ट्रियां खोल लो।'

युवक चौंक गया, फिर गुप्तिसागर से बोला, 'गुरुदेव आपने फैक्ट्री खोलने की बात कही है, लेकिन मैं तो नौकरी करता हूं।'

गुप्तिसागर ने युवक को समझाते हुए कहा, 'फैक्ट्रियां खोलने का आशय समझो। आपके पास दो फैक्ट्रियां होनी चाहिए। एक आइस फैक्ट्री, दूसरी शुगर फैक्ट्री।'

युवक ने पूछा, 'गुरुदेव! आइस फैक्ट्री और शुगर फैक्ट्री का सार्वजनिक क्षेत्र में काम करने से क्या सम्बंध है?'

गुप्तिसागर ने कहा, 'बहुत गहरा सम्बंध है, लेकिन दोनों फैक्ट्रियां भूमि के प्लॉट पर नहीं, तुम्हारे भीतर स्थापित होनी चाहिए। दिमाग में आइस फैक्ट्री और जुबान पर शुगर फैक्ट्री, ताकि मस्तिष्क ठंडा रहे और वाणी से मधुरता टपकती रहे।'

बिजनेस में बहुत सारी समस्याएं प्रतिक्रिया के कारण पैदा होती हैं। किसी ने कुछ कह दिया। उसको गंभीरता से लिया, जिससे मन में एक गांठ बननी शुरू हो गई। लेकिन नजरिया ठीक हो, तो व्यक्ति हर समस्या का कोई-न-कोई समाधान खोज ही लेता है।

महान चीनी विचारक मेन्सियस की मां एक समझदार महिला थी। अपने जीवनकाल में बेटे के कारण तीन बार उन्होंने अपना निवास बदला। पहले वे एक कब्रिस्तान के पास रहती थीं। एक दिन उन्हें लगा कि उसका बेटा धीरे-धीरे गहरे दुःख में डूबता जा रहा है। कब्रिस्तान में आने वाले लोग दुःख से रोते-बिलखते रहते थे। मेन्सियस उन्हें रोज ही देखता था, इसलिए वह उन्हीं की तरह बर्ताव करने लगा था।

मेन्सियस की मां को चिंता हुई। उन्होंने दूसरी जगह जाना तय कर लिया। अब वे चहल-पहल भरे एक बाजार में रहने लगीं। कुछ समय बाद उन्होंने देखा कि उनका बेटा मेन्सियस एक दुकानदार की तरह बर्ताव करने लगा है। वह घर का सामान सजाकर एक दुकानदार की तरह बैठ जाता। बाजार में दुकानदारों और उनके ग्राहकों के बीच जैसी बातचीत सुनी थी, वैसी ही बातचीत वह करने लगा। मां अपने बेटे का ऐसा व्यवहार देखकर चिंतित हो गईं।

उन्होंने वहां से भी निकलना तय कर लिया। इस बार उन्होंने एक विद्यालय के पास मकान लिया। वहां उनका बेटा मेधावी विद्यार्थियों का अनुसरण करने लगा। वह सब विषयों की जानकारी पाने की कोशिश करने लगा और हर विषय पर गहन अध्ययन करने लगा।

मां यह देखकर बड़ी प्रसन्न हुईं। उन्हें लगा कि उसके बेटे पर माहौल का सही प्रभाव पड़ा है, फिर उस वातावरण में बड़ा होकर मेन्सियस चीन का एक बहुत बड़ा विद्वान बना। यह कहानी भी यही संदेश देती है कि गलती से सीखो और आगे बढ़ो।

आप शायद नहीं जानते होंगे कि फिल्म 'दीवार' में अमिताभ बच्चन की कमीज फिल्मी दर्जी ने गलती से अधिक लंबी बना दी थी। तब निचले हिस्से को गांठ की तरह बांधा गया और कंधे पर रस्सी रख दी गई, ताकि वह कुली लग सके। लेकिन मजबूरी के कारण बांधी गांठ कॉस्ट्यूम की कला मान ली गई, क्योंकि फिल्म हिट हो गयी थी।

आपका मिशन क्या हैः

फिल्म 'नाम' में एक सीन में दुबले-पतले संजय दत्त को चंद हथियारबंद गुंडे घेर लेते हैं। वह कहता है, 'पहले आगे आने वाले एक व्यक्ति को मैं मार दूंगा, फिर भले ही सब मिलकर मुझे मार दें।' तब हर गुंडे को यकीन हो गया कि यह पहले हमलावर को मार देगा। बिलकुल ऐसा ही बिजनेस में होता है। अपने उद्योग को सफलता के शिखर तक पहुंचाने के लिए दूसरों में दहशत पैदा करनी पड़ती है।

तभी तो रतन टाटा ने फिक्की की एक सेमीनार में कहा था, 'आपको अपने अंदर दूरदर्शिता लानी होगी। ऐसी दूरदर्शिता, जिससे आप भविष्य देख सकें। ऐसे कई मौके आएंगे, जब आप सही और गलत के दोराहे पर खुद को खुदा पाएंगे। तब आपको दृढ़निश्चय और खुद पर भरोसा करना होगा। यदि आप उस पर कायम रहते हैं, तो कामयाबी हर हाल में आपको मिलेगी।'

इसलिए कम्पनी को रजिस्टर्ड करवाने के बाद आगे की प्लानिंग में जुट जाएं। यहां पर प्लानिंग का मतलब है, योजना का प्रोजेक्ट तैयार करना। इसमें बिजनेस की कार्यनीतियों का विस्तार से उल्लेख किया जाता है। जो साबित करता है कि भविष्य में व्यापार के कितना फैलने की संभावनाएं हैं ? रिस्क फैक्टर्स क्या हैं ? और बैंकों से कितना ऋण लिया जा सकता है ?

प्रोजेक्ट में आप संसाधनों का विवरण भी दे सकते हैं। जैसे आपके पास कितना पैसा है और शेष पैसा कहां से आएगा ? कम्पनी का स्लोगन क्या होगा ? उत्पादन कैसे होगा ? प्लांट और मशीनरी कहां से आएंगी, कब आएगी, कितने की आएगी ?

कच्चा माल कहां रखा जाएगा, फिनिश माल कैसे मार्केट में भेजा जाएगा, मार्केटिंग में कितना पैसा लगेगा, कितने स्टाफ की जरूरत पड़ेगी, कितनी उनकी सेलरी जाएगी, माल बिकने के बाद पैसा कब, कैसे और कितना आएगा? सब खर्चे निकालने के बाद लाभ कितना होगा?

कहां से लें तकनीकी परामर्शः

देश के हर राज्य में जिला स्तर पर जिला उद्योग केंद्र खुले हुए हैं, जो बिजनेस से सम्बंधी जानकारी उपलब्ध करवाते हैं और विभिन्न योजनाओं

के अंतर्गत ऋण भी दिलवाते हैं। कुछ ऋण ऐसे भी होते हैं, जिन पर सब्सिडी का प्रावधान है। अधिक जानकारी के लिए नीचे लिखे संस्थानों से संपर्क साधें:-

- ☞ राष्ट्रीय औद्योगिक विकास निगम
- ☞ खादी और ग्रामीण उद्योग आयोग
- ☞ कुटीर उद्योग
- ☞ भारतीय उद्यम विकास संस्थान
- ☞ राष्ट्रीय उद्यम और लघु व्यवसाय विकास संस्थान
- ☞ राष्ट्रीय लघु उद्योग विस्तार और प्रशिक्षण संस्थान
- ☞ भारतीय लघु उद्योग विकास बैंक (सिडबी)

बैंक में कम्पनी का अकाउंट कैसे खोलें:

जब भी खोलें थ्री इन वन अकाउंट खोलें। यह ऐसा अकाउंट होता है, जिससे आप तीन अकाउंट का काम ले सकते हैं। यानी सेविंग, ट्रेडिंग और डिमेट। इसे ब्रोकरेज की किसी भी बैंकिंग शाखा में खोला जा सकता है। सामान्य अकाउंट की तुलना में इस अकाउंट के कई लाभ हैं। इसकी मदद से सेविंग अकाउंट से ट्रेडिंग अकाउंट में धन ट्रांसफर किया जा सकता है।

उदाहरण के लिए मानें कि आपका कोई ऑन लाइन अकाउंट है और आप अपने सेविंग अकाउंट से ट्रेडिंग अकाउंट में पैसा ट्रांसफर करना चाहते हैं, तो आपको दो पासवर्ड रखने होंगे। लेकिन इस अकाउंट में ऐसा नहीं है, इसमें एक ही पासवर्ड से काम चल जाएगा। यदि आप ऑनलाइन अकाउंट से किसी ट्रेडिंग अकाउंट में पैसा ट्रांसफर करना चाहते हैं, तो आपको बैंक में जाने की जरूरत नहीं है। यह काम आप खुद ही कर सकते हैं।

कम्पनी की वेबसाइट कैसी बनवाएं:

बिजनेस शुरू करने के बाद आपको एक वेबसाइट बनवानी होगी। जहां तक इसकी लागत की बात है, तो यह इस बात पर निर्भर करता है कि आप किस तरह का बिजनेस शुरू कर रहे हैं?

आज मार्केट में कई ऐसी कम्पनियां हैं, जो फ्री में आपको वेबसाइट और स्पेस उपलब्ध करवाती हैं, लेकिन उनकी कुछ शर्तें होती हैं। वे आपको फ्री ऑनलाइन इन्फॉर्मेशन और टूल्स मुहैया कराएं। इसलिए आप अपनी साइट पर इस तरह के लिंक्स दें, जिससे आपके विजिटर्स किसी प्रोडक्ट के बारे में अधिक से अधिक जानकारी हासिल कर सकें। इसके लिए आपको अपनी वेबसाइट पर कंटेंट और

इन्फॉर्मेशन को अपडेट रखना होगा।

यदि इन्फॉर्मेशन पुराना होगा, तो आपके ग्राहक दूसरी साइट की तरफ मूव कर जाएंगे। इसलिए यह जरूरी है कि साइट पर आप अच्छी सूचनाएं दें, ब्लॉग बनाएं और उन्हें समय-समय पर अपडेट करते रहें।

फिजूल खर्चों से बचें:

बिजनेस के लिए एक वित्तीय रणनीति बनानी पड़ती है, ताकि कम्पनी में कैश फ्लो बराबर बना रहे। इस पहलू पर ज्यादातर बिजनेसमैन ध्यान नहीं देते, लेकिन यह सबसे महत्त्वपूर्ण बिंदु है बिजनेस को नॉन-स्टॉप चलाने का। कुछ खर्चे ऐसे होते हैं, जिनमें कैश भुगतान होता है। इसलिए बिजनेस की शुरुआत करने के बाद फिजूल खर्चों से बचें।

ऑल राउंडर स्टाफ का चयन करें:

आपने देखा होगा कि बैंक के कर्मचारी से कभी भी एक ही सीट पर काम नहीं लिया जाता। उसे अलग-अलग सीटों पर बिठाकर, अलग-अलग काम करवाया जाता है। इसका फायदा यह रहता है कि जब एक अधिकारी या कर्मचारी छुट्टी पर होता है, तो उसकी सीट का काम नहीं रुकता। उसका काम दूसरा कर्मचारी देखने लगता है।

इसलिए ऑल राउंडर स्टाफ का चयन करें, ताकि किसी एक के न होने पर काम न रुके। उसका स्थान दूसरा तत्काल ले ले और काम पहले की तरह जारी रहे। इसके दो फायदे होते हैं। पहला फायदा तो यही है कि किसी कर्मचारी के रहने या न रहने से काम बाधित नहीं होता और दूसरा फायदा यह होता है कि किसी भी कर्मचारी को अपने काम पर घमंड नहीं होता।

बारकोड के बारे में जानें:

यह 13 अंकों का एक खास ग्राफ होता है, जिसके पहले दो अंक बताते हैं कि वह चीज किस देश की बनी हुई है। बाद के पांच अंकों में चीज के बारे में सारी जानकारी होती है और अंतिम चार अंक यह क्रॉस चेक करते हैं कि कम्प्यूटर द्वारा बारकोड सही ढंग से पढ़ा गया है या नहीं।

इसे बनाने का श्रेय पेंसिलवेनिया (अमेरिका) के जोसेफ वुडलैंड और बर्नार्ड सिल्वर को जाता है। इसका पहला व्यावसायिक इस्तेमाल 1970 में अमेरिका की मोनार्क कम्पनी ने किया था। अब यह पूरी दुनिया में इस्तेमाल होता है। इसलिए आपको बारकोड के बारे में जानना जरूरी है, ताकि आप अपने उत्पादनों में इसका इस्तेमाल कर सकें।

बारकोड को पढ़ने के लिए बारकोड रीडर की जरूरत पड़ती है, जो एक तरह की स्टेशनरी डिवाइस होती है। वह बारकोड की इन्फॉर्मेशन को स्टोर करती है। रीडर में एक लेजर बीम लगी होती है, जो लाइन तथा स्पेस को रिफ्लेक्शन के द्वारा डिजिटल डाटा में बदल देती है और कम्प्यूटर को ट्रांसफर कर देती है।

कैश का फ्लो ठीक रखें:

बिजनेस में कैश का नियमित प्रवाह होना बहुत जरूरी है। कभी-कभी पैसे की कमी हो जाना ठीक है, लेकिन यदि बिजनेस में पैसे की कमी लगातार बनी रहती है, तो अपने बिजनेस मॉडल पर नजर डालें। कहीं ऐसा तो नहीं कि उसमें लाभ का मार्जिन बहुत कम हो, या आप समय पर पार्टी से पैसा ले न पाते हों। ऐसी किसी भी खामी का पता लगाएं और फिर उसे दूर करें। आप कैश फ्लो से बिजनेस को आगे बढ़ा सकते हैं।

पार्टनर संभलकर बनाएं:

बिजनेस में पार्टनरशिप का एक बड़ा फायदा यह है कि आप ऐसे क्षेत्र में प्रसार कर लेते हैं, जिनमें आप अकेले शायद काम न कर पाते। पार्टनरशिप करने से पहले उस व्यक्ति की विश्वसनीयता का आकलन अवश्य कर लें। इसके अलावा पार्टनरशिप की सभी शर्तें लिखित में रखें। ऐसा करने से आप भविष्य में किसी भी तरह की परेशानी में नहीं फंसेंगे।

प्लान बी तैयार रखें:

आपकी योजनाएं तभी ठीक तरह चलती हैं, जब स्थितियां ठीक वैसी ही होती हैं, जैसी आपने सोची होती हैं। अब चूंकि स्थितियां हमेशा एक-सी रहती नहीं हैं, इसलिए अपने पास प्लान बी हमेशा तैयार रखें। आर्थिक मंदी, कॉस्ट कटिंग या अन्य किसी आपात कारण की वजह से कम्पनी पर आ सकने वाले संकट से बचने का यह सबसे अच्छा तरीका है।

बिजनेस बढ़ाने के आधुनिक तरीके जानें:

फेसबुक से आप अपने बिजनेस को बढ़ा सकते हैं। आज की तारीख में फेसबुक पर लगभग 900 मिलियन यूजर्स हैं और हर दिन यह संख्या बढ़ती जा रही है। ऐसे में आप अपने उत्पादनों को उन लोगों तक पहुंचा सकते हैं। फेसबुक की खास बात यह है कि इस पर जो विज्ञापन दिए जाते हैं, वे लोगों की रुचि को देखते हुए प्लेस किए जाते हैं। इसलिए व्यक्ति को यह पता चल जाता है कि वह किस तरह के कस्टमर को किस जगह पर टार्गेट कर रहा है और कैसे

कस्टमर ग्रुप तक पहुंच सकता है। इस पर अकाउंट खोलने के कुछ तरीके हैं:-

☞ प्रोफाइल मैनेज करें।

☞ अपना प्रोफाइल सही तरह कंप्लीट करें।

☞ प्रॉपर फीडबैक के लिए सही एप्लीकेशंस इंस्टॉल करें।

☞ सेटिंग्स में पर्सनल इन्फॉर्मेशन का पार्ट प्राइवेट कर दें।

☞ ब्रांड की सही इमेज के लिए अपनी प्रोफेशनल और पर्सनल कैजुअल पिक्चर्स पोस्ट करें।

☞ फेसबुक वैनिटी यूआरएल लें, ताकि लोग आपको आसानी से सर्च कर सकें।

☞ अपने फेसबुक यूआरएल को अपने ई-मेल में बतौर सिग्नेचर एड करें।

☞ अपनी क्रेडिबिलिटी बढ़ाने के लिए अपने बिजनेस से जुड़े लेखस और इंटरेस्टिंग इन्फॉर्मेशन दें।

☞ फेसबुक अकाउंट को ट्विटर जैसे दूसरे सोशल मीडिया टूल से जोड़ें, फिर कनेक्टेड लोगों की लोकेशंस चेक करें।

☞ ज्यादा कनेक्शंस ढूंढने के लिए अपने ई-मेल से कॉन्टैक्ट्स अपलोड कर लें।

☞ फ्रेंड्स लिस्ट में म्यूचुअल कॉन्टैक्ट्स तलाशें।

☞ अपने पेशे के एक्सपर्ट को आप अपने ब्लॉग पर गेस्ट ब्लॉगर बना सकते हैं।

☞ सही ऑडियंस तक पहुंचने के लिए फेसबुक एड्स खरीदें।

भारत में बहुत कम लोग होंगे, जो इसका फायदा बिजनेस को बढ़ाने के लिए उठा रहे हैं, जबकि अलग-अलग रुचि वाले लोगों का अकाउंट यहां होने की वजह से बिजनेस बढ़ाने का पूरा स्कोप है और बहुत कम रुपयों से काम चलाया जा सकता है। स्पेसिफिकेशंस तय करने के बाद उसी हिसाब से बजट तय किया जा सकता है, साथ ही प्रोडक्ट्स के ऑनलाइन कॉन्टेस्ट्स भी चलाए जा सकते हैं।

अब तो जी.एस.टी. यानी गुड्स एण्ड सर्विस टैक्स भी आने वाला है। उसके लागू होने से कई फायदे होंगे। जो वैट या सी.एस.टी. हर सेल या परचेज पर लगता है, वह सिर्फ एक बार ही लगेगा। लेकिन इसका फायदा उठाने के लिए आपको असफलता के डर से बाहर निकलना होगा। विफलता का मतलब यह नहीं है कि आप नाकाम हो चुके हैं, बल्कि इसका मतलब यह है कि आप सफलता पाने का प्रयत्न जारी रखे हुए हैं।

3 जुलाई, 2013 की रात को जब 12 अरब का रूसी अभियान 17 सेकेंड में तबाह हो गया था, तो क्या रूस ने उसके बाद उपग्रह में रॉकेट दागने छोड़ दिए थे? नहीं! बल्कि वह और जोर-शोर से नेवीगेशन उपग्रहों को ले जाने के लिए

अपने मिशन में जुट गया, क्योंकि वह जानता है कि विफलता के बाद सफलता का मिलना तय है। इसलिए गर्व से कहोः-

अभी न पूछो हमसे मंजिल कहां है।
अभी तो हमने चलने का वादा किया है॥
न हारे थे, न हारे हैं, न हारेंगे कभी।
ये हमने खुद से वादा किया है॥

क्योंकि आप खुद एक कल्पवृक्ष हैं। आपके अंदर सभी देवी-देवताओं का निवास है। ईश ज्ञानी बताते हैं कि जिस समय मनुष्य अपने उद्देश्य में सफल हो जाता है, उस समय वह फरिश्तों की दुनिया में होता है।

उसमें ईश्वर या भाग्य का कोई लेन-देन नहीं होता। निर्णय आपका होता है। चुनाव आपका होता है। वह तो नियम-कानून बनाकर हमेशा के लिए सो गया। संसार में ईश्वर नहीं, नियम काम कर रहे हैं। नियम को जानकर, अपनाकर कोई भी असीम धन-संपदा प्राप्त कर सकता है।

पॉपुलर कैटरर्स के शिवाना शेट्टी सात साल की उम्र में मैंगलोर से भागकर मुम्बई आ गए थे। पहले कई छोटी-मोटी नौकरी की, उसके बाद उन्होंने नटराज स्टूडियो में अपनी कैंटीन खोली और प्रमोद चक्रवर्ती, रामानंद सागर, विधु विनोद चोपड़ा, बोनी कपूर, एन.चोपड़ा जैसे प्रोड्यूसर्स के लिए कैटरिंग की। फिर उन्होंने पूरे सेट की कैटरिंग के ऑर्डर लेने शुरू कर दिए और 'रामलीला', 'ये जवानी है दीवानी' तथा 'गब्बर' जैसी बड़ी बजट वाली फिल्मों की कैटरिंग संभाली। चूंकि उनके अंदर कुछ नया करने का जज्बा था, इसलिए सफल हुए।

एक पुरानी घटना है। इंग्लैंड में आदिवासियों का एक छोटा द्वीप था। वहां बहुत ही सरल व सीधे-सादे लोग रहते थे। एक दिन किसी पादरी को उन पर दया आ गई। पादरी ने सोचा कि उन्हें कुछ ज्ञान देना चाहिए। वह एक जहाज पर बैठे और उस द्वीप पर पहुंच गए। दिन भर सीधे-सादे आदिवासियों को समझाते रहे कि ईश्वर क्या है, कैसा है और उस तक कैसे पहुंचा जा सकता है? समझाते-समझाते शाम हो गई, फिर वे वापस उसी जहाज से लौटने लगे। लेकिन जब वे आधे रास्ते में पहुंचे, तो उन्होंने देखा कि चार-पांच आदिवासी पानी पर दौड़ते हुए आ रहे हैं। पादरी को बड़ा आश्चर्य हुआ।

थोड़ी देर बाद वे सभी पादरी के जहाज के सामने खड़े हो गए और हाथ जोड़कर बोले, 'पादरी जी! आपने प्रभु को पाने के लिए जो मंत्र बताया था, वह हम भूल गए। कृपया एक बार और बता दें।'

पादरी ने उन लोगों के पैर पकड़ लिए और कहा कि जब तुम पानी पर दौड़

सकते हो, तो तुम्हें किसी मंत्र की जरूरत नहीं है। तुम सब कुछ कर सकते हो, सब कुछ पा सकते हो।

नई तकनीक को अपनाने के लिए तैयार रहें:

केन्या में नैरोबी नेशनल पार्क के दक्षिणी हिस्से में रहने वाले रिचर्ड टूरेर बताते हैं, 'जहां मैं रहता हूं वहां पार्क से निकलकर कई जानवर कॉलोनी में आ जाते हैं। उनके पीछे शेर भी चले आते हैं। वे हमारे पालतू जानवरों को मारकर खा जाते हैं। एक रात घर में शेर घुसा और उसने हमारी भैंस को मारकर खा लिया। अगली सुबह जब मैं उठा तो मुझे काफी तकलीफ हुई, क्योंकि हमारे पास सिर्फ एक ही भैंस थी।

फिर मैंने सोचा कि कुछ ऐसा किया जाए कि शेर कभी इधर न आए। इस बीच कॉलोनी के कुछ बुजुर्गों ने बताया कि शेर आग से डरता है। तब मैंने आग जलाई, लेकिन इससे उसे ही फायदा हुआ। तब वह हमारे गाय के बाड़े को आराम से देख सकता था। मैंने यह विचार छोड़ दिया, परन्तु हार नहीं मानी।

दूसरी बार मैंने एक बाड़ा बनाया। उसके बाद शेर आया और बाड़ा देखकर चला गया। फिर वह दूसरे दिन आया, उसने देखा कि बाड़ा अपनी जगह से हिलता नहीं है। वह चालाक था, इसलिए अंदर कूदकर उसने हमारे दो जानवरों को मार डाला।

कुछ दिन बाद एक रात मैं बाड़े में टॉर्च लेकर घूम रहा था, उस रात शेर पास नहीं आया। तब मैं जान गया कि शेर हिलती रोशनी से डरता है। फिर मैंने कार की पुरानी बैटरी, इंडीकेटर बॉक्स, ऑन-ऑफ करने वाला स्विच और फ्लैश लाइट से टूटी एक टॉर्च ली। उन सबको सोलर पैनल, चार्जर, बैटरी से जोड़कर इंडीकेटर बॉक्स के साथ लगा दिया। रात के अंधेरे में वह अलग-अलग जगह जलता-बुझता दिखता था। जिससे शेर को लगा कि मैं बाड़े में टॉर्च लेकर टहल रहा हूं। जबकि मैं अंदर आराम से सो रहा होता था। उसके बाद शेर नहीं आया।

केन्या की सरकार ने उस आविष्कार को नाम दिया है 'लॉयन लाइट', जो आने वाले समय में एक उद्योग में परिवर्तित हो जाएगा। इसलिए सेवा का भाव रखिए, पैसा खुद चलकर आपके पास आ जाएगा। यह आइडिया को हकीकत में बदलने का सबसे अच्छा नियम है।

आप यदि स्टूडेंट हैं और ए-ग्रेड हासिल करना चाहते हैं, तो कोर्स के शुरू में शिक्षक से यह पूछ लें कि ए-ग्रेड हासिल करने के लिए क्या जरूरी है? यदि आप वकील हैं और किसी को न्याय दिलाने में लगे हैं, तो कोर्ट में जाने से पहले यह ठीक से जान लें कि ग्राहक पर क्या अभियोग लगाया गया है?

द्वितीय विश्वयुद्ध में सबसे महत्त्वपूर्ण बात जर्मन युद्धपोत बिस्मार्क का डूबना था। यदि बिस्मार्क को डुबाया न गया होता, तो शायद ब्रिटेन हार गया होता। तभी

तो शास्त्रों में लिखा है, **'ईश्वर ने हर एक को कोई-न-कोई अनूठा गुण जरूर दिया है और हर मनुष्य को किसी न किसी क्षेत्र में विश्व चैंपियन बनने का भी आशीर्वाद दिया है।'**

समय के अनुसार बिजनेस में बदलाव लाते रहें:

एक सर्वे से पता चला कि चीनी उत्पादों के बढ़ते इम्पोर्ट से भारत में 30,000 छोटे और मझौले उद्योग बंद हो चुके हैं। इनमें से अधिकतर इलाहाबाद, आगरा, हाथरस, मथुरा, वृंदावन, दिल्ली, कानपुर, लखनऊ तथा पटना में थे। जिससे भारतीय और चीनी उत्पादों का अनुपात 19.1 हो गया है, जो 20 प्रतिशत की वार्षिक दर से बढ़ रहा है।

हम समय के अनुसार बिजनेस में बदलाव नहीं ला पाते, जबकि हम चाइना से सस्ते और आकर्षक उत्पादन बना सकते हैं। हमारे पास दिमाग है, आइडिया है। लेकिन हम उसका इस्तेमाल समय के अनुसार नहीं करते। जो दूसरे करते हैं, वही करने की सोचते हैं। फिर परिणाम कोडैक और फूजी जैसा निकलता है।

कोडैक को मोबाइल फोन निगल गए और फूजी को डिजीटल कैमरे। यदि वे समय के अनुसार बिजनेस में बदलाव लाते, तो आज दोनों सैमसंग और नोकिया को टक्कर दे रहे होते। इसके विपरीत कुछ ऐसी कम्पनियां हैं, जो समय के अनुसार बदलती रहीं। उनमें से एक कम्पनी है मर्सिडीज बेंज, जिसने एससीएल 600 जैसी अत्याधुनिक कारों का निर्माण किया है, जो सड़क पर बिना किसी स्टीयरिंग, ब्रेक, एक्सेलेटर और गियर के दौड़ती है।

उस कार को छह साल का बच्चा भी उतनी ही आसानी से चला सकता है, जितनी कि वह अपने टीवी स्क्रीन पर वीडियो गेम खेलता है। इसलिए आज मर्सिडीज बेंज जैसी कम्पनियां बेशुमार दौलत कमा रही हैं। उसमें काम करने वाले लोग समय के अनुसार खुद में बदलाव ला रहे हैं। जो पहले अभिनय करते थे, वे फिल्में बना रहे हैं। कोरियोग्राफर और निर्देशन कर रहे हैं।

रेमो डिसूजा यूं तो जाने जाते हैं 'डांस इंडिया डांस' के लिए, लेकिन उनके हिस्से में जितनी फिल्में बतौर कोरियोग्राफर दर्ज हैं, उतनी उनकी उम्र भी नहीं है। रेमो का काम एक निर्देशक के तौर पर जैकी भगनानी की फिल्म 'फालतू' से सामने आया। 'फालतू' सफल रही और इसके बाद रेमो ने फिल्म 'एबीसीडी' का निर्देशन किया। 'एबीसीडी' की अप्रत्याशित सफलता ने रेमो को इंडस्ट्री के स्थापित निर्देशकों की श्रेणी में लाकर खड़ा कर दिया।

सरोज खान के साथ बतौर सहायक के तौर पर काम प्रारंभ करने वाली फराह खान ने वर्ष 2000 के बाद की सुपरहिट फिल्मों में अपनी नृत्य कला के जलवे

बिखेरे। उनके कोरियोग्राफ किए गए कुछ गाने सुपरहिट रहे और उनका काम कुछ ही दिनों बाद नोटिस किया जाने लगा। 'कहो न प्यार है', 'दिल चाहता है' और 'मैं हूं ना' जैसी फिल्मों ने उन्हें सफलता के सातवें आसमान पर पहुंचा दिया।

'मैरीगोल्ड' जैसे इंटरनेशनल प्रोजेक्ट और 'ब्लू' जैसी फिल्म में काइली मिनाग के साथ काम करने के बाद फराह खान की लोकप्रियता लगातार बढ़ती गई। यही समय था, जब फराह को अहसास हुआ कि उन्हें निर्देशन की तरफ मुड़ जाना चाहिए। उन्होंने 'मैं हूं ना' के जरिए निर्देशन के क्षितिज पर कदम रखा। फराह को यहां भी दर्शकों ने हाथों-हाथ लिया। उसके बाद 'ओम शांति ओम', 'तीस मार खां' और हैप्पी न्यू ईयर जैसी फिल्मों का निर्देशन किया। तीनों फिल्में को दर्शकों ने खूब पसन्द किया।

उद्योगपति पवन खेतान 58 साल के हैं। वे छुट्टी के दिन अपने खेतों पर निकल जाते हैं, सब्जियां उगाने के लिए। कोलकाता के लेक रोड इलाके में रहते हैं। मछली पकड़ने के काम आने वाले उपकरणों को कई देशों में एक्सपोर्ट करते हैं।

अलग-अलग लोग अलग-अलग किस्म की चीजों से प्रेरणा लेते हैं। पौधे रोपकर, खाद-पानी देकर, उन्हें बढ़ते देखकर पवन खेतान को प्रेरणा मिलती है। फिर वे अपने व्यापार को और ज्यादा देशों तक फैलाने का आइडिया सोच लेते हैं।

आत्मविश्लेषण करें, लेकिन इसकी अति न करें:

चार्ल्स श्वाब कॉरपोरेशन ब्रोकरेज फर्म के संस्थापक और सीईओ के नेतृत्व में 'बेथेलहेम स्टील' दूसरी सबसे बड़ी स्टील कम्पनी बनी और केवल 35 साल की उम्र में वे 'कार्नेगी स्टील' कम्पनी के प्रेसीडेंट बन गए थे। लेकिन मृत्यु के समय वे दिवालिया हो चुके थे और मौत के पांच साल पहले से ही उन्हें अपनी जिंदगी उधार के पैसों पर गुजारनी पड़ी थी।

25 जुलाई, 2012 को अमेरिका की सबसे बड़ी गैस कम्पनी के प्रेसीडेंट होवार्ड हब्सन की जब मौत हुई, तो उनके पास एक पैसा नहीं था। वे दिमागी असंतुलन के शिकार हो गए और मृत्यु से पहले उनका जीवन मानसिक रोग अस्पताल में बीता।

न्यूयॉर्क स्टॉक एक्सचेंज के अध्यक्ष रिचर्ड व्हिटनी को जेल भेजा गया था। क्योंकि उन्होंने ब्लू चिप कम्पनियों के शेयर कम खरीदे और इस्पात कम्पनियों के शेयर ज्यादा खरीदे। उन्होंने वॉल स्ट्रीट में बड़ी गिरावट को रोकने के लिए ऐसा किया था। फिर तीन साल और चार महीने जेल में बिताने के बाद रिचर्ड को अगस्त 1941 में पैरोल पर रिहा किया गया। तब उन्हें शेयर बाजार की गतिविधि से आजीवन प्रतिबंधित कर दिया गया था और 1974 में मृत्यु से पहले वे न्यूजर्सी में गुमनाम जिंदगी जी रहे थे। जबकि इससे पहले वे एक डेयरी फर्म में मैनेजर थे।

आर्थर कटन की कहानी रिचर्ड व्हिटनी जैसी ही है। वे बड़े कमॉडिटी ट्रेडर्स में से एक थे, लेकिन मरने से ठीक पहले उन्होंने खुद को दिवालिया घोषित कर दिया था। परन्तु जब मैंने इन लोगों के जीवन का अध्ययन किया, तो पाया कि सब ने आत्मविश्लेषण कुछ ज्यादा ही कर लिया था, जिसकी वजह से इन्हें ऐसे दिन देखने पड़े। ये सारे तथ्य बताते हैं कि आत्मविश्लेषण करें, लेकिन लिमिट में करें। तब आपको वही परिणाम मिलेंगे, जो महान लोगों को मिले थे।

फन कैन चेंज द थ्योरी:

यह घटना 1947 के आसपास की है। लेस्टर वंडरमैन नामक युवक न्यूयॉर्क की एक विज्ञापन एजेंसी में काम करता था। एक दिन एजेंसी के मालिक को लगा कि यदि वह कुछ कर्मचारियों की छंटनी कर दें, तो उसे अधिक मुनाफा होगा। यह सोचकर उसने अनेक कर्मचारियों को एजेंसी से हटा दिया। वंडरमैन भी उनमें से एक था।

लेकिन नौकरी से निकाले जाने के बाद भी वह एजेंसी में आकर कार्य करता रहा। वहां के कर्मचारी उससे बोले, 'वंडरमैन! जब तुम्हें यहां से निकाल दिया गया है, तो तुम यहां काम क्यों कर रहे हो ?'

वंडरमैन ने कहा, 'मैं बिना तनख्वाह के काम कर रहा हूं। मुझे लगता है कि मैं इस एजेंसी के मालिक से बहुत कुछ सीख सकता हूं।'

एजेंसी के मालिक सैकहीम, वंडरमैन को देखकर भी नजरअंदाज करते रहे। उन्होंने एक महीने तक उसे नजरअंदाज किया और तनख्वाह भी नहीं दी। वंडरमैन ने हार नहीं मानी और वहां काम करता रहा। कुछ समय बाद सैकहीम, वंडरमैन के पास आकर बोले, 'ठीक है, तुम जीत गए। मैंने पहले कभी ऐसा आदमी नहीं देखा, जिसे तनख्वाह से ज्यादा काम प्रिय हो।'

वंडरमैन वहीं पर काम करता रहा। उसने वहां विज्ञापन की बहुत-सी बारीकियां समझीं। जब उसे काम करते हुए काफी अनुभव हो गया, तो उसने अपने तरीके और समझ से विज्ञापन बनाना शुरू कर दिया और कुछ दिनों बाद वह विज्ञापन की दुनिया में छा गया। आज वंडरमैन को डायरेक्ट मार्केटिंग के जनक के रूप में याद किया जाता है।

अब राजकोट के विवेक व्यास और विमल पोपट की कहानी सुनें। ये दोनों एक इंश्योरेंस कम्पनी में काम करते थे और सफलतापूर्वक लोगों को पॉलिसियां बेच रहे थे। एक दिन वे दोनों सड़क के किनारे एक दुकान पर समोसे खाने को रुके। दुकानदार ने उन्हें अखबार के टुकड़े में रखकर समोसे दिए। खा-पीकर वे हाथ में रखे उस अखबार के टुकड़े को फेंकने ही वाले थे कि उनकी नजर उसमें छपी एक सूचना पर गई। वह किसी की मौत पर शोक संदेश था।

उसे पढ़कर दोनों बहुत आहत हो गए। दोनों को लगा कि क्या शोक संदेश और ज्यादा सम्मानित तरीके से प्रस्तुत नहीं किए जा सकते! क्या ये तरीका ऐसा नहीं हो सकता, जो लोगों को हमेशा याद रहे। इसी तरह के कुछ और सवाल उनके दिमाग में उमड़-घुमड़ रहे थे। फिर अचानक विवेक व्यास के दिमाग में एक आइडिया आया। उसने विमल पोपट को उसके बारे में बताया। विमल पोपट उस आइडिया पर काम करने के लिए सहमत हो गया। उसके बाद एक वेब पोर्टल का जन्म हुआ, जिसका नाम है '**श्रद्धांजलि डॉट कॉम**।'

भारत में इस तरह का यह अपनी तरह का पहला पोर्टल है। इस पर लोग अपने दिवंगत परिजनों के लिए शोक संदेश डाल सकते हैं। उसे अपने और नाते-रिश्तेदारों तक पहुंचा सकते हैं। यही नहीं आने वाली पीढ़ी भी जब चाहे अपने बुजुर्गों से सम्बंधित शोक संदेशों को इस पोर्टल पर जाकर पढ़ सकती है।

मुम्बई के सोमाया इंस्टीट्यूट ऑफ इंजीनियरिंग कॉलेज की कहानी और भी ज्यादा दिलचस्प है। वहां रिसर्च इनोवेशन इनक्यूबेशन डिजाइन लैब के छात्रों ने अपने सहपाठियों को सीढ़ियों के इस्तेमाल करने के लिए अनूठा प्रयोग किया। जिसे नाम दिया 'फन कैन चेंज द थ्योरी।'

उन्होंने देखा कि सारे छात्र सीढ़ियों की जगह सिर्फ एलिवेटर का इस्तेमाल करते हैं, तब उन्होंने सीढ़ियों को ही पियानो का स्वरूप दे दिया। उन्हें इस तरह डिजाइन किया गया कि जैसे ही कोई इन सीढ़ियों पर कदम रखेगा, उनमें से संगीत निकलेगा।

बोरिंग सीढ़ियों के इस कायापलट के बाद अब छात्रों के कदम सीढ़ियों पर खुद-ब-खुद थिरकने लगते हैं। यही नहीं सीढ़ियों के सिरे पर एक मोशन इफेक्ट सॉफ्टवेयर स्क्रीन भी लगाई गई है, जिसमें सीढ़ियों का इस्तेमाल कर रहे छात्रों की अलग-अलग तस्वीरें और स्पेशल इफेक्ट दिखाई देते हैं।

कभी तो वे आग की लपटों में दिखाई देते हैं, तो कभी उनके चेहरे कार्टून जैसे नजर आने लगते हैं। इस काम को अमलीजामा पहनाने वाले गौरांग शेट्टी और हिरेन पटेल बताते हैं, 'यह आइडिया हमें एक अंतर्राष्ट्रीय कार कम्पनी के कैंपेन को देखकर आया था। उस कम्पनी ने सीढ़ियों को पेंट से डेकोरेट कर दिया था, जिससे लोगों को इस्तेमाल करने में मजा आता था।'

गौरांग शेट्टी और हिरेन पटेल की सफलता इस बात की ओर इशारा करती है कि सफल वह है, जो जिंदगी की लौ को ऊंची करके चलता है। तब नसीब लाख करवटें बदल ले, लेकिन मनुष्य के जज्बों का सूरज बादलों में नहीं छिप पाता। वह चमकता ही रहता है।

क्योंकि मनुष्य के लिए सिर्फ दो ही रास्ते हैं। वह चढ़ सकता है उन्नति के सर्वोच्च शिखर पर या गिर सकता है अंधेरी खाई में। इसलिए आप ओबामा भी

बन सकते हैं और लादेन भी बन सकते हैं। राम भी बन सकते हैं और रावण भी बन सकते हैं। आप पर निर्भर करता है सबकुछ।

मुरलीधर नवदा की मिसाल ही लें। 15 साल तब 'इंटेल' की नौकरी की और कम्प्यूटर तकनीक को जाना-समझा। अब उसी तकनीक को हिंदुस्तान के दिल तक पहुंचाने में जुटे हैं, क्योंकि उन्होंने '**विदटेक**' नाम से एक वेबसाइट बनाई है, जो नेविगेशनल सॉल्यूशन के द्वारा रोजमर्रा की उलझनों को चुटकियों में सुलझा देती है। उस वेबसाइट पर आप किसी भी जगह का मैप ढूंढ सकते हैं। उनकी खासियत यह है कि आप भारत के किसी भी शहर, कस्बे या गांव की मुख्य सड़कों की वीडियो रिकॉर्डिंग भी देख सकते हैं। आपको भटकना नहीं पड़ेगा और आप सीधा अपने गंतव्य स्थान पर पहुंच जाएंगे।

दूसरा उदाहरण है '**गोल्फ रग**' का आइडिया। 2008 में जब दुनिया आर्थिक मंदी से जूझ रही थी, तब बेंगलुरु के फर्नीचर डिजाइनर थॉमस के.टी. के पास भी कमाई का कोई जरिया नहीं बचा था। फिर उन्होंने सोचा कि यदि नौकरी चली गई, तो कुछ ऐसा किया जाए जिससे घर का खर्च चलता रहे!

उसके बाद थॉमस ने ऐसा कारपेट बनाने की सोची, जिस पर गोल्फ का 9-होल वाला गेम खेला जा सके, वह भी अपने लिविंग रूम में। फिर थॉमस ने गोल्फ कोर्स जैसा ही डिजाइन बनाया और उसे कई रंग दिए। अब ग्राहक अलग-अलग डिफिकल्टी लेवल के अनुरूप उन्हें चुन सकते हैं और अपने लिविंग रूप में उसे बिछाकर गोल्फ खेल का मजा ले सकते हैं।

चेन्नई का भी एक किस्सा आपको हैरान कर सकता है, क्योंकि पिछले दिनों चेन्नई की एक कम्पनी 'इन्वेंशन लैब्स' ने एक प्रोडक्ट 'आवाज' को बाजार में उतारा है। यह सेरेब्रल पाल्स से ग्रस्त बच्चे के सिर की मूवमेंट को आवाज में बदल देता है। यह प्रोडक्ट सॉफ्टवेयर इंजीनियर अजीत नारायण ने बनाया है, जो भविष्य में विकलांग लोगों के लिए मददगार साबित होगा और देश की इकोनॉमी में इजाफा करेगा। यानी जिस आइडिया को कुछ दशकों पहले 'अजीब' मानते थे, अब वही आइडिया 'बिजनेस' बनकर उभर रहा है।

मुम्बई के एक युवक ने बम ढूंढने की एक ऐसी किट तैयार की है, जिसे अब अमेरिका अपने यहां इस्तेमाल करेगा। उसका नाम है 'ईडीके।' अमेरिका के पूर्व रक्षा मंत्री विलियम एस. कोहेन ने इसे बेहतर तकनीक माना है। यह किट 'मेड इन इंडिया' है, लेकिन इस्तेमाल अमेरिका में होगा। इसमें बहुत सारी खूबियां हैं:-

☞ जेब में रखने लायक छोटे बॉक्स की तरह दिखने वाली यह एक्सप्लोसिव डिटेक्शन किट हर तरह के विस्फोटक का पता सिर्फ 2-3 मिनट में लगाने में सक्षम है।

☞ आरडीएक्स में मिले प्लास्टिक विस्फोटक को ढूंढने में ज्यादातर इलेक्ट्रॉनिक डिवाइस

फेल हो जाती हैं, लेकिन ईडीके उनका भी आसानी से पता लगा लेती है।

☞ यह किट हल्की, लाने-ले जाने में आसान और सस्ती है। भारत में बमनिरोधक दस्ते 2013 से इसका इस्तेमाल करते आ रहे हैं।

इसलिए तैयार हो जाइए, अपने विचारों को हकीकत में बदलने के लिए। लोकप्रियता के शिखर पर पहुंचने के लिए और दौलत का अम्बार लगाने के लिए। क्योंकि आप उस देश में रहते हैं, जिसने थोरियम पर आधारित एटमी रिएक्टर विकसित किया है।

बीजगणित (एलजेब्रा), त्रिकोणमिति (टिगनोमेट्री) तथा कैल्कुलस भारत की देन है। मोबाइल का दूसरा सबसे बड़ा यूजर भारत है। सबसे सस्ता सुपर कम्प्यूटर भारत के पास है। विश्व का सबसे बड़ा टू-व्हीलर निर्माता भारत है। कम कीमत पर बेहतरीन आई सर्जरी के लिए विश्व विख्यात भारत है। सोने का सबसे बड़ा आयातक और ग्राहक भारत है।

विश्व में इस्तेमाल होने वाले 90 प्रतिशत हीरे भारत में ही पॉलिश किए जाते हैं। यहां लगभग 15 सौ फिल्में एक साल में बनती हैं और 25 प्रतिशत फिल्में 100 करोड़ से ज्यादा का व्यापार करती हैं।

आप उन तरीकों को जान चुके हैं, जिनके द्वारा अपने आइडिया को बिकाऊ बनाया जाता है।

■■■

आठवां अध्याय

शिखर पर पहुंचा सकता है आपका आइडिया

> *'अच्छी तरह जियो, जवानी में मरो और अमर हो जाओ। क्योंकि कल कुछ भी हो सकता है। इसलिए जो भी करना है, अभी करो। स्वर्ण युग आपके सामने है। इसे देखो, परखो और खुद को इसके अनुसार ढाल लो।'*
>
> –**शेखर कपूर** (फिल्म निर्देशक)

सितम्बर 2014 में जब दो दिन के दौरे पर ऑस्ट्रेलियाई प्रधानमंत्री टोनी एबट भारत आए थे, तब उन्होंने मुम्बई के ताज होटल में पत्रकारों को सम्बोधित करते हुए कहा था, 'दुनिया की उभरती लोकतांत्रिक महाशक्ति भारत में व्यापार के बहुत ज्यादा मौके हैं, जिनका हमें लाभ उठाना है।'

टोनी एबट के बयान के बाद अमेरिका के राष्ट्रपति बराक ओबामा की नींद उड़ गई। अब वे अपने देश के लोगों को नए विचार अपनाने पर जोर दे रहे हैं, ताकि भारत के लोगों से टक्कर ली जा सके। उन्होंने मानव मस्तिष्क की कार्यप्रणाली को समझने के लिए एक परियोजना भी शुरू की है। उस परियोजना से वैज्ञानिकों को बड़ी उम्मीद है। उसके द्वारा मस्तिष्क के अरबों न्यूरॉन यानी स्नायु कोशिकाओं के क्रियाकलाप का गहराई से अध्ययन किया जा सकेगा।

उससे मस्तिष्क की चिंतन प्रक्रिया और चेतना जैसी जटिल चीजों को समझने में मदद मिलेगी और आर्टीफिशियल इंटेलिजेंस के क्षेत्र में आगे बढ़ने का रास्ता भी खुल जाएगा। क्योंकि 100 अरब न्यूरॉन से बना मानव मस्तिष्क इतना जटिल है

कि अमेरिकी वैज्ञानिक अभी तक उसकी गतिविधियों को रिकॉर्ड करने का कोई कारगर तरीका नहीं खोज पाए।

दूसरी तरफ भारत के वैज्ञानिक हैं, जिन्होंने दावा किया है कि कई अद्‌भुत और अनोखे तत्वों का खजाना है मनुष्य का शरीर। डी.एन.ए. से लेकर एटम तक शरीर के हर अंग की अपनी अलग भूमिका है, क्योंकि आप जिस भी चीज का अनुभव करते हैं, वह सुपरसाइम्ड मॉलीक्यूल की बनी होती है। उनका आकार अलग-अलग होता है। लेकिन प्रकृति का सबसे बड़ा मॉलीक्यूल आपके शरीर में पाया जाता है, उसे क्रोमोसोम कहते हैं। एक सामान्य व्यक्ति में 23 जोड़ी क्रोमोसोम होते हैं। परन्तु मॉलीक्यूल ऑफ डीएनए सबसे बड़ा होता है। इसमें करीब 10 अरब अणु हैं, जो आपकी मांसपेशियों को चुस्त-दुरुस्त रखते हैं।

ये अणु एक-दूसरे को कभी नहीं छूते, लेकिन पोर्फिरिन के साथ जब आयरन जुड़ता है, तब उनका आकार बदल जाता है। इसकी वजह से खून का रंग लाल दिखता है और खून का रंग जितना लाल होगा, मस्तिष्क भी उतना तेज काम करेगा।

इसलिए यह मानकर चलें कि किसी भी मनुष्य की सफलता, उसके द्वारा किए गए कर्म पर 80 प्रतिशत और भाग्य पर 20 प्रतिशत निर्भर करती है। गुरु द्वारा मार्गदर्शन और बुजुर्गों का आशीर्वाद भाग्य के अंतर्गत आता है, लेकिन कर्म वाले हिस्से में बहुत-सी चीजें आती हैं। उसमें सबसे पहली है नेतृत्व करने की क्षमता, जिसे लीडरशिप भी कहते हैं।

इसके बिना सफलता पाना लगभग नामुमकिन है। यदि लीडरशिप नहीं है, तो अच्छे से अच्छा आइडिया फ्लॉप शो बनकर रह जाता है। इसलिए अधिकतर सफल उद्योगपति, वकील, सी.ए., डॉक्टर, अभिनेता, बिजनेसमैन और नेताओं में यह गुण प्रचुर मात्रा में पाया जाता है। इसे किस्मत से हासिल नहीं किया जा सकता। शिक्षा से भी इसका कोई सम्बंध नहीं है, परन्तु इसे विकसित किया जा सकता है। इसलिए नीचे लिखी बातों पर ध्यान दें:-

1. उत्कृष्ट सोचें:

एक सेठ का बटुआ बाजार में गिर गया। उसे घर पहुंच कर इस बात का पता चला। बटुए में जरूरी कागजों के अलावा कई हजार रुपए भी थे। वह तुरंत मंदिर गया और प्रार्थना करने लगा कि बटुआ मिलने पर प्रसाद चढ़ाऊंगा और गरीबों को भोजन कराऊंगा। संयोग से वो बटुआ एक बेरोजगार युवक को मिला। बटुए पर उसके मालिक का नाम लिखा था। इसलिए युवक सेठ के घर गया और बटुआ उन्हें दे दिया। सेठ ने तुरन्त बटुआ खोलकर देखा, उसमें सभी कागजात और रुपए रखे हुए थे।

सेठ ने प्रसन्न हो कर युवक की ईमानदारी की प्रशंसा की और उसे बतौर

इनाम कुछ रुपए देने चाहे, जिन्हें लेने से युवक ने मना कर दिया। इस पर सेठ ने कहा, 'अच्छा कल फिर आना।'

युवक दूसरे दिन आया, तो सेठ ने उसकी खूब खातिर की। युवक चला गया। युवक के जाने के बाद सेठ अपनी चतुराई पर बहुत खुश था, क्योंकि वह उस युवक को हजार रुपए देना चाहता था। लेकिन वह बिना कुछ लिए ही चला गया। परन्तु बटुआ पाकर सेठ यह भूल गया कि उसने मंदिर में कुछ वचन भी दिए थे।

सेठ ने अपनी चतुराई का किस्सा अपनी पत्नी को सुनाया और कहा, 'देखो वह युवक कितना मूर्ख था। हजारों का माल बिना कुछ लिए ही दे गया।'

सेठानी ने कहा, 'तुम उल्टा सोच रहे हो। वह युवक ईमानदार था। इसलिए उसने बिना खोले ही बटुआ लौटा दिया। यदि वह चाहता तो सब कुछ अपने पास रख लेता, फिर तुम क्या करते? ईश्वर ने दोनों की परीक्षा ली। वह पास हो गया, तुम फेल। अब जाओ और उसे खोजो। उसके पास ईमानदारी की पूंजी है। उसे अपने यहां काम पर रख लो, व्यापार में बढ़ोतरी होगी।'

इसलिए अच्छा सोचें। यह लीडरशिप का पहला गुरुमंत्र है।

2. दूसरों को समझाने का तरीका जानें:

एक देश का राजा बहुत अच्छा था। प्रजा उससे बहुत प्रसन्न रहती थी। राजा को पीने की लत लग गई। वह शराब में बेसुध रहने लगा, जिससे राज-काज की व्यवस्था बिगड़ने लगी। बात धीरे-धीरे फैली, प्रजा भयभीत हो गई और सोचने लगी कि यदि पड़ोसी राजा ने कभी हमला कर दिया, तो सबको मार डालेगा और सारा धन लूटकर ले जाएगा।

संयोग से एक साधु बाबा घूमते-घूमते उस राज्य में आ गए। वहीं उन्होंने अपना डेरा डाल दिया। एक दिन राज्य के कुछ बड़े-बूढ़े उनके पास गए और अपनी समस्या बताई। साधु ने सारी बात सुनकर कहा कि अगर आप राजा को बचाना ही चाहते हो, तो मेरी एक विशाल सभा करवाओ।

प्रजा ने मिलकर सभा का आयोजन किया। उसमें कथा-कीर्तन के बाद साधु बाबा ने शराब का गुणगान करना शुरू किया और कहा, 'शराब पीने वाला गीता में दी गई समदर्शन अवस्था को प्राप्त कर लेता है। वह कभी बूढ़ा भी नहीं होता। उसके घर में कोई चोर, चोरी भी नहीं कर सकता।'

बात राजा तक भी पहुंची, तो उसने साधु बाबा को महल में बुलवा लिया और वहीं उनके ठहरने की व्यवस्था करवाई। फिर उनसे कहा, 'महाराज! मुझे भी कुछ उपदेश दें, ताकि मेरा जीवन धन्य हो जाए।'

साधु बाबा बोले, 'राजन, यह कलयुग है, इसमें हरिनाम बहुत जरूरी है, इसलिए रोज आप हरिनाम जपा करो।'

फिर एक थैली में कुछ लकड़ी के मनके और गिलास देते हुए कहा, 'इसे मैंने सिद्ध कर दिया है, अब आप शराब इसी गिलास में पीना। बस एक मनका रोज गिलास में डालते रहना। लेकिन ध्यान रखना कि जो मनके इसमें डालो, उन्हें कभी वापस मत निकालना।'

राजा रोज एक मनका डालता और उसी गिलास में शराब पीता। धीरे-धीरे गिलास मनकों से भरने लगा। शराब कम होने लगी, तो नशा भी कम होने लगा और कम नशे में होश ज्यादा रहने लगा।

एक दिन राजा ने देखा कि उसके मंत्री भी शराब पीकर पड़े रहते हैं, किसी को राज्य का ध्यान नहीं। यह देखकर वह गुप्त रूप से राज्य के भ्रमण पर निकला। पता लगा कि प्रजा उससे प्रसन्न तो है, परन्तु उसकी शराब पीने की आदत से डरी हुई है कि कहीं पड़ोसी राजा उन पर हमला न कर दे।

राजा की आंखें खुल गई। महल में वापस आकर उसने शराब न पीने का प्रण लिया और राज्य की हालत सुधारने में जुट गया। राजा को ठीक हुआ देख, मंत्री भी संभल गए और राज्य का कार्यभार संभालने लगे।

फिर राजा साधु के पास गया और बोला, 'आपकी बड़ी कृपा है कि आपने मेरी शराब छुड़ा दी। परन्तु आपने जन सभा में यह क्यों कहा था कि शराब पीने वाला समदर्शन अवस्था को प्राप्त करता है?'

साधु ने हंसते हुए कहा, 'क्योंकि शराब में धुत व्यक्ति को पता ही नहीं चलता कि उसके आस-पास क्या हो रहा है। उसका ध्यान तो शराब पीने में लगा होता है। गीता का समदर्शन भी यही है। शराब पीने वाला बूढ़ा भी नहीं होता, क्योंकि वह तो जवानी में ही मर जाता है। शराब पीने वाले के घर चोर भी नहीं आते, क्योंकि वह शराब पीने के लिए घर का सारा सामान पहले ही बेच चुका होता है। जब घर में कुछ बचेगा ही नहीं, तो चोर उसके घर में क्यों आएंगे?'

इसलिए दूसरों को समझाने का तरीका सीखें। यह लीडरशिप का दूसरा गुरुमंत्र है।

3. सोच-समझ कर बोलें:

कहते हैं, बात-चीत का भी एक गणित होता है। अगर आपका गणित अच्छा है तो ठीक है, नहीं तो गुणा-भाग और घटाव तो सीखना ही पड़ेगा। इसलिए बोलने से पहले अपनी बात को मन में गुणा कीजिए।

सोचिए कि इसके कितने अर्थ निकाले जा सकते हैं? फिर घटा कर अपना अभीष्ट निकालिए, आखिर में भाग करके जो शेष बचे, वही मुंह से निकालिए। क्योंकि ज्यादा बोलने की वजह से कभी-कभी बड़ी परेशानी का सामना भी करना पड़ सकता है।

पिछले साल जब मैं गुजरात के 'सासन ग्रीनेशनल पार्क' घूमने गया था, तब

पार्क का गाइड भावेश बहुत गुस्से में था। वह मुझसे बोला, 'गुजरात के विज्ञापन में अमिताभ बच्चन का ज्यादा बोलना ठीक नहीं रहा साहब।'

मैंने कहा, 'बच्चन ने आपका क्या बिगाड़ा है, जो सुबह-सुबह उनकी बुराई करने लगे?'

भावेश झुंझलाकर बोला, 'विज्ञापन के बाद यहां बहुत टूरिस्ट आने लगा है साहब। एजुकेशन नहीं है उसके पास। डिस्कवरी चैनल देखकर आते हैं और 2 घंटे की सफारी में शेर, शेरनी, बच्चे सब देखना चाहते हैं। शेर की रनिंग, शेर की रोरिंग...। अरे साहब ये नैचुरल सफारी है। शेर दिखा तो दिखा, नहीं दिखा तो नहीं दिखा। बताएं डिस्कवरी चैनल वालों को एक घंटे का प्रोग्राम बनाने में कितना टाइम लगता है? कितना पैसा बहाते हैं वे? इसलिए कहता हूं अमिताभ बच्चन का विज्ञापन में ज्यादा बोलना ठीक नहीं रहा साहब।'

भावेश की बात सुनकर मेरी आंखों के सामने 'कुछ दिन तो गुजारिए गुजरात में' की गुजारिश करते अमिताभ बच्चन का चेहरा तैरने लगा। इसलिए जो भी बोलें सोच-समझ कर बोलें, वर्ना भावेश की तरह बातें सुननी पड़ेंगी।

धार्मिक ग्रंथों में भी जुबान को महत्त्वपूर्ण मानते हुए संभाले रखना जरूरी बताया गया है। यजुर्वेद में एक प्रार्थना है, जिसका सार है, 'हे वाणी की देवी! हमारी बातों को मीठा और नम्र बनाओ।'

बुद्ध भी यही कहते थे, 'मनुष्य को अपने शब्दों पर ध्यान देना चाहिए।' क्योंकि एक अच्छे लीडर को हर दिन कई महत्त्वपूर्ण फैसले लेने पड़ते हैं। इसलिए भगवान कृष्ण से मैनेजमेंट के फंडे सीखने जरूरी हैं:-

1. व्यापक विजन:

तीन स्टूडेंट्स थे। तीनों से एक सवाल पूछा गया, 'आप पढ़ क्यों रहे हो?'

पहला बोला, 'मुझे परिवार का पेट पालना है।'

दूसरे ने कहा, 'मैं यह दिखाना चाहता हूं कि मैं दुनिया का सबसे जीनियस स्टूडेंट हूं।'

तीसरे ने कहा, 'मैं पढ़कर एक बेहतर समाज और देश का निर्माण करना चाहता हूं।'

तीनों एक ही काम कर रहे हैं, लेकिन तीनों के नजरिए में कितना फर्क है? इसलिए कृष्ण कहते हैं कि आप जो भी कर रहे हैं, उसे लेकर आपकी सोच और आपका विजन व्यापक होना चाहिए।

2. वर्तमान पर फोकस:

कृष्ण कहते हैं कि जो भी आपका काम है, उसे पूरे निर्लिप्त भाव से करें।

आपका जो वर्तमान काम है, उसे अपनी भविष्य की चिंताओं और अपेक्षाओं के बदले गिरवी रखकर करेंगे तो कभी भी अपना काम सही तरीके से नहीं कर पाएंगे। अपनी ड्यूटी निभाने का सबसे अच्छा तरीका निष्काम कर्म ही है।

3. सकारात्मक नजरिया:

कृष्ण दो तरह की वर्क कल्चर की बात करते हैं। एक है दैवीय और दूसरी आसुरी। दैवीय वर्क कल्चर में जहां निडरता, आत्म नियंत्रण, दूसरों की गलतियां न ढूंढना, शांत मन, सज्जनता शामिल होती हैं। वहीं आसुरी वर्क कल्चर में भ्रम, व्यक्तिगत इच्छाएं और नेगेटिविटी होती हैं। कृष्ण दैवीय कल्चर पर जोर देते हैं।

4. मोटिवेशन:

कृष्ण खुद तो मोटिवेटेड रहते हैं और अपने संपर्क में आने वाले दूसरे लोगों को भी मोटिवेटेड रखते हैं। समझाते हैं, ज्ञान देते हैं और जरूरत पड़ने पर डांटते भी हैं। एक अच्छे वक्ता की तरह उन्होंने युद्ध के दौरान दुखी हो रहे अर्जुन को अपना कर्म करने के लिए प्रेरित किया और उसमें कामयाबी पाई।

5. मन पर नियंत्रण:

लालच, जलन, क्रोध, निराशा और शक करने की आदत लीडर बनने के रास्ते में सबसे बड़ी बाधाएं हैं। कुशल मैनेजमेंट के लिए इन चीजों से हर हाल में दूर रहना बेहद जरूरी है। तभी उसका मानसिक स्वास्थ्य दुरुस्त होगा। गीता में कृष्ण ने इस तरह के तमाम दुर्गुणों से हमेशा बचने का उपदेश दिया है।

रेड वेंचर कम्पनी के सी.ई.ओ. रिक इलियास बताते हैं कि मैंने एक विमान को क्रैश होते हुए देखा है। वह जमीन से 3000 फीट की ऊंचाई पर था। उस विमान में मैं भी सवार था। लेकिन अचानक एक धमाका हुआ और विमान के भीतर धुंआ-ही-धुंआ फैल गया। फिर पायलट ने 'ब्रेस फॉर इंपैक्ट' बोला और विमान एक झटके में जमीन पर आ गिरा। बाद में आग लग गई और उसमें सवार लोग वहीं दफन हो गए। परन्तु मैं जाने कैसे जिंदा बच गया। उस हादसे से मैंने तीन सबक सीखे:-

☞ पहला सबक:

मैने सीखा कि सब कुछ एक पल में बदल जाता है। उससे पहले तक मैं किसी से मिलने के बारे में सोचता था या किसी काम को करने की सोचता था, तो उसे अगले दिन या आगे के लिए टाल देता था, लेकिन अब मैं कुछ भी बाद के लिए नहीं टालता।

☞ दूसरा सबक:

जब विमान जॉर्ज वाशिंगटन पुल के ऊपर था, तब मैं सोच रहा था कि मैंने बहुत अच्छा जीवन जिया और गलतियों को भी बीच में आने दिया। उस हादसे के बाद मैंने गलती करना छोड़ दिया। जो भी किया, पूरे परफैक्शन के साथ किया।

☞ तीसरा सबक:

जब विमान नीचे आ रहा था, तब मेरे दिमाग में उल्टी गिनती चलने लगी थी। मैं चाहता था कि सब कुछ एक धमाके में खत्म हो जाए, लेकिन ऐसा नहीं हुआ। मैं जिंदा बच गया था। अब मेरे दिमाग से मरने का डर पूरी तरह से खत्म हो चुका है।

इसलिए जो लीडर होते हैं, वे मौत से नहीं डरते। हर काम बेखौफ हो कर करते हैं। कृष्ण इसका सबसे अच्छा उदाहरण है। वे गोपियों के साथ रास भी रचाते थे और राक्षसों का वध भी करते थे। वे राजनीति और दर्शन के पंडित थे। उन्होंने कौरवों के विरुद्ध पांडवों का साथ दिया।

कहते हैं कि अगर कृष्ण उस समय मौजूद होते, तो न चौसर का खेल होता और न पांडव पराजित होते। तब वे शाल्व से युद्ध करने के लिए चले गए थे। जब वापस आए, तब पांडवों को उन्होंने न सिर्फ विजय दिलाई, बल्कि उनके नेतृत्व में यादवों का एक राज्य भी बना दिया। क्योंकि यादवों की जिद ने एक मुहिम का रूप धारण कर लिया था।

इसलिए मान लें कि हर बड़े और महान काम की शुरुआत उस व्यक्ति से होती है, जो सबसे अलग करने की पहल करता है। वह दूसरे लोगों को यह सिखाता है कि फॉलो कैसे किया जाए। जब उसका एक अनुयायी बनता है, तो वह उसे बराबरी का दर्जा देता है।

यदि आप किसी आंदोलन की शुरुआत होते देखेंगे, तो पता चलेगा कि पहला फॉलोअर हकीकत में लीडर से कुछ कमतर आंका हुआ व्यक्ति होता है। जब दूसरा फॉलोअर आता है, तो वह सनकी होता है। लेकिन तीन होते ही मजमा लगने लगता है। कभी गौर कीजिए! जैसे-जैसे लोग जुड़ते जाते हैं, जोखिम कम हो जाता है।

कुछ ऐसा ही बिजनेस में भी होता है। बिजनेस में **'3D'** काम करते हैं। यानी **Destination, Determination** और **Direction** । इसलिए सफल वही होता है, जो जोखिम लेता है।

किसी नए काम को शुरू करने में और ज्यादा जोखिम लेने की जरूरत पड़ती है। यही वजह है कि महान उपलब्धियां जोखिम लेने वालों ने ही हासिल की हैं।

प्रधानमंत्री नरेंद्र मोदी 2014 के लोकसभा चुनाव संबंधी रैलियों में इस बात को

दूसरे तरीके से समझाते थे कि भारत अब सपेरों का देश नहीं रहा, यह जोखिम लेने वालों का देश है, नेतृत्व करने वालों का देश है और आइडिया को दौलत में बदलने वालों का देश है। **'जब दुनिया कहती है गिलास में पानी आधा है या आधा गिलास खाली है। तब हम कहते हैं, 'गिलास में आधा पानी है और आधी हवा है।'**

आने वाले अच्छे दिनों की कल्पना करें:

प्रधानमंत्री नरेंद्र मोदी ने 15 अगस्त, 2014 को लालकिले की प्राचीर से 'मेक इन इंडिया' का नारा दिया था और विदेशी उद्योगपतियों को आमंत्रित किया था, 'आइए, भारत में विनिर्माण कीजिए और इलैक्ट्रिक से इलैक्ट्रॉनिक, कैमिकल से फार्मास्युटिकल्स, प्लास्टिक से पेपर, ऑटो से एग्रो इंडस्ट्री और उपग्रह से पनडुब्बी के विनिर्माण जैसे विविध क्षेत्रों में निवेश कीजिए।'

उन्होंने उद्योगों और औद्योगिक हुनर रखने वाले युवकों को भी आह्वान किया था कि आप ऐसे उत्पाद तैयार करें, ताकि दुनिया भर में 'मेड इन इंडिया' का नाम स्थापित हो। क्योंकि अब सरकार ने इन सब बातों पर फोकस करना शुरू कर दिया है:-

1. कारोबार के रास्ते आसान बनेंगे, लाइसेंसिंग में ढिलाई दी जाएगी और जमीन अधिग्रहण कानून में बदलाव किए जाएंगे।
2. एफडीआई की नीति और निवेश के फायदे का प्रचार-प्रसार किया जाएगा और निवेशकों के लिए खास पोर्टल तैयार किया जाएगा।
3. इनवर्टेड ड्यूटी स्ट्रक्चर में बदलाव किया जाएगा। तैयार माल के मुकाबले कच्चे माल पर कम इम्पोर्ट ड्यूटी ली जाएगी।

जब ऐसा हो जाएगा, तब नरेंद्र मोदी का 'मेक इन इंडिया, मेड इन इंडिया' का सपना साकार हो जाएगा। क्योंकि युवाओं में ऊर्जा है, जोश है और कहावत है, जहां ऊर्जा होती है, वहां जोश होता है। जहां जोश है, वहां तरक्की है।

भारत में 35 साल से कम लोगों की प्रतिशतता 65 से ज्यादा है। 31 दिसम्बर, 2012 की जनगणना से पता चलता है कि भारत की आबादी 1 अरब 30 करोड़ 40 लाख से अधिक है, जो विश्व की कुल आबादी का 19.08 प्रतिशत हिस्सा है।

मानव-जाति की आबादी लगभग 7 अरब 9 करोड़ 61 लाख से अधिक लोगों की है और संपूर्ण मनुष्यता का व्यस्क प्रतिशत आज की तारीख में 29.4 है। आंकड़ों से साफ पता चलता है कि दुनिया भर की तुलना में भारत में अधिक युवा हैं और भारत विश्व की ऐसी आबादी वाला देश है, जिसका मानव-जाति में प्रतिनिधित्व लगातार बढ़ता जा रहा है।

विश्व के तमाम उद्योगों में, कुशल और दक्ष कारीगरों में हम सबसे आगे हैं।

इंजीनियरिंग, मेडिसिन, वित्त एवं प्रबंधन में भारतीयों की भागीदारी लगातार बढ़ती जा रही है। जो आने वाले 20 सालों में दुनिया के नक्शे पर जबर्दस्त बदलाव लाएगी। पश्चिमी दुनिया के पास संसाधन तो होंगे, परन्तु दक्ष लोगों के लिए उन्हें अब तक 'कमतर' और 'कमजोर' समझे जाने वाले देश भारत पर आश्रित होना होगा।

विशेषज्ञों की मानें तो 2030 तक भारत एक धनी आबादी वाला देश होगा। इसके कई फायदे होंगे। अन्य देशों के बीच हम नई ऊर्जा और हिम्मत के साथ एक नई दुनिया बना रहे होंगे। ऐसी दुनिया, जिसमें सदियों से संजोया अनुभव होगा, सपने होंगे और हमारी संस्कृति का विस्तार होगा। विज्ञान, राजनीति, कला, साहित्य, उद्योग, व्यापार में हमारी तूती बोलेगी। इसलिए अपने काम में जुट जाएं और शिखर पर पहुंचने की तैयारी करें।

अध्यात्म में कहा गया है कि इंद्रियों का सम्बंध रस से होता है। जहां भी थोड़ा रस मिले, इंद्रियां वहां बह लेती हैं, लेकिन आपको उसका स्वाद बदलना होगा। क्योंकि 30 साल उम्र का एक ऐसा पड़ाव है, जिसके बाद आपको अपनी सोच का पैटर्न बदलने की जरूरत पड़ती है। लेकिन रचनात्मकता की दृष्टि से यह कोई ठहरने की जगह नहीं है। कई रचनाकारों ने अपने जीवन की सबसे बड़ी रचनाएं 40 के बाद ही दी हैं। तुलसीदास ने रामचरितमानस 43वें साल में लिखनी शुरू की और 45वें में खत्म की।

30 साल की उम्र में अलेक्जेंडर प्लेमिंग ने एंटीबायटिक्स पेनसिलिन की खोज की, 45 साल की उम्र में गैलीलियो ने टेलीस्कोप बनाया, 35 साल की उम्र में टिम जॉस बैनेंस ने वर्ल्ड वाइड वेब बनाया और 34 साल की उम्र में लियो टॉलस्टॉय ने 'वार एण्ड पीस' नामक सुपरहिट उपन्यास लिखा।

इसलिए अपनी उम्र को न देखें, खुद को बदलने की सोचें। अच्छे कपड़े पहनें, सुंदर दिखने की कोशिश करें और अपनी बॉडी लैंग्वेज पर ध्यान दें।

क्योंकि किसी शायर ने कहा है:-

रात भर जागकर, देखता था नए सपने।
नींद खुली तो, सजने-संवरने का ख्याल आया॥

यहां पर सजने-संवरने का अर्थ है स्वस्थ, फुर्तीले शरीर का मालिक होना, जहां आप खुद को बिना चोट पहुंचाए अपनी गतिविधियों को अंजाम दे सकें।

आप बस पकड़ने के लिए दौड़ते हैं, तो आप तब तक कोशिश करते हैं, जब तक थक कर निढाल न हो जाएं। यदि आपसे अचानक किसी इवेंट को आयोजित करने के लिए कहा जाए, जिसके लिए आपको दिन में कम-से-कम 18 घंटे तक दौड़-भाग करनी हो, तो आप बगैर थके उस काम को आसानी से

अंजाम दे सकते हैं।

शास्त्रों में इसे तन की सुंदरता कहा गया है। दूसरे देशों में भी कई कामयाब राजनेता खूबसूरत व्यक्तित्व के स्वामी रहे हैं। वामपंथी राजनीति में लेनिन से लेकर नरेंद्र मोदी के मोहक व्यक्तित्व को युवाओं ने सराहा है।

मैसाचुसेट्स इंस्टीट्यूट ऑफ टेक्नोलॉजी के रिसर्चर्स ने ब्राजील और मैक्सिको के कुछ लोगों की तस्वीरें अमेरिका, भारत और मैक्सिको के मतदाताओं को देकर कहा कि वे इनमें से सबसे अच्छे नेता का चुनाव करें। तब तीनों देशों के मतदाताओं ने प्रधानमंत्री नरेंद्र मोदी का चुनाव किया।

जाहिर है, उनकी नजर में आकर्षक व्यक्तित्व ही उम्मीदवारों की योग्यता का पैमाना बना। जो इस बात को दर्शाता है कि परिधान आपकी सोच और आपके विचार का प्रतिनिधित्व करते हैं। इसलिए पहनावे को कार्यशैली से भी जोड़कर देखा जाता है।

बॉडी लैंग्वेज से संवरेगी आपकी पर्सनैलिटी:

आपने कहावत सुनी होगी, 'जो फिट है, वो हिट है।' इसका अर्थ यह है कि जो व्यक्ति शारीरिक रूप से फिट है, वह कामयाब है। कमजोर व्यक्ति कहीं भी अपना प्रभाव नहीं छोड़ पाता। कहा तो यह भी जाता है कि आपका चेहरा आपकी सोच का आईना होता है। लेकिन एक नए अध्ययन के शोधकर्ताओं की मानें तो आपका चेहरा नहीं, आपका शरीर यह दर्शाता है कि आपके मन में क्या चल रहा है। खिलाड़ियों की भिंची हुई मुट्ठी उनकी जीत को दर्शाती है और उनकी बाहर की ओर खुली हुई अंगुलियां हार की कहानी कहती हैं।

शोधकर्ता और यूनिवर्सिटी ऑफ कैलीफोर्निया के प्रोफेसर एल्बर्ट मेहराबियन बताते हैं, 'संवाद की सभी भाषाओं की तरह बॉडी लैंग्वेज शरीर की भाषा है। यह इंसान के भीतर चल रहे विचार, सोच और इरादों को दर्शाती है। इसे समझ पाना हर किसी के बस की बात नहीं है। जो इसे समझ लेते हैं, वे पुस्तकों की तरह इंसानों को पढ़ना सीख जाते हैं। यह कला जीवन के हर क्षेत्र में काम आती है। यह गणित के फॉर्मूले की तरह है, इसका हल आपको पेशेवर जिंदगी में ऊंचाइयों पर ले जाता है। मानव संवाद का 93 प्रतिशत हिस्सा बॉडी लैंग्वेज और संकेतों से मिलकर बना होता है, जबकि शब्दों के माध्यम से कुल संचार का 7 प्रतिशत हिस्सा होता है।'

बॉडी लैंग्वेज के तीन महत्त्वपूर्ण तत्व होते हैं। पहला बॉडी लैंग्वेज, दूसरा आवाज और तीसरा शब्द। यानी किसी भी बात-चीत में 55 प्रतिशत प्रभाव व्यक्ति की बॉडी लैंग्वेज से प्रकट होता है। रोजर ई. एक्सटेल की पुस्तक, 'द डूज

एंड टैबूज ऑफ बॉडी लैंग्वेज अराउंड द वर्ल्ड' 10 साल से अधिक समय के अनुसंधान का परिणाम है, जो उन्होंने अपनी इंग्लैंड, जर्मनी, थाईलैंड, मलेशिया, इंडोनेशिया और फिलीपींस की यात्राओं के दौरान अपने अनुभवों के आधार पर लिखी थी। उस पुस्तक का उद्देश्य लोगों को यह बताना था कि बॉडी लैंग्वेज के द्वारा आप इशारों से कैसे नकारात्मक और सकारात्मक तरीके से अपनी बात कह सकते हैं, वह भी शब्दों का इस्तेमाल किए बिना।

रोजर के अनुसार, आपकी आंखें, मुंह, हाथ, पैर, कंधे और शरीर के दूसरे अंग आपके विचारों को अभिव्यक्त करने में महत्त्वपूर्ण भूमिका निभाते हैं और आपकी बॉडी लैंग्वेज को तैयार करते हैं:-

तेजी से चलना
अर्थ: आत्मविश्वास की झलक
कमर पर हाथ रखकर चलना या फिर खड़े होना
अर्थ: आक्रामकता का भाव या किसी विषय के बारे में उत्सुकता
पैरों को थोड़ा फैलाकर बैठना
अर्थ: आसानी से घुलने-मिलने वाला व्यक्ति या आराम की मुद्रा
हाथों को सीने पर बांधकर खड़े होना या फिर इसी मुद्रा में चलना
अर्थ: निराशा का भाव या किसी से बात न करने की इच्छा
ठोड़ी को पकड़ना या फिर हाथ लगाना
अर्थ: अंतिम निर्णय की स्थिति में पहुंचना
नीचे देखते हुए अपना चेहरा दूसरी ओर घुमा लेना
अर्थ: किसी की बातों पर विश्वास न करना
नाखूनों को मुंह से काटना
अर्थ: घबराहट और असुरक्षा का अभाव होना

नक्सलियों ने भले ही अपना मजबूत सूचना तंत्र ईजाद कर लिया हो, परन्तु आदिवासी उन्हें संकेत देने के लिए परंपरागत तौर-तरीकों को ही अपनाते हैं।

मानव विज्ञानी डॉ. के.के. झा के मुताबिक, आदिवासी अलग-अलग अंदाज में सीटी, ढोल और तूड़ा (वाद्ययंत्र) बजाकर अपने लोगों को उत्सव, मातम और खतरे का संकेत देते हैं।

☞ **सीटी की तेज आवाज :** हमले के लिए मोर्चा लेना।
☞ **ढोल की आवाज :** सड़क के किनारे के गांव में पुलिस का आना।
☞ **पशु-पक्षियों की आवाज :** इलाके में आगे बढ़ चुकी है पुलिस।
☞ **धीमी-धीमी आवाज में सीटी बजाना :** सतर्क हो जाएं।
☞ **सीटी की मध्यम आवाज :** आसपास मौजूद लोग एकत्र हों।

माड़िया जनजाति के लोग सीटी बजाने में माहिर हैं। वे मुंह से अंगुलियों द्वारा ढोल की आवाज निकालते हैं, जिससे पूरे इलाके को खबर हो जाती है।

वे फोर्स के गांव में पहुंचने की सूचना भी इसी तरह, जंगलों में मौजूद नक्सलियों को दे देते हैं।

तब नक्सली चौकस हो जाते हैं और मौके की नजाकत को देखकर या तो पुलिस पर हमला कर देते हैं, या फिर समय रहते वहां से सुरक्षित निकल जाते हैं। बारूदी सुरंग विस्फोट करने वाले जिस वाहन को निशाना बनाना होता है, उसकी एमिंग के लिए लेटकर पोजीशन ले लेते हैं। जैसे ही उन्हें वाहन का अगला चक्का नजर आता है, टिगर दबा देते हैं।

इसलिए विपरीत परिस्थितियों में नीचे लिखे गुरुमंत्रों को अपनाएं:-

- ☞ जब बाकी लोग आसान रास्ते पर चलें, तो आप तिरछे रास्ते पर चलना शुरू कर दीजिए।
- ☞ जब आपके आगे कई संभावनाएं आएं, तो प्राथमिकता के आधार पर फैसला लीजिए।
- ☞ जब सब काम सही चल रहे हों, तो अपने अगले छोटे कदम को लेकर चिंता जताइए।
- ☞ जब आप कुछ कहना चाहते हैं, तो उसे बोलने का साहस भी रखिए।
- ☞ जब आपके लिए कुछ हासिल करना जरूरी बन जाए, तो उस बारे में दूसरों को बताइए और जुट जाइए।
- ☞ जब किसी बात का कोई मतलब समझ में न आए, तो उससे सम्बंधित कई प्रश्न पूछिए।
- ☞ जब आपके दिमाग में कोई संदेह हो, तो अपनी काबिलियत पर विश्वास रखिए।
- ☞ जब कुछ ऐसा हो जाए जिसके बारे में आपने सोचा न हो, तो उसे स्वीकार कीजिए।
- ☞ जब सभी चीजें सफलतापूर्वक खत्म होने वाली हों, तो खुद के प्रतिद्वंद्वी बन जाइए।
- ☞ जब दिन खत्म होने वाला हो, तो खुद से कहिए कि मैंने सर्वश्रेष्ठ दिया है।

कुछ लोगों का बॉडी लैंग्वेज ठीक नहीं होता, लेकिन उनके आस-पास स्थितियां ऐसी निर्मित हो जाती हैं कि वे धन या पद से चमकते हैं। यदि ये चीजें उनसे हटा ली जाएं, तो वे दो कौड़ी के रह जाते हैं।

इसलिए जीवन में जब आप थोड़ा ऊपर उठ रहे हों या व्यावहारिक परिस्थितियों से पद-प्रतिष्ठा मिल रही हो, तब सोचें कि मेरे भीतर के सर्वश्रेष्ठ को बाहर

निकालना अभी बाकी है।

जिंदगी के 73 बसंत पूरा करने वाले अमिताभ बच्चन ने कामयाबी की बुलंदियों को छूने के बावजूद अपने पैर हमेशा जमीन पर रखे और कामयाबी की खुमारी को कभी अपने पर हावी नहीं होने दिया।

रजा मुराद बताते हैं कि बिग बी वक्त के इतने पाबंद हैं कि अगर सुबह सात बजे सेट पर पहुंचना है, तो ठीक सात बजे ही वहां पहुंचते हैं। उन्हें चाहे कितना ही जरूरी काम क्यों ना हो, यदि किसी को समय दिया है, तो वह उस कमिटमेंट को पूरा करते हैं।

मान लिया तो हार, ठान लिया तो जीत:

ग्रीस के विचारक डायोजनीस का फलसफा था, 'जिंदगी की तमाम जरूरतें और खुशियां कुर्बान करने के बाद ही इल्म हासिल किया जा सकता है।'

एक बार सिकंदर अपनी सेना के साथ उस इलाके से गुजरा, जिधर डायोजनीस रहते थे। वह डायोजनीस के पास ठहर गया।

डायोजनीस ने आने का कारण पूछा, तो सिकंदर बोला, 'मैं अगले जन्म में आपके जैसा बनना चाहता हूं। इसलिए आपके दर्शन करने की इच्छा जाग उठी।'

डायोजनीस ने कहा, 'अगले जन्म में क्यों, अभी क्यों नहीं बन जाते?'

सिकंदर पहले मुस्कुराया, फिर बोला, 'अभी तो मैं विश्व विजेता बनना चाहता हूं।'

डायोजनीस ने फिर कहा, 'अगले जन्म पर भरोसा मत करो। जो भी करना है, इसी जन्म में करने की सोचो।'

ओडिशा में रहने वाले प्रभु कुमार ने जो ठाना, वही कर दिखाया। वे राउरकेला में फैशन डिजाइनिंग का काम करते हैं, जबकि कुछ साल पहले तक समुद्र से मछलियां निकालते थे। उनके डिजाइन किए हुए कपड़े सोनम कपूर, आलिया भट्ट, करीना कपूर और प्रियंका चोपड़ा जैसी हीरोइनें पहनती हैं।

26 जनवरी, 2015 को जब अमेरिका के राष्ट्रपति बराक ओबामा मुख्य अतिथि बनकर गणतंत्र दिवस के समारोह में शामिल होने दिल्ली आए थे, तब उनकी पत्नी मिशेल ने ब्लू फ्लोरल मोटिक वाली जो जियोमेट्रिकल ड्रेस पहने हुई थी, उसे भी प्रभु कुमार ने ही डिजाइन किया था और वो भी बहुत कम समय में।

शास्त्रों में लिखा है, '**समय आपके जीवन का सिक्का है। और यह ऐसा सिक्का है, जिसे आप ही तय कर सकते हैं कि इसे कैसे खर्च करना है? यदि आप तय नहीं करते, तो लोग इसे खर्च कर देते हैं।**'

कहते हैं कि सभी प्राणियों में तीन गुण होते हैं-सत्व, रज और तम। काल की प्रेरणा से समय-समय पर शरीर, प्राण और मन में उनका ह्रास और विकास

होता रहता है। इसलिए जब आप सत्वगुण में हों, तो वह समय कृतयुग है। रजोगुण में हों, तो त्रेता युग है और रज या तम की मिश्रित अवस्था में हों, तो वह द्वापर युग है और जब आप पूरी तरह से तामसिक हो जाएं, तो समझें कि कलयुग है।

अमेरिकी विचारक बेंजामिन फ्रेंकलिन ने समय के महत्त्व पर बहुत जोर दिया था। क्योंकि उनके नर्व सेल्स सभी अनुभूतियों को पहले ही दिमाग तक पहुंचा देते थे, जिसकी वजह से वे अतिसंवेदनशील हो जाते थे। उन्होंने एक बार कहा था कि समय ही धन है। इसे मनोविज्ञान की दृष्टि से देखेंगे, तो पता चलेगा कि समय ही संज्ञान है।

गोएथे ने अपनी चर्चित पुस्तक 'फाउस्ट' में लिखा है, 'जीवन की धारा में, गति की झंझा में, कार्य के उत्साह में, अग्नि में, तूफान में, यहां और वहां, ऊपर और नीचे, मैं चलता हूं और घूमता हूं। जन्म और मरण का असीम सागर, जहां विक्षुब्ध तरंगें हमेशा उठती हैं और अपने उत्तेजित संघर्ष से नीचे और ऊपर होती रहती हैं। लेकिन मैं निर्भय होकर उन्हें देखता हूं और भविष्य के सपने बुनता हूं।'

यानी समय का जो अंश आपकी चेतना से बचा रह जाता है, उसे आप 'स्मृति' कहते हैं। अंतरिक्ष के जिन क्षेत्रों में मनुष्य की पहुंच नहीं है, वहां समय है ही नहीं। वहां भूत, वर्तमान और भविष्य के बारे में सोचना व्यर्थ है। लेकिन जहां जीवन है, वहां समय का महत्त्व सबसे ज्यादा है।

इसलिए जो पल आने वाले हैं, उनका इंतजार न करें, निश्चित समय में जिंदगी के हर लम्हे को खूबसूरत बनाने की कोशिश करते रहें और नीचे लिखे गुरुमंत्रों पर ध्यान दें:-

- ☞ बेहतर कल के बारे में सोचें, क्योंकि जिस बात को आप बार-बार सोचते हैं, वैसे ही परिणाम मिलने लगते हैं।
- ☞ अपने आप पर विश्वास करें, फिर भले ही आपका दिल कुछ भी कह रहा हो।
- ☞ छोटी चीजों में भी सुंदरता तलाशें। बचपन में जिस तरह से कुछ देखकर आप उत्सुक हो जाते थे, अपने आपको उसी बचपन से रूबरू कराएं।
- ☞ अच्छा महसूस करें और अपनी योग्यता पर विश्वास करें। क्योंकि आप अपनी ही परछाई हैं।
- ☞ हर चीज से जुड़ें और अपने आपको समझाएं कि जीवन तेजी से बदल रहा है।

अवसर को सफलता में बदलने की कोशिश करें:

एक साक्षात्कार के दौरान कांची मठ के स्वामी जयेंद्र सरस्वती ने कहा था कि वैसे तो हर कोई इस दुनिया में ईश्वर द्वारा तय नियति के साथ आता है, परन्तु यह

इंसान पर निर्भर है कि वह किस तरह उस नियति के साथ चांस लेते हुए आगे बढ़े।

उन्होंने जिंदगी की तुलना रमी गेम से की है, जिसमें हर किसी को 13 पत्ते दिए जाते हैं और किसी को पता नहीं होता कि नीचे रखे ताश के बंडल में क्या छिपा है। कई बार ऐसा होता है कि खिलाड़ी किसी दूसरे के फेंके गए पत्ते को उठा लेता है, क्योंकि उसे गेम जीतने के लिहाज से ठीक लगता है।

इसलिए अमीर लोग कहते हैं, 'मैं अपनी जिंदगी की पटकथा खुद लिखता हूं और गरीब लोग कहते हैं, जिंदगी हमारे साथ गेम खेलती है। जिसकी वजह से हम आगे नहीं बढ़ पाए।'

लेकिन आप यदि दौलत उत्पन्न करना चाहते हैं, तो यह मानकर चलें कि आप अपने वित्तीय जीवन के स्टीयरिंग व्हील पर बैठे हैं। अगर ऐसा नहीं मानते हैं, तो समझें कि अपने जीवन पर आपका बहुत कम नियंत्रण है।

इसलिए कम नियंत्रण वाले गरीब लोग लॉटरी खेलते हैं। वे मानते हैं कि उनके पास दौलत आने का सिर्फ यही तरीका है, जबकि अमीर लोग पूरी तरह स्पष्ट होते हैं। उनकी इच्छा अटल होती है। वे दौलत कमाने के लिए पूरी तरह समर्पित रहते हैं और कानूनी तथा नैतिक तरीकों से दौलत कमाते हैं। गरीब लोग दिन में 16 घंटे काम नहीं करते हैं, अमीर लोग करते हैं। गरीब लोग सातों दिन काम नहीं करते, अमीर लोग करते हैं। गरीब लोग पूंजी लगाकर जोखिम नहीं लेते, अमीर लोग लेते हैं।

अमीर लोग सब कुछ करने के इच्छुक रहते हैं, क्योंकि वे उम्मीद करते हैं कि उनका लक्ष्य बहुत जल्दी पूरा हो जाएगा। इसलिए यह मानकर चलें कि छोटी सोच और छोटे काम दिवालिएपन और असंतुष्टि की ओर ले जाते हैं। बड़ी सोच और बड़े काम दौलत की ओर ले जाते हैं।

गलतियों से सीखें और आगे बढ़ें:

गलतियों को सुधारने का तरीका जीवन के हर क्षेत्र में एक जैसा ही होता है। चाहे वह व्यवसायिक जीवन हो, निजी जिंदगी हो या घरेलू जिंदगी। इसलिए समझदार लोग गलतियां होने पर नीचे लिखे छह **'ए'** पर ध्यान देते हैं:

1. एडमिट: वे स्वीकार करते हैं कि उन्होंने गलती की है।

2. एपॉलोजी: वे गलती के लिए माफी मांगते हैं।

3. एकनॉलेज: वे पहचानते हैं कि उनसे कहां चूक हुई, जिसकी वजह से गलती हुई।

4. एटेस्ट: वे अपनी गलती को नियत समय में सुधारने के लिए क्या योजना बनानी है, इस पर ध्यान देते हैं।

5. एश्योर: वे ये सुनिश्चित करते हैं कि वैसी गलती आगे न हो। इसके लिए

क्या एहतियातन कदम उठाने हैं, उस पर ध्यान देते हैं।

6. **एब्सट्रैन:** वे एक ही गलती दोबारा नहीं करते हैं। क्योंकि गलती करना कोई समस्या नहीं है। समस्या है उसे न पहचानना।

इसलिए दक्षिण अफ्रीका की बेबम्बा जनजाति की एक परंपरा है। वहां जब भी कोई व्यक्ति गैर जिम्मेदाराना या अन्यायपूर्ण काम करता है, तो वहां के सारे लोग उसे गांव के बीचों-बीच खड़ा कर, उसके चारों ओर एक बड़ा सा गोल घेरा बनाकर खड़े हो जाते हैं। उसमें गांव के बच्चे, बूढ़े, स्त्रियां सभी शामिल होते हैं और सभी काम रोक दिए जाते हैं।

उसके बाद हर एक व्यक्ति आरोपी से बात करता है और उसे उन अच्छी चीजों तथा कार्यों की याद दिलाता है, जो उस व्यक्ति ने अपने जीवन में किए होते हैं। वे उस व्यक्ति के सामने उसके गुणों, अच्छे कार्यों और भावनाओं का अच्छे से बखान करते हैं। वह समारोह कई दिनों तक चलता है। अंत में आदिवासी घेरे के टूटने पर उस व्यक्ति को अपनी जाति में फिर से शामिल कर लेते हैं।

इसलिए जब भी अवसर मिले, उन्हें गंवाना नहीं है; क्योंकि दूसरी बार अवसर मिले, यह जरूरी नहीं। अमीर और गरीब में सिर्फ अवसर को सफलता में बदलने का अंतर होता है। अमीर लोग सोचते हैं कि मेरे पास केक भी रहे और मैं उसे खा भी लूं। मध्य वर्गीय लोग सोचते हैं कि केक से मोटापा बढ़ता है, इसलिए मैं एक छोटा-सा टुकड़ा ही लूंगा। गरीब लोग सोचते हैं कि केक मुझे हजम नहीं होगा, इसलिए मैं डबलरोटी का ऑर्डर दूंगा।

तभी तो बुजुर्गों ने कहा है, '**परिस्थिति कितनी भी विपरीत क्यों न हो और समय जैसा भी हो, मनुष्य अगर ठान ले, तो कोई भी चुनौती मुश्किल नहीं**।' क्योंकि जब लोहे का काम करके, कोई टाटा बन सकता है और जूतों का काम करके, कोई बाटा बन सकता है, तो आप तो उनसे भी आगे निकल सकते हैं।

बिखरी हुई सूचनाओं को इकट्ठा करें:

'आंधी' फिल्म में एक गाना था, 'कुछ सुस्त कदम रस्ते, कुछ तेज कदम राहें... इस मोड़ से जाते हैं।'

गुलजार ने यह गीत भले ही कुछ और सोच कर लिखा हो, लेकिन इसमें सफलता का बहुत बड़ा रहस्य छिपा है। क्योंकि तेज कदम राहें आइडिया को साकार करने में मददगार साबित होती हैं और सुस्त कदम राहें नकारात्मकता पैदा करती हैं।

आपने देखा होगा, अमीर लोगों की चलने की रफ्तार तेज होती है, सफल नेता की आवाज बुलंद होती है और प्रभावशाली अफसर की निर्णय लेने की क्षमता अधिक होती है। जबकि समस्याएं सबके जीवन में आती हैं और जब सबकुछ दांव पर लगा होता है, तब मनुष्य की बुद्धि चमक उठती है। उसकी कार्य क्षमता

कई गुना बढ़ जाती है।

दुनिया में ऐसे बहुत से लोग पैदा हुए हैं, जिनकी दारुण परिस्थितियों ने उनसे सब कुछ छीन लिया था। फिर भी उन्होंने हार नहीं मानी और सिद्ध कर दिया कि विपरीत स्थितियों को, उपलब्धियों में बदला जा सकता है।

अब्राहम लिंकन न जाने कितने चुनावों में पराजित हुए, लेकिन अंत में अमेरिका के 16वें राष्ट्रपति बने। अल्बर्ट आइंस्टीन बचपन में हकलाते थे। स्कूल में उन्हें दिमागी तौर पर कमजोर माना गया था, जिसकी वजह से उन्होंने हाईस्कूल के बाद पढ़ाई छोड़ दी थी। उसके बाद भी महानतम वैज्ञानिक बने। स्टीफन हॉकिंग पूरी तरह लकवे से पीड़ित और मांसपेशियों की लाइलाज बीमारी से ग्रस्त थे, फिर भी वे बड़े वैज्ञानिक बने। हेलेन केलर जब दो साल की थीं, तब गूंगी, बहरी, अंधी थीं, लेकिन बाद में प्रसिद्ध लेखिका बनीं।

इन लोगों की सफलता से पता चलता है कि हर व्यक्ति सफलता, दौलत और आपूर्ति की योजना उतने ही वैज्ञानिक ढंग से बना सकता है, जितना कि अमीर लोग बनाते हैं और गरीबी सिर्फ तभी तक रहेगी, जब तक कि आपके भीतर इसे बढ़ाने वाला कीटाणु रहेगा। क्योंकि आप तीन उद्देश्यों के लिए जीते हैं: शरीर के लिए, मस्तिष्क के लिए और आत्मा के लिए। इनमें से कोई भी उद्देश्य किसी दूसरे से बेहतर या अधिक बड़ा नहीं है। तीनों ही समान रूप से जरूरी हैं। यदि इनमें से किसी एक को भी पूर्ण जीवन व अभिव्यक्ति न मिले, तो शरीर, मस्तिष्क और आत्मा, कोई भी पूरी तरह से काम नहीं कर सकता।

ईसा मसीह ने कहा था, 'जो भी महान होगा, उसका शरीर, मस्तिष्क और आत्मा पूरी तरह से उसके नियंत्रण में होगा।'

क्योंकि 'पूर्ण नियंत्रण' का सिद्धांत आपके भीतर मौजूद है। वही आपको शिखर पर पहुंचने के उपाय सुझाता है। चीफ जस्टिस पी. सदाशिवम के खानदान में कोई भी ग्रेजुएट नहीं था, लेकिन उन्होंने ग्रेजुएशन किया। पहले उनकी स्कूली पढ़ाई तमिल में हुई थी, फिर मद्रास हाईकोर्ट में वकालत करने के बाद वहीं के स्थाई जज बन गए।

अब वे देश के 40वें मुख्य न्यायधीश हैं। कुछ साल पहले उन्होंने संजय दत्त को सजा सुनाई थी, पाक वैज्ञानिक मोहम्मद खलील चिश्ती को माफी दी थी और मायावती के खिलाफ सी.बी.आई. द्वारा दर्ज एफ.आई.आर. रद्द करने का चर्चित फैसला सुनाया था।

1958 के एशियाई खेलों में 200 मीटर और 400 मीटर की दौड़ में भारत के लिए स्वर्ण पदक जीतने वाले मिल्खा सिंह भी इसी श्रेणी में आते हैं। 'पूर्ण नियंत्रण' का सिद्धांत उनके भीतर मौजूद है। 'भाग मिल्खा भाग' के बाद एक बार फिर शिखर पर पहुंचने की कहानी सबकी जुबान पर है।

मिल्खा सिंह का जन्म 8 अक्टूबर, 1935 को वर्तमान पाकिस्तान के लायलपुर में हुआ था। देश के बंटवारे के दौरान हुए दंगों में परिवार खत्म हो जाने के बाद वे भारत आए। जीवन से जूझते हुए मिल्खा ने दौड़ को अपना साथी बनाया। पाकिस्तान के जिस गांव में उनका जन्म हुआ था, वहां सिख और मुसलमान एक साथ रहा करते थे। मिल्खा बताते हैं कि विभाजन के समय भी उनके गांव में कोई मारकाट नहीं मची थी, लेकिन बाहर से आए कबीलाई लोगों ने सब कुछ समाप्त कर दिया था।

दिल्ली पहुंचने के बाद मिल्खा सिंह ने फुटपाथ से जीवन की जंग शुरू की। पहले पेट भरने के लिए होटलों में बर्तन मांजने लगे, फिर लंबे संघर्ष के बाद मिल्खा सिंह ने तय किया कि मैं खुद लिखूंगा अपनी तकदीर। उसके बाद उन्होंने एक मेधावी धावक के रूप में अपनी पहचान बनाई। 1958 के एशियाई खेलों में उन्होंने 200 मीटर और 400 मीटर की दौड़ में भारत के लिए स्वर्ण पदक हासिल किया और नया इतिहास रचा।

'भाग मिल्खा भाग' फिल्म के एक सीन में सेना में भर्ती होने से पहले युवा मिल्खा को जेल में डाल दिया जाता है। गलत कामों के कारण हुई जेल से मिल्खा को छुड़ाने के लिए बहन आती है, तब उसे अपने कान की बालियां बेचनी पड़ती हैं। फिर मिल्खा सिंह अपनी बहन से अच्छा आदमी बनने का वादा करते हैं। कई साल बाद मिल्खा अपनी बहन से मिलने आते हैं, तब वे भारतीय एथलेटिक्स टीम का ब्लेजर पहने होते हैं। बहन उनको देखकर उमंग से भर जाती है। मिल्खा अपनी बहन से कहते हैं, 'ब्लेजर की जेब में हाथ डालो।'

जैसे ही बहन जेब में हाथ डालती है, तो उसे वही कान की बालियां मिलती हैं, जो उन्होंने कभी मिल्खा को छुड़ाने के लिए बेच दी थीं। फिल्म से बेहतर व्यक्ति बनने की सीख मिलती है। और यह भी संदेश मिलता है कि गिरने के बाद उठने का विकल्प चुना जा सकता है। इसलिए लोग उन्हें 'फ्लाइंग सिख मिल्खा सिंह' कहते हैं। मिल्खा सिंह एक नाम नहीं है, बल्कि कहानी है संघर्ष से सफलता के शिखर पर पहुंचने की।

फिल्म निर्माता-निर्देशक और गीतकार गुलजार के संघर्ष की कहानी भी मिल्खा सिंह से मिलती-जुलती है। गुलजार का जन्म पाकिस्तान के झेलम जिला के दीना गांव में हुआ था। बंटवारे के बाद उनका परिवार भारत आ गया और पिता घर परिवार को चलाने के लिए छोटा-मोटा कारोबारी काम करने लगे थे। इसलिए गुलजार का बचपन दिल्ली में बीता, लेकिन उन्होंने कम उम्र में ही कविता लिखने की कोशिश शुरू कर दी थी।

तब गुलजार के पिता का मानना था, 'कविता लिखने या फिर कहानी लिखकर आजीविका नहीं चल सकती।'

इसलिए वे गुलजार के बारे में अपने नाते-रिश्तेदारों से कहा करते थे, 'ये भाइयों से उधार मांगेगा और गुरुद्वारे के लंगर में खाना खाएगा।'

1950 में गुलजार अपने भाई के काम में हाथ बंटाने के लिए मुम्बई आए। तब उन्होंने सोचा भी नहीं था कि एक दिन वे फिल्मी दुनिया में काम करेंगे। शुरू में एक मोटर गैराज में भी उन्होंने काम किया, लेकिन धीरे-धीरे उनका रुझान फिल्मी दुनिया की तरफ हुआ। तब वे गीतकार राजेंद्र कृष्ण के घर में किराए पर रहे और शैलेंद्र जैसे गीतकारों के संपर्क में भी आए।

बाद में बिमल रॉय के सहायक के तौर पर काम करने लगे थे, लेकिन लेखन की शुरुआत नहीं हो पाई। फिर शैलेंद्र ने ही उन्हें सबसे पहले बिमल रॉय की फिल्म में गाने लिखने के लिए प्रेरित किया और गुलजार का नाम बिमल रॉय के सहयोगी देबू सेन को सुझाया।

उसके बाद 1963 में 'बंदिनी' फिल्म में गुलजार ने पहली बार गीत लिखा-'मोरा गोरा रंग लइ ले, मोहे श्याम रंग दई दे...।'

बिमल रॉय के निधन के बाद गुलजार ऋषिकेश मुखर्जी के सहायक बने और फिल्मों के स्क्रीन प्ले तथा गीत भी लिखने लगे। कुछ गीत काफी कामयाब हुए। फिर उन्होंने 'हमने देखी है इन आंखों की महकती खुशबू', 'तुझसे नाराज नहीं जिंदगी हैरान हूं', 'दिल तो बच्चा है जी', 'बीड़ी जलइले', 'कजरारे कजरारे' जैसे लोकप्रिय गीत लिखे।

इसलिए आप 'पूर्ण नियंत्रण' के सिद्धांत को अपनाएं और सफलता के शिखर पर पहुंचने की तैयारी करें। क्योंकि शिखर पर पहुंचने के दो तरीके हैं। या तो उम्मीद का उजाला करो, या फिर कुछ ऐसा करो जो लोगों के लिए मिसाल बन जाए।

आइडिया को संक्रमण से बचाएं:

अब देश में आइडिया जमा करने वाले बैंक खुल चुके हैं। यदि आपके पास देश की इकॉनोमी को तेजी से बढ़ाने का कोई आइडिया है, तो आपका स्वागत है। सरकार उस आइडिया को बैंक में जमा कराएगी, उस पर विचार होगा और पसन्द आने पर उस पर अमल भी होगा। उस बैंक का नाम है 'डिटेल प्रोजेक्ट रिपोर्ट (डीपीआर) बैंक।'

प्रधानमंत्री नरेंद्र मोदी का मानना है, 'नए आइडियों से देश की इकॉनोमी की ग्रोथ तेजी से बढ़ सकती है।'

मार्केट रिसर्च एजेंसी विनायक रिसर्च के प्रमुख विजय सिंह का कहना है कि चीन, सिंगापुर और हांगकांग जैसे देशों के आर्थिक विकास का अहम कारण यही है कि संवाद को विशेष तरजीह दी गई है।

सिंगापुर में अगर कोई प्रोजेक्ट बनता है, तो लोगों से सुझाव मांगे जाते हैं ताकि किसी प्रकार की तकनीकी बाधा न पहुंचे। चीन में अगर कोई टाउनशिप विकसित की जाती है, तो उसके आस-पास के लोगों से सुझाव लिए जाते हैं। ऐसा इसलिए कि टाउनशिप बनने के बाद सालों तक वहां के लोगों को यातायात, बिजली, पानी या अन्य कोई परेशानी न हो।

इसलिए अपने आइडिया को संक्रमण से बचाएं और बड़ी उपलब्धि पाने का इंतजार करें। क्योंकि आज का सर्वाधिक लोकप्रिय क्रिकेट किसी जमाने में उपेक्षा का शिकार था। माना जाता था कि निचले तबके के लोगों के पास ही इस खेल के लिए खाली समय हो सकता है, जिसकी वजह से वे अपना सारा काम छोड़कर पूरा दिन इसी में लगा देते थे।

धन और वक्त की इतनी बर्बादी देखकर इंग्लैंड के सम्राट किंग एडवर्ड (चतुर्थ) ने एक कानून पारित करके क्रिकेट के खेल को गैर-कानूनी और आपत्तिजनक घोषित कर दिया था। फिर जो भी क्रिकेट खेलते हुए पकड़ा जाता, उस पर जुर्माना किया जाता था।

ऑलिवर कामवेल जब युवा थे, तो उन्हें भी एक बार क्रिकेट खेलते हुए पकड़ा गया था और उन्हें नियमानुसार जुर्माना अदा करना पड़ा था। बाद में क्रिकेट से सारे प्रतिबंध हटा दिए गए और इसे सभ्य लोगों का खेल माना जाने लगा। फिर कुछ सालों बाद यह इंग्लैंड का राष्ट्रीय खेल बन गया।

इसलिए यह न समझें कि मेरा आइडिया फ्लॉप हो सकता है। बल्कि यह सोचें कि सफलता का परचम कब फहराएगा! जब इस तरह की सोच विकसित हो जाएगी, तब शिखर पर पहुंचने की भी तैयारी शुरू हो जाएगी।

■■■

नौवां अध्याय

अच्छे की उम्मीद करें दौलत खुद चलकर आपके पास आएगी

> *'आज हर कोई अमिताभ बच्चन की आवाज का दीवाना है, लेकिन कभी ऑल इंडिया रेडियो को उनकी आवाज पसन्द नहीं आई थी। फिल्मों में आने के बाद भी ऐसा ही हुआ था। लेकिन जब 'जंजीर' हिट हुई तो बॉलीवुड को सदी का महानायक मिल गया।'*
>
> –**अनुराग कश्यप** (निर्माता/निर्देशक)

कुछ समय पहले अल्पसंख्यक मामलों की पूर्व मंत्री नेजमा हेपतुल्ला ने एक इंटरव्यू में कहा था, 'सभी भारतीय हिन्दू हैं। यह बात इतिहास से साबित होती है। क्योंकि हिन्दुकुश की पहाड़ियों और सिंध नदी के इस ओर वाला हिस्सा हिन्द है। जिस जगह पर भारतीय रहते हैं, उसे पारसी में हिन्दुस्तानी कहते हैं। इसलिए हिन्दू शब्द का मूल अर्थ इस जमीन पर रहने वाले लोगों की राष्ट्रीय पहचान है।'

अब यही पहचान दुनिया को सकते में डाल रही है। क्योंकि भारत की अर्थव्यवस्था जितनी तेजी से सुदृढ़ हो रही है, उतनी ही अमेरिका की परेशानी बढ़ती जा रही है।

हालांकि डॉलर के मुकाबले रुपए की वैल्यू लगातार गिरती जा रही है। लेकिन रुपये की गिरावट का एक पॉजिटिव इफेक्ट भी सामने आया। उस गिरावट से अनिवासी भारतीयों का निवेश भारतीय मार्केट में तेजी से बढ़ा। वित्त मंत्रालय के आंकड़े बताते हैं कि पिछले 2 सालों में अनिवासी भारतीयों का निवेश 40 प्रतिशत

तक बढ़ गया है। वे रीयल एस्टेट, रिटेल तथा कमॉडिटी मार्केट में ज्यादा निवेश कर रहे हैं और भुगतान डॉलर में करते हैं।

जबकि भारत में रिटेल मंहगाई दर ऊंची है, फिर भी कमॉडिटी एक्सचेंज में कारोबार करना अनिवासी भारतीयों को भा रहा है। इसलिए सबको उम्मीद है कि 2025 तक भारत विश्व की नंबर वन अर्थव्यवस्था के रूप में उभरकर सामने आ सकता है, क्योंकि सुपरसॉनिक चौथी पीढ़ी के मिग-29 के लड़ाकू विमान, कामोव-28 और कामोव-31 चेतावनी देने वाले हेलीकॉप्टरों के साथ विमानवाहक विक्रमादित्य हमारे पास है। उसमें वह क्षमता है, जो हिन्द महासागर में नौसैनिक शक्ति संतुलन को बेहतर करने का भरोसा देती है।

अमेरिका के बाद भारत ही एक ऐसा देश है, जिसके पास एक से अधिक विमानवाहक पोत है। कुछ लोगों का मानना है कि इनकी सुरक्षा के लिए इन्हें बहुत बड़े एस्कॉर्ट फोर्स की जरूरत होती है। जबकि सच यह है कि ये उस क्षेत्र से गुजरने वाले दूसरे जहाजों को सुरक्षा प्रदान करते हैं।

विक्रमादित्य सिर्फ दो या तीन एस्कॉर्ट और तेल-पानी मुहैया कराने वाले टैंकरों के सहारे चेन्नई और पोर्ट ब्लेयर के बीच के 700 मील के फासले को डेढ़ दिन में कवर कर लेता है। इसलिए इसे 'गेम चेंजर' यानी 'बाजी पलटने वाला' पोत भी कहते हैं।

भारत में मोबाइल इंटरनेट के विस्तार के आंकड़े भी जबर्दस्त हैं। मार्च 2009 में इसके यूजर 41 लाख थे, जो बढ़कर 8 करोड़ 71 लाख पर पहुंच गए हैं। दूरसंचार मंत्रालय का अनुमान है कि मार्च 2017 तक यह संख्या 18 करोड़ 48 लाख यानी दोगुनी से अधिक हो जाएगी।

दूसरी तरफ अमेरिका है, जिसकी अर्थव्यवस्था दिन-प्रति-दिन खराब होती जा रही है। आधुनिक और समृद्धि का प्रतीक डेट्रायट शहर लगभग अंधेरे में डूबा हुआ है। जबकि 60 साल पहले वह अमेरिका का सबसे अमीर शहर था। वहां से निकलने वाली कारों ने अमेरिका को आधुनिक बनाया, लेकिन खुद दंगे, भ्रष्टाचार और ऑटोउद्योग की मंदी से तबाह हो गया।

अमेरिका के इतिहास में किसी शहर के दिवालिया होने का यह सबसे बड़ा मामला है। क्योंकि चालू वित्तीय क्वाटर में 957 करोड़ का घाटा है। कर्जदार, पैसा लगाने वाले और पेंशन फंड अपनी बकाया रकम पाने के लिए इंतजार कर रहे हैं। कर्मचारियों की पेंशन में कटौती हो चुकी है। व्यापारियों को भी अपनी सुरक्षा का इंतजाम खुद करने के लिए कहा गया है। क्योंकि वहां बड़ी संख्या में पुलिसकर्मियों की छंटनी हो चुकी है।

आंकड़े बताते हैं कि व्यस्क आबादी के अनुपात में रोजगार 58.5 प्रतिशत है। एक साल पहले भी यही स्थिति थी। लेकिन श्रम शक्ति में भागीदारी की दर पिछले एक साल में 0.5 फीसदी गिर गई। अब वह 30 साल से भी ज्यादा समय

के सबसे निचले स्तर पर है।

अमेरिका युवा काम तलाशने के लिए कठिन संघर्ष कर रहे हैं। वे लोग राष्ट्रपति बराक ओबामा से पूछ रहे हैं, 'आखिर किस कीमत पर पूरे होंगे अमेरिका के बड़े सपने?'

पेरोल कर वृद्धि जेब से पैसे निकाल रही है और उपभोक्ताओं को बची-खुची आय में से ही काम चलाने को कहा गया है।

कोलम्बिया विश्वविद्यालय के अर्थशास्त्री जेफरी सेक्स ने अपनी पुस्तक 'द प्राइस ऑफ सिविलाइजेशन' में चेतावनी दी है, 'यदि अमेरिका की अर्थव्यवस्था ऐसे ही चलती रही, तो आने वाले समय में विश्व की सबसे बड़ी शक्ति के रूप में भारत का उभरना निश्चित है।'

नौकरियां छीन रहे हैं भारतीय:

तीन बच्चों की तलाकशुदा मां केली पार्कर को 2012 में हार्ली डेविडसन कम्पनी में नौकरी मिली तो लगा कि उनका सपना पूरा हो गया। लेकिन उनका सपना सालभर में टूट गया। जैसे ही इंडिया से एच1बी वीजा पर पहुंचे वर्कर को पार्कर ने ट्रेंड किया, उन्हें पिंक स्लिप पकड़ा दी गई।

यह तो सिर्फ ट्रेलर था, पूरी पिक्चर अभी बाकी है भारतीयों की अमेरिका में छा जाने की। यही कारण है कि अमेरिकी नौकरी खोने के डर से भारतीयों से नाराज हैं। पार्कर ने तो नौकरी जाने के बाद हार्ली डेविडसन पर मुकदमा तक कर दिया और कहा, 'कम्पनी अमेरिकी कामगारों के साथ भेदभाव कर रही है। दक्षिण एशियाई लोगों को टेंपररी नौकरियां देकर अमेरिकियों को रिप्लेस कर रही है।'

जबकि वहां काम कर रहीं भारतीय कम्पनियों ने इन आरोपों को पूरी तरह से खारिज किया है। इन्फोसिस का कहना है, 'हमें दूसरी कम्पनियों की तरह अमेरिका में टैलेंट की कमी और स्पेशलाइज्ड स्किल से जूझना पड़ता है। हम चाहते हैं कि कांग्रेस यानी अमेरिकी संसद ज्यादा से ज्यादा टेंपररी वर्करों को एच1बी वीजा पर काम पर रखने की मंजूरी दे।'

अमेरिकी राष्ट्रपति बराक ओबामा पर इसका असर पड़ा। उन्होंने तुरन्त एच1बी वीजा पर काम तेज कर दिया। क्योंकि आजादी के 67 सालों में बहुत बदलाव आ चुका है। बढ़ती संपन्नता से जहां सैन फ्रांसिस्को के सामने अपनी पहचान बनाने का संकट उत्पन्न हो गया है, वहीं भारत में समृद्धि और सम्पन्नता अपने पांव पसारने लगी है।

सैन फ्रांसिस्को के लोग नौकरी पाने के लिए भारत आने की प्लानिंग कर रहे हैं, क्योंकि भारत ने आजादी के बाद एक लंबा सफर तय किया है। तरक्की के नए सोपान गढ़े हैं। देश बदला है, लोग बदले हैं और पूरी दुनिया में छा गए हैं। पिछले दो-तीन सालों से रियल एस्टेट सेक्टर में मंदी चल रही है, उसके बाद भी शहरों की सीमाएं बढ़ी हैं।

इंटरनेट की दुनिया में हम तीसरे नंबर पर हैं। जबकि 90 के दशक में टेलीफोन सिर्फ धनी घरों तक सीमित थे और मनोरंजन के नाम पर रेडियो पर आकाशवाणी की गुनगुनाहट थी।

लेकिन अब टीवी, डीटीएच, फ्रिज, सोफासेट, माइक्रोवेव ओवन, कंप्यूटर, स्कूटर और मोबाइलों से घर अटे पड़े हैं। इसके बिना भारतीयों की कल्पना भी नहीं की जा सकती।

उम्मीद करें कि आप सफल होंगे:

1973 में आई सुपरहिट फिल्म 'जंजीर' के लिए बिग बी पहली पसंद नहीं थे। लेकिन भाग्य भरोसे यह फिल्म उन्हें मिल गई थी, जिसकी वजह से बॉलीवुड को एक 'एंग्री यंगमैन' मिला।

यह किस्सा साबित करता है कि उम्मीद बड़ी चीज है। 'उम्मीद' सुबह की उस पहली किरण की तरह होती है, जो आपको अपनी परिस्थितियों से लड़ने के लिए तैयार करती है और कहती है, 'यह आपके सपनों का अंत नहीं है, बल्कि उसकी शुरुआत है।'

इसलिए जब तक आप अपने सपनों को पूरा नहीं कर लेते, तब तक हार न मानें, क्योंकि जब उम्मीदों की धूप खिलती है, तो दुःख, निराशा तथा अकेलेपन के काले बादल छंटने लगते हैं और जिंदगी के आकाश में खुशियों का इंद्रधनुष खिल उठता है।

'द सीक्रेट' की लेखिका रॉन्डा बर्न इसकी ताजा मिसाल हैं। सफलता के शिखर पर पहुंचने से पहले उनका जीवन कठिनाइयों और परेशानियों से भरा हुआ था। क्योंकि उनके पिता की मौत युवा अवस्था में ही हो गई थी और परिवार को चलाने की जिम्मेदारी पूरी तरह से उन पर आ गई थी।

कुछ समय के लिए रॉन्डा बर्न निराशा, अवसाद और बुरे विचारों से घिर गईं थीं। ऐसे समय में उनकी बेटी हेली ने उन्हें वालेस डी वॉटल्स की 'द साइंस ऑफ द गेटिंग रिच' पढ़ने को दी।

उस पुस्तक ने रॉन्डा बर्न के जीवन को पूरी तरह से बदल दिया। क्योंकि पुस्तक पढ़ने के बाद उन्होंने 'द सीक्रेट' जैसी अमूल्य कृति लिखी थी। अब वह पुस्तक करोड़ों की तादाद में बिक चुकी है और रॉन्डा बर्न विश्व के अमीर लेखकों में गिनी जाने लगी हैं।

उन्होंने पुस्तक के कथानक पर आधारित 120 मिनट की एक फिल्म भी बनाई थी, जो दुनिया में उतनी ही चर्चित हुई, जितनी उनकी पुस्तक। इसलिए अपने अंदर उम्मीद जगाएं। क्योंकि उम्मीद से ही सलमान खान ने 'दबंग' शब्द की परिभाषा बदली है। जबकि पहले 'दबंग' को निगेटिव पात्र माना जाता था, अब वह पॉजिटिव बन गया है।

आज परीक्षा में नकल करने वाले को मुन्नाभाई कहा जाता है और 'लगे रहो मुन्नाभाई' से संजय दत्त ने जादू की झप्पी तथा गांधीगिरी को जन्म दे दिया।

'डॉन' के चरित्र को अमिताभ बच्चन ने अपने शानदार अभिनय से विश्व प्रसिद्ध बना दिया। 'शोले' का गब्बर सिंह कालजई पात्र बनकर लोगों के मस्तिष्क में छा गया। क्योंकि इन सब फिल्मों के निर्माताओं ने सफलता पाने की उम्मीद की थी, इसलिए उनके रचे पात्र मुहावरों में बदल गए।

कहावत है, '**उम्मीद नाम की नदी में सफलता रूपी जल भरा हुआ है। जो उसे पीता है, वह अमर हो जाता है।**'

भारतीय मूल के विवेक रंदिवे किसी जमाने में मुम्बई से अमेरिका 25,000 रुपए लेकर इस उम्मीद से गए थे कि वहां पहुंचकर कोई अच्छी नौकरी करेंगे। लेकिन अब वे '**टिबको सॉफ्टवेयर**' कम्पनी के मालिक हैं। वॉल स्ट्रीट को डिजीटलाइजेशन करने का श्रेय भी उनकी कम्पनी को ही जाता है।

उन्होंने कई बेस्टसेलर पुस्तकें भी लिखी हैं, जिनमें '**टू सेकेंड एडवांटेज**' ज्यादा फेमस है। अमेरिका की नेशनल बास्केटबॉल टीम भी उन्होंने 535 मिलियन डॉलर में खरीद ली है। अब वे कहते हैं, 'आदमी कुछ खाए बगैर 40 दिन तक जिंदा रह सकता है। एक भी बूंद पानी पिए बगैर तीन दिन तक जिंदा रह सकता है। यदि सांस लेने के लिए हवा न हो, तो भी आठ मिनट तक वह खुद को जिंदा रख सकता है। लेकिन उम्मीद के बिना आदमी सिर्फ एक सेकेंड जिंदा रह सकता है।'

एक बार ईसा मसीह एक दिन नासरत शहर में गए, जहां उनका पालन-पोषण हुआ था। वहां की जनता ने उनका भरपूर सत्कार किया। पहले ईसा मसीह परंपरा का पालन करते हुए यहूदियों के धर्मस्थल पर पहुंचे और उपदेश दिया। फिर वहां पहुंचे, जहां बड़ी भीड़ उनकी प्रतीक्षा कर रही थी। सभी कुछ-न-कुछ समस्या लेकर आए थे, क्योंकि उन्हें उम्मीद थी कि ईसा मसीह उन्हें स्वस्थ कर देंगे।

उस भीड़ में एक ऐसी महिला भी थी, जिसे गुदा से खून बहने की बीमारी थी। कई सालों से वह उस समस्या से जूझ रही थी। बहुत से चिकित्सकों से इलाज कराने के बाद भी उसे लाभ नहीं हुआ। उस बीमारी से वह बहुत कमजोर हो गई थी और दवा पर पैसा खर्च करके निर्धन भी हो गई थी।

उसने जब ईसा मसीह को देखा, तो मन में एक दिव्यशक्ति का अनुभव हुआ। वह भीड़ को चीरते हुए ईसा मसीह तक पहुंची और उनके वस्त्र का एक कोना छू लिया, ताकि वह रोग मुक्त हो जाए। उसने सुन रखा था कि जो व्यक्ति ईसा मसीह के वस्त्र को छू लेता है, वह ठीक हो जाता है। ईसा मसीह भीड़ से घिरे हुए थे, लेकिन उन्हें वस्त्र छूने का अहसास हो गया था। इसलिए उन्होंने पूछा, 'मेरा वस्त्र किसने छुआ?'

उनके शिष्य बोले, 'इतनी भीड़ आपको हर तरफ से छू रही है, परन्तु आप किसी एक के बारे में क्यों पूछ रहे हैं?'

ईसा मसीह शिष्य के उत्तर से संतुष्ट नहीं हुए और चारों तरफ निगाह दौड़ाते

रहे। फिर अचानक वह महिला भीड़ में से डरती हुई बाहर निकली और बोली, 'मैंने छुआ है आपका वस्त्र, क्योंकि मैं बहुत बीमार हूं और जानती हूं कि आपके वस्त्र छूने से मैं ठीक हो सकती हूं।'

ईसा मसीह बोले, 'ऐसा कुछ भी नहीं है। लेकिन तुझे उम्मीद है, तो तेरा कष्ट जरूर समाप्त हो जाएगा।'

फिर वह महिला सच में रोगमुक्त हो गई। इसलिए शास्त्रों में लिखा है:-

☞ जिंदगी है, तो उम्मीद है। उम्मीद है, तो जिंदगी है।

☞ हारने से बेहतर है, जीतने की उम्मीद करना।

☞ उम्मीद जगाते हैं सपने और सपने से बनता है भविष्य।

☞ उम्मीद एक तरह की प्रार्थना है, जो हमेशा पूरी होती है।

☞ जैसी उम्मीद होगी, वैसा ही आप काम करेंगे।

इसलिए बीते कल से सीखें, आज के लिए जिएं और आने वाले कल से उम्मीद करें। कहते हैं उम्मीद कभी नहीं छोड़नी चाहिए। उम्मीद रहती है, तो सबकुछ मुमकिन हो जाता है।

अब ओशो इस दुनिया में नहीं हैं। लेकिन जब जीवित थे, तब एक कहानी सुनाते थे। एक किसान बीज बोने के लिए निकला। कुछ बीज मार्ग के किनारे गिरे और पक्षियों ने आकर उन्हें चुग लिया।

कुछ पथरीली भूमि पर गिरे, वहां उन्हें गहरी मिट्टी नहीं मिली। इसलिए वे जल्द उग आए। परन्तु सूरज निकलने पर वे जल गए। कुछ झाड़ियों में गिरे और झाड़ियों ने बढ़कर उन्हें दबा डाला। लेकिन कुछ अच्छी भूमि पर गिरे और उनपर फल आए, कभी 60 गुना कभी 100 गुना।

यहां पर ओशो ने मिट्टी की तुलना मनुष्य से की है, क्योंकि मनुष्य भी मिट्टी की तरह ही होते हैं। जिस मनुष्य का आइडिया नया होता है, वह कई गुना सफलता पाता है। इसलिए ओशो कहते थे, 'जिस दिन मनुष्य रोना बंद कर देगा, उसी दिन से वह सफलता की सीढ़ियां चढ़ना शुरू कर देगा।'

सूर्य रोज समय पर ही उगता है, चिड़िया भी रोज चहकती हैं, अखबार भी रोज आते हैं, ट्रेन भी रोज चलती हैं, स्कूल भी रोज खुलते हैं और बैंकों में करोड़ों का लेन-देन भी रोज होता है। सब उम्मीद पर टिके हैं।

मोजार्ट और बीथोवेन का संगीत हो, अजंता के चित्र हों, वाल्ट व्हिटमैन की कविता हो, कालिदास की भव्य कल्पनाएं हों, प्रसाद का उदात्त भाव हो, सबमें एक उम्मीद घटित होती है। इसलिए सोचो कि ये सब न होते, तो आपका जीवन कैसा होता?

कुछ लोग समय, ऊर्जाशक्ति के समाप्त होने की शिकायत करते हैं। इसे साधारण भाषा में थकान और निराशा कहते हैं। फिर उन्हें ऊर्जा और उत्साह का एक आवरण ओढ़ना पड़ता है। ऐसी स्थिति जब आए, तब भगवान कृष्ण के जन्म

की घटना को याद करें। मध्य रात्रि का समय। कड़कती बिजली और गरजती घटाएं। गहरे अंधकार में डूबे, अनगिनत बेड़ियों से बंधे, कड़े पहरे में बैठे दो थकेहारे व्यक्ति। अचानक किसी के आगमन से बंधन खुल गए, पहरे टूट गए, मन में आशा और उम्मीद की चेतना का संचार हुआ और संघर्ष की राह खत्म हुई।

कृष्ण को शायद इसलिए 'जगतगुरु' कहा जाता है, क्योंकि उन्होंने इस जग को संघर्षों में जीना सिखाया और बता दिया कि जिस दिन आप अपने भीतर स्थित ब्रह्म को पहचान लेंगे, उसी दिन आप सफल हो जाएंगे।

इसलिए मन में उम्मीद की ज्योति जलाएं और सोचें कि मेरा आइडिया समय की कसौटी पर जरूर खरा उतरेगा। क्योंकि जब किसान खेत में बीज बोता है, खाद डालता है, पानी देता है और उम्मीद करता है कि फसल अच्छी होगी, तब सच में फसल अच्छी हो जाती है।

शिखर पर डरना मना है:

सोचिए! चूहा किससे डरता है? बिल्ली से। बिल्ली किससे डरती है? कुत्ते से। कुत्ता किससे डरता है? शेर से। शेर किससे डरता है? आदमी से। आदमी किससे डरता है? संघर्ष से।

जबकि किसी भी क्षेत्र में आपको चार तरह की समस्या से गुजरना होता है। निजी जीवन की समस्या, पारिवारिक जीवन की समस्या, सामाजिक जीवन की समस्या। उसके बाद शुरू होती है व्यावसायिक जीवन की दिक्कत। तब चार तरह का जीवन आपको जीना होता है। क्योंकि निजी जीवन की समस्या का सम्बंध मन से है। परिवार के जीवन की समस्या का सम्बंध तन से है। सामाजिक जीवन की समस्या का सम्बंध जन से है और व्यावसायिक जीवन की समस्या का सम्बंध धन से है।

इसलिए प्रोफेशनल लाइफ के सारे चक्कर धन-सम्पत्ति के आस-पास ही चलते हैं। विस्तार से समझने के लिए नदी को एक बार ऊपर से नीचे तक देखिए। फिर उस पर कुछ भी बनाएं बांध या डैम। वह समुद्र तक पहुंचने की कोशिश में लगी रहती है।

आपको पता होगा कि पृथ्वी पर मिट्टी बहुत कम है और पानी 70 प्रतिशत हिस्से में फैला है। इसलिए जहां नदी मिलती है वहां मुहाने पर, डेल्टा पर, प्रकृति उसे सैकड़ों धाराओं में तोड़ देती है। उसके बाद वह समुद्र में मिलती है, क्योंकि तब उसका वेग कम हो जाता है और उसमें ढाल भी नहीं रहता। वह समुद्र के स्तर पर पहुंच जाती है और समुद्र में पानी एक फुट छह इंच, पांच इंच, तीन इंच, ऐसे करके मिलता है।

समुद्र का जो वेग है, ज्वार-भाटा है। वह 30-40 किलोमीटर तक नदी में दिन में दो बार प्रवेश करता है और दो बार नदी उसको फिर वापस ढकेल देती है। यह क्रम चलता रहता है। इसलिए पहाड़ों पर जब आप घूमने या मौज-मस्ती

करने जाएं, तब वहां लगे नोटिस बोर्ड को ध्यान से देखें। उस पर लिखा मिलेगा, 'शिखर पर डरना मना है।'

यानी जो डर गया, वो मर गया। जो चढ़ गया, वो तर गया। तर का मतलब यहां सफलता से है।

एक पुरानी कहानी है। तीन साधुओं का एक दल घूमता हुआ किसी गांव में पहुंचा। सर्दी का समय था और शाम हो गई थी। वे ठहरने के लिए कोई जगह ढूंढने लगे। गांव के एक सेठ ने कहा, 'महाराज! मेरे पास दो दुकानें हैं। एक में तो सामान रखा हुआ है, दूसरी अभी खाली है। आप वहां आराम से रह सकते हैं, दुकान भी सुरक्षित रहेगी।'

संत थके हुए थे, इसलिए दुकान में पहुंचते ही जा कर सो गए। तीनों में से दो छोटे थे। उनको गहरी नींद आ गई, लेकिन एक मुनि प्रौढ़ थे, उनकी नींद जल्दी खुल गई।

तभी अचानक दुकान के शटर पर किसी ने दस्तक दी। मुनि ने अंदर से

पूछा, 'कौन है?'

दस्तक देने वाले ने कहा, 'इतनी रात में किसी की दुकान में कौन आ सकता है?'

मुनि ने कहा, 'अच्छा! तुम चोर हो?'

चोर बोला, 'हां महाराज! हम चोर हैं। आपसे झूठ नहीं बोलेंगे। हमें जानकारी मिली थी कि सेठ के पास काफी माल है। वही चुराने आए हैं।'

मुनि ने सोचा, मुझे दुकान खोल देनी चाहिए। संतों का काम है उपदेश देना, धर्म की बात बताना।

उन्होंने दुकान का शटर खोल दिया और चोरों की ओर देखते हुए कहा, 'भाई! ऐसा गलत काम क्यों करते हो? तुम गृहस्थ हो, संसार में और भी बहुत धंधे हैं, चोरी करके किसी का धन लेना पाप है। पता नहीं ये कर्म तुमको कैसे भोगने पड़ें? यहां तुम चोरियां करते हो, हो सकता है कभी इसी तरह तुम्हारा भी नुकसान हो जाए।'

संत के उपदेश का चोरों पर असर हुआ। वे बोले, 'मुनिवर! आपने हमें ज्ञान दे दिया। अंधेरे में उजाला कर दिया, हमारे भीतर ईमानदारी का दिया जला दिया। इस क्षण के बाद हम कभी चोरी नहीं करेंगे।'

उपदेश देते-देते 5:00 बज गए। जिस सेठ ने सोचा कि साधु लोग आए हुए हैं। जल्दी जाकर उनसे सत्संग का लाभ पा लूं।

जब सेठ संत के पास पहुंचा, तो देखा कि वहां पहले से तीन आदमी बैठे हुए हैं। सेठ ने चारों से परिचय पूछा।

उनका मुखिया बोला, 'सेठ जी! हमारा परिचय यह है कि एक घंटे पहले हम चोर थे, लेकिन अब अच्छे आदमी हैं।'

चोर की बात सुनते ही सेठ घबरा गया। लेकिन चोरों के मुखिया ने समझाया, 'आज संत लोग यहां थे, तो आपका माल बच गया, वरना हम तो आपको भी संत बना देते। सारा माल आज साफ हो जाता।'

इसलिए डरना मना है, क्योंकि मुश्किल हालात में फंसे व्यक्ति के लिए सबसे जरूरी होता है कि वह अपनी प्राथमिकता तय करे कि उसे क्या खोना है और क्या बचाना है।

खुद को ब्रांड में तब्दील करें:

महेंद्र सिंह धोनी, भारतीय क्रिकेट टीम के कप्तान हैं। उन्होंने ट्राई सीरीज में पूरी हिम्मत और धैर्य के साथ श्रीलंका के खिलाफ फाइनल में विजय दिलाई। क्योंकि विरोधी द्वारा 202 रनों का लक्ष्य मिला था। टीम इंडिया इसका पीछा कर रही थी। आठ विकेट पर सिर्फ 167 रन ही बन पाए थे। सफलता रेत की तरह हाथ से फिसल रही थी।

लेकिन धोनी, जिन्हें 'मास्टर फिनिशर' कहा जाता है, उन्होंने आखिरी मौके का धैर्यपूर्वक इन्तजार किया, योजना बनाई, संघर्ष किया और जीत गए।

धोनी को पता था कि उन्हें लक्ष्य हासिल करने के लिए बस एक कमजोर गेंदबाज का इंतजार करना है। उन्होंने 49वें ओवर तक वही किया। दो सबसे अनुभवी गेंदबाज लसिथ मलिंगा और एंजेलो मैथ्यूज के 10-10 ओवर खत्म हो चुके थे। बस एक कम अनुभवी गेंदबाज मैदान में आना था।

जब हर रन जरूरी था, छह गेंद बची थीं और 15 रन चाहिए थे जीतने के लिए। धोनी ने बल्ला बदला। पहली गेंद छोड़ दी, लेकिन उसके बाद उन्होंने शामिंडा एरंगा को धोना शुरू किया। अपनी ही स्टाइल में खेलते हुए दो छक्के और एक चौका जड़ा और खिताब अपने कब्जे में कर लिया।

शरीर एक घड़ा है, जो सौर-कुम्हार के चाक से बन कर निकला है। सौर प्रणाली जिस तरह घूमती है, उससे यह तय होता है कि शरीर कैसा होगा? और सौर प्रणाली में जो भी होता है, वह शरीर में भी होता है। इसलिए शारीरिक बल के मामले में आप सब जीव-जन्तुओं में श्रेष्ठ हैं। क्योंकि समय की नदी कई सतहों पर बहती है और प्रकृति के अनुरूप अपने निश्चित मुकाम तक पहुंचती है। लेकिन जो धाराएं विपरीत दिशा में मुड़ जाती हैं, वे नया इतिहास रचती हैं।

मनुष्य के मस्तिष्क की रचना बेहद जटिल है। अखरोट की गिरी जैसे नजर आने वाले मस्तिष्क की रचना कई चक्रव्यूह के मिलने से बनी है। इसलिए पता नहीं चलता, मनुष्य कब चमत्कार कर जाए?

कहते हैं कि स्त्रियों जैसा सुकोमल दिखने वाला नेपोलियन युद्ध के मैदान में 100 सिंहों के बराबर था, क्योंकि युद्ध कर-करके नेपोलियन ने खुद को कुशल कमांडर के रूप में स्थापित कर लिया था। इतिहास गवाह है कि एक के बाद एक जीत दर्ज कराते हुए वो फ्रांस का नायक बना। क्योंकि राजनीतिक और सामाजिक उठापटक से भरे दौर में नेपोलियन ने फ्रांस की सत्ता पर काबिज होने के लिए जनमत

संग्रह करवाया था और दिसंबर, 1804 को पोप पाल सातवें ने नोट्रे-डेम-डी-पेरिस में उसकी फ्रांस के सम्राट के रूप में ताजपोशी कराई थी। इस वजह से आज भी सैन्य स्कूलों में नेपोलियन की युद्ध-नीतियों की मिसालें दी जाती हैं।

इसलिए गर्व से कहें, 'मैं प्रतिभाशाली हूं। अच्छाइयां, भरोसा, विश्वास सब पैदाइशी हैं मुझमें। स्वप्नशील हूं, पंख हैं मेरे पास ऊंची उड़ान भरने के लिए। उड़ना चाहता हूं मैं, आज और अभी...।'

आपके पास सोचने के लिए मस्तिष्क है, करने के लिए काम है और जीतने के लिए दुनिया है। सिर्फ आपको अच्छे की उम्मीद करनी है और बुरे के लिए तैयार रहना है। फिर दौलत खुद चलकर आपके पास आ जाएगी। यह मेरा वादा है। लेकिन कर्म आपको ही करना होगा। गीता में दिए गए उपदेश भी यही दर्शाते हैं। माइक्रोसॉफ्ट के नए सी.ई.ओ. स्टीव बॉल्मर भी यही कहते हैं, **'तीन बातों पर ध्यान दो। पहली, अच्छे विचार मस्तिष्क में लाओ। दूसरी, हमेशा जज्बा बनाए रखो और तीसरी अदम्य साहस के साथ अपने काम में जुटे रहो**।'

चींटी को देखो। जब आप उसका रास्ता रोकते हैं, तो वह दूसरा रास्ता ढूंढ लेती है। जब आप उसे दीवार से गिरा देते हैं, तो वह पलटकर फिर चढ़ने लगती है, क्योंकि उसके अंदर अदम्य साहस होता है।

वही साहस आपके अंदर भी है। क्योंकि आप जब अपने दिल से पूछेंगे, तो वह कहेगा, 'मैं तब तक धड़कता रहूंगा, तब तक आपकी उम्र पूरी नहीं हो जाती।'

अपनी भूमिका तैयार करें:

आपकी कई भूमिकाएं हैं और उनमें से एक है कारोबारी या कर्मचारी की। लेकिन जो भी भूमिका निभाएं, उसमें खुद को पूरी तरह से डुबो दें।

युद्ध क्षेत्र में अर्जुन की भूमिका सिर्फ युद्ध करने की थी। उसने अपनी भूमिका के साथ पूरा न्याय भी किया। जब अर्जुन ने अपनी भूमिका निभाई, तब उसने अपने पिता, भाई, पुत्र, दामाद, भतीजों के बारे में नहीं सोचा। अगर वह ऐसा नहीं करता, तो वह अपने आपको कई भूमिकाओं में बांट देता और अपनी व्यावसायिक बुद्धि को कम कर लेता।

इसलिए फिल्म उद्योग से जुड़े लोग जब कोई रोल अदा करते हैं, तो वे उस रोल में पूरी तरह से डूब जाते हैं। चाहे एक्टिंग हो, स्क्रिप्ट राइटिंग हो या फिल्म का निर्देशन हो। सब में यही नियम लागू होता है।

हॉलीवुड के सुपर स्टार सिल्वेस्टर स्टेलोन के संघर्ष की कहानी तो आपने सुनी होगी! किसी जमाने में वे बेरोजगार थे, जिसकी वजह से उनकी रातें न्यूयॉर्क के बस स्टैंड पर कटती थीं। लेकिन उन्हें जुनून था दूसरों से कुछ अलग करने का। एक दिन उन्होंने मोहम्मद अली और चक वेपनर के बीच बॉक्सिंग का मैच देखा। उसे देखकर ऐसी प्रेरणा मिली कि उन्होंने एक फिल्म की स्क्रिप्ट लिख डाली। पूरे 20 घंटे लगे। फिर उसे बेचने निकले तो उन्हें 1, 25,000 डॉलर (करीब 83.71 लाख रुपए) का ऑफर भी मिल गया। लेकिन वे फिल्म बनाने वाले से कुछ और

अपेक्षा भी कर रहे थे। वे स्क्रिप्ट पर बनने वाली फिल्म में मुख्य हीरो की भूमिका भी अदा करना चाहते थे। लेकिन वार्नर स्टूडियो ने मना कर दिया।

वह अपनी स्क्रिप्ट लेकर वापस आ गए। उस समय उनके पास खाना खाने तक के पैसे भी नहीं थे, लेकिन उन्हें यकीन था कि वह एक न एक दिन हीरो जरूर बनेंगे। फिर कुछ दिनों बाद वार्नर स्टूडियो ने उनसे दोबारा संपर्क किया। इस बार स्क्रिप्ट के एवज में 35,000 डॉलर (करीब 23.44 लाख रुपए) देने की बात हुई और फिल्म में मुख्य हीरो की भूमिका भी दी गई।

उसके बाद जो हुआ उसे पूरी दुनिया जानती है। वह फिल्म ऐतिहासिक साबित हुई। उसे ऑस्कर अवॉर्ड समारोह में बेस्ट फिल्म, बेस्ट डायरेक्शन और बेस्ट फिल्म एडिटिंग की श्रेणी में तीन-तीन पुरस्कार मिले। यही नहीं, उस फिल्म को अमेरिकन नेशनल फिल्म रजिस्ट्री में भी जगह दी गई और अमेरिकी फिल्म इतिहास की महान फिल्मों में से एक माना गया।

वह फिल्म थी 'रॉकी' और उसके हीरो थे सिल्वेस्टर स्टेलोन। अब वही सिल्वेस्टर स्टेलोन हॉलीवुड के सुपरस्टार हैं। इसलिए कठिन परिस्थितियों में घबराइए मत, अपने मिशन पर डटे रहिए। क्योंकि विषम परिस्थितियां आपकी प्रतिभा को निखारती हैं। फिर आप अदृश्य अवसरों को भी आसानी से खोज लेते हैं।

दूसरे विश्वयुद्ध में हिरोशिमा और नागासाकी के विध्वंस के बाद एक नए औद्योगिक जापान का उदय हुआ। मशहूर जलपोत टाइटैनिक के जलसमाधि लेने के बाद उससे भी मजबूत जलयान 'कोलियाना' तैयार करने का प्रयास शुरू हुआ। स्पेस शटलों की हर दुर्घटना के बाद अंतरिक्ष कार्यक्रमों में और तेजी आई।

और भी बहुत से उदाहरण हैं, जो दर्शाते हैं कि जीवन की हर समस्या किसी बड़े लाभ के अवसर प्रस्तुत करती है। इसलिए अपनी भूमिका तय करें और आगे बढ़ें। लेकिन छलांग लगाने से पहले सोचें और जब डुबकी लगा लें, तो तैरना शुरू कर दें।

खुलकर खेलें, हारने की चिंता न करें। क्योंकि आप बड़ी सफलता पाने के लिए प्रयत्नशील हैं और पुस्तक में दिए गए सिद्धांत आपको नई दिशा देंगे। इन सिद्धांतों ने अर्जुन को भी नई दिशा दी थी, सचिन तेंदुलकर को भी दी है, मार्क जुकरबर्ग को भी दी है, स्टीव जॉब्स को भी दी है।

उम्मीद करता हूं कि भविष्य में आप बड़ी सफलता प्राप्त करेंगे। यदि कोई बाधा आए, तो मुझे (0)-9899153952 पर फोन करें और कुछ जानना हो, तो tarunengineer2003@yahoo.com पर ई-मेल करें। आप जहां होंगे, मुझे अपने करीब पाएंगे। क्योंकि मेरा मानना है:-

कुछ कर गुजरने की कशिश, हर दिल में दबी होती है।
दौलत कमाने की ललक, जज्बातों में बसी होती है॥
लेकिन जो चलना सीख जाता है, जलते हुए अंगारों पर।
सफलता पाने की उम्मीद, उसमें अधिक होती है॥

●●●